MUSIK UND SPIRITUALITÄT

JOSCELYN GODWIN

MUSIK UND SPIRITUALITÄT

Quellen der Inspiration in der Musik
von der Frühzeit bis in die Moderne

Ein O. W. Barth Buch im
SCHERZ VERLAG

1. Auflage 1989
Einzig berechtigte Übersetzung
aus dem Englischen von Jürgen Saupe.
Titel des Originals: «Harmonies of Heaven and Earth.
The Spiritual Dimension of Music».
Copyright © 1987 by Thames & Hudson, Ltd., London.
Gesamtdeutsche Rechte beim Scherz Verlag, Bern, München, Wien,
für das Otto Wilhelm Barth Programm.
Alle Rechte der Verbreitung, auch durch Funk, Fernsehen,
fotomechanische Wiedergabe, Tonträger jeder Art sowie
auszugsweisen Nachdruck, sind vorbehalten.
Schutzumschlag von Adolf Bachmann.

Inhalt

Erster Teil:

AUFSTIEG ZUM PARNASS

1. DIE WUNDERBAREN WIRKUNGEN DER MUSIK

Amphion und Zethos, die Zwillingssöhne von Zeus und Antiope, wurden wie viele Helden im Verborgenen großgezogen, um sie vor feindlich gesinnten Mächten zu schützen, die sie im frühen Kindesalter töten wollten. Als sie bei den Hirten auf dem Kithairon aufwuchsen, empfing Amphion von Hermes eine Leier zum Geschenk. Der eher praktisch veranlagte Bruder Zethos verspottete ihn wegen seiner Liebe zu dem Instrument, die ihn scheinbar von jeder nützlichen Tätigkeit fernhielt. Als die Zwillinge aber später Theben erobert hatten und die Stadt befestigten, hatte Amphion Anlaß zu lächeln. Die Musik jener Leier ließ die Steine mühelos an ihren Platz gleiten, während Zethos sie angestrengt mit Muskelkraft bewegte. So wurden die Mauern des siebentorigen Theben durch die Macht der Musik errichtet.[1]

Der Amphion-Mythos war immer sehr beliebt bei den Autoren, die über die besonderen Kräfte der Musik schrieben. Zusammen mit Orpheus, der mit seinem Lied Plutos Herz zum Schmelzen bringt, und Arion, der seinen Retter-Delphin ruft, bildet Amphion jene mythologische Dreiheit von Gestalten, die wie Schutzgeister über den Anfang vieler alter Abhandlungen gestellt wurden. Ihre Geschichten wurden einst ganz schlicht und ohne Kommentar erzählt. Später wurde versucht, ihre anscheinend unglaublichen Taten psychologisch oder symbolisch zu erklären. Heute ist vielleicht die Zeit gekommen, sie in einem neuen Licht zu sehen: Denn die üblichen Ansichten über die Musik (von den Steinen gar nicht zu reden) müssen überprüft werden.

Wer diesen oder irgendeinen anderen Mythos als Fiktion oder Narretei abtut, wird seiner Bedeutung wohl kaum gerecht. Selbst ein Materialist muß mit seiner Deutung der Ehrfurcht gerecht zu werden versuchen, die Mythen stets entgegengebracht worden ist. Er sollte darin zumindest ein Körnchen Wahrheit finden, das erklären kann, weshalb diese Geschichten seit Jahrtausenden weitererzählt werden; rein fiktive Dinge wären wohl kaum überliefert worden. Ein Rationalist könnte im Amphion-Mythos bestenfalls eine im Volk weiterlebende Erinnerung an die Megalithkulturen sehen, an eine Epoche, deren gewaltige Steindenkmäler im ganzen östlichen Mittelmeerraum zu finden sind. Amphion war dann möglicherweise ein prähistorischer Ingenieur im Besitz des mathematischen Wissens, das die gesamte antike Musiktheorie stützt und zu den legendären Hermes-Gaben an die Menschheit gehört. Ein solches Wesen hätte demnach Techniken und Berechnungen gekannt, die ihm das Bewegen von Steinen ermöglichten, während die Hebel und Gegengewichte, die Abstimmungen der schiefen Ebenen für die Arbeiter und Zuschauer Rätsel blieben, Rätsel, die wohl die Bezeichnung Naturmagie verdienten – durch die angewandte Naturwissenschaft bis in die Moderne getragen. Und wenn dieser archaische Ingenieur auch noch wußte, wie hilfreich sich in einer Gruppe von Arbeitern rhythmische Bewegungen und Arbeitslieder auswirken können, ist das Bild vollständig: Amphion sang keine Zaubersprüche, sondern «Worksongs».

Wer andererseits an das Übernatürliche glaubt, sieht den Mythos gern als Beweis längst vergessener Techniken prähistorischer Zivilisationen. Der mittelalterliche arabische Autor Masoudi (gest. 957) beschreibt ein ungewöhnliches Verfahren, das bei der Erbauung der Pyramiden von Gise angewandt wurde und das ebenso ungewöhnlich ist wie die Kunst des Amphion:

Mit bestimmten Zeichen beschriebene Papyrus- oder Papierblätter wurden unter die Blöcke gelegt, die man in den Steinbrüchen vorbereitet hatte, und wenn die Blöcke dann angeschlagen wurden, bewegte man sie jedesmal einen Bogenschuß (etwa 150 Ellen) weit; so gelangten sie nach und nach zu den Pyramiden.[2]

Der Amerikaner Edgar Cayce (1877–1945), der im Trancezustand seine Deutung der Vergangenheit gab, sagt über die Große Pyramide, sie wurde

errichtet durch die Anwendung jener universellen Naturgesetze und -kräfte, die Eisen schwimmen lassen. Mit Hilfe derselben Gesetze kann vielleicht die Schwerkraft überwunden oder aufgehoben werden, so daß Steine in der Luft schweben. Die Pyramide wurde so vermittels Levitation erbaut, *die durch Gesang und Lieder* hervorgerufen wurde, ganz ähnlich, wie die Druiden Englands in einer späteren Zeit ihre Riesensteine aufstellten.[3]

Einige Zeit vor Cayce hatte A. P. Sinnett erklärt, daß diese Bauten «mit Hilfe einer Modifizierung dessen, was wir Schwerkraft nennen»[4], errichtet worden seien, während H. P. Blavatsky, die wie Sinnett den Theosophen angehörte, eigens auf die Rolle des Klangs bei diesen Unternehmungen einging und sogar bemerkte, daß ein «Klang von solcher Beschaffenheit hervorgebracht werden kann, daß sich die Cheopspyramide in die Luft erheben würde»[5]. Und daß diese Kraft – wie jede andere – sowohl zerstörerisch als auch schöpferisch sein kann, zeigt uns die Eroberung Jerichos (Josua 6).

Der Amphion-Mythos bewahrt anscheinend die Spur von etwas, das zumindest die Okkultisten im großen und ganzen übereinstimmend so sehen: In alten Zeiten gab es verborgene Kräfte, die die Menschheit heute vergessen hat. Die Musik – oder wenigstens der Klang – scheint dabei eine Rolle gespielt zu haben.

Die Renaissance (im weitesten Sinn) beschäftigte sich unter anderem mit der Frage, ob in den schönen Künsten, in Literatur, Musik und sogar Technologie die Alten den Neueren überlegen seien oder umgekehrt. Sind wir so gut wie sie? – Das war das Thema des Wettstreits. Wenn wir es nicht sind, gibt es den Niedergang der Menschheit, von dem die Alten sprechen, den Niedergang vom Goldenen zum Silbernen und weiter zum Bronzenen und zum Eisernen Zeitalter. Wenn wir Neueren andererseits überlegen sind, besteht Hoffnung auf eine Zukunft uneingeschränkten Fortschritts. Bevor dieser Wettstreit eindeutig gewonnen war (zumindest im allgemeinen Bewußtsein), neigten Anhänger des höchsten Rationalismus in ihrer Verehrung der Antike dazu, Mythen wie dem des Amphion zu glauben. Pater Marin Mersenne (1588–1648) zum Beispiel, ein Freund von René Descartes und ein Feind aller Magier, sah in den alten Geschichten über die Kraft der Musik etwas dargestellt, das sich mit der nachweisbaren Kraft einer Orgelpfeife vergleichen ließ; sie konnte einen massiven Pflasterstein so in Bewegung setzen, daß sein Rütteln zu spüren war.[6] Im Einklang mit anderen großen Gelehrten der Renaissance war er der Ansicht, solche Wirkungen wären auch in größerem Maßstab möglich. Doch im nüchternen Licht moderner Mechanik kommen wir der Wirklichkeit des Mythos durch solche Vergleiche nicht näher. Uns hilft es auch nicht, daß eine Stimme ein Glas zersingen kann, daß ein Strohhalm auf einer in Resonanz mitschwingenden Lautensaite in Bewegung gerät oder welche Beispiele die Renaissance-Theoretiker sonst anführen. Denn sie alle beruhen auf dem normalen Verhalten der Materie unter der Einwirkung von Luftwellen, wobei die empfangene Energie die aufgewendete nicht übersteigen kann. Selbst im Falle des Glases oder einer Brücke, die von Soldaten im Gleichschritt zum Einsturz gebracht wird, kommt es nur deshalb zu der unverhältnismäßig großen Wirkung, weil sich die Energie über einen gewissen Zeitraum aufschaukelt. Bei den Mythen und Visionen geht es hingegen um einen tatsächlichen Unterschied zwischen der physischen Energie, die beim Singen oder Spielen aufgewendet wird, und jener, die von mehreren Tonnen sich bewegender Steine empfangen wird. Wenn diese Geschichten einen Sinn jenseits reduktionistischer Erklärungen haben, so läßt er sich nur mit dem Sprung in eine magische Welt entdecken, in der fremde Gesetze herrschen: wo die widerstrebendsten Substanzen ihr Wesen verleugnen und den Befehlen einer höheren Ordnung folgen, die der Klang vermittelt.

Ganz gleich, was bei der Erbauung Trojas oder der Pyramiden geschah oder auch nicht geschah, beim Amphion-Mythos geht es im Kern um folgende Einsicht: daß die Natur letztlich nicht den gesundem Menschenverstand entsprechenden Gesetzen von Ursache und Wirkung folgt, die scheinbar die materielle Welt beherrschen (Steine sind schwer, daher schwierig zu bewegen und so weiter), sondern transzendenten Prinzipien, die ewig in einer höheren Seinsordnung bestehen. Wer sie kennt – was Menschen manchmal vergönnt ist –, kann die Gewohnheiten der materiellen Natur umgehen. Zethos steht für den Menschen – sagen wir ruhig Newtonscher Prägung –, der sich mit den greifbaren Gesetzen der Materie zufriedengibt. Amphion hat über diesen Horizont hinausgeblickt und wie die modernen Physiker erfahren, daß schon die Existenz einer in sich geschlossenen materiellen Welt eine Illusion ist. Sie ist lediglich ein sichtbarer Zustand der universellen Energie, ja vielleicht nur des Bewußtseins, und die Gesetze ihrer Entstehung sind musikalische oder harmonikale. Die Wirkungen gewisser Eingriffe in jene «immaterielle» Ebene übertreffen, wie heute kaum noch zu übersehen ist, in ihrem Ausmaß den eigentlichen Anstoß so weit, daß das gesamte irdische Leben heute zerstört zu werden droht, und zwar durch den teuflischen Einsatz von Kräften, die vor langer Zeit vielleicht nutzbringend gebändigt wurden.

Möglicherweise bestand Amphions Kunst in einer Art Klangalchemie, die sich zur Alltagstechnik so verhält wie die Alchemie zur Chemie. Auch hierbei kann der Rationalist zustimmen oder ablehnen: Nur sollte die Alchemie in diesem Kontext ernst genommen werden, denn ihr Prinzip, ein Element auf seine unfaßliche «prima materia» zurückzuführen, hat seine genaue Parallele in der grundlegenden Funktion, die einige Schulen der esoterischen Philosophie dem Klang zugestehen. Sehr deutlich zeigt sich das in der hinduistischen Schule der Sānkhya-Philosophie, die sorgfältig untersucht, wie sich das Universum in das Bewußtsein entfaltet. Laut Sānkhya-System gehört der Klang nicht nur zu einem der fünf Sinne, sondern ist vielmehr der Ursprung aller Sinne. Er entspricht nicht dem Element Luft, sondern dem Element Äther (Ākāsha), dem alles durchdringenden fünften Element (daher «Quintessenz»), aus dem heraus sich die anderen vier verdichtet haben und in das sie zurückgeführt werden können. Nach der Sānkhya-Philosophie muß vor aller Wahrnehmung und ihren Objekten das Ich-Bewußtsein oder das Prinzip der Individuation (Ahamkāra) entstehen. Es ist an sich «absolut homogen, untätig und frei von jeglicher Beschaffenheit, bis auf Quantum oder Masse. Im Zusammenwirken mit dem Prinzip der

Ausdehnung (*Rajas*) wird es in feinen Stoff verwandelt, der schwingungsfähig, leuchtend und von Energie erfüllt ist, und es entstehen die ‹feinen Elemente› (*Tanmātras*) Klang, Berührung, Farbe, Geschmack und Geruch.»[7]

Diese feinen Elemente sind der Ursprung sowohl der fünf groben Elemente (nämlich Äther, Luft, Feuer, Wasser und Erde) als auch der Sinnesorgane, die diese wahrnehmen. Klang und Äther sind also die allerersten Manifestationen des objektiven Bewußtseins – nicht notwendigerweise zeitlich gesehen, auf jeden Fall aber in der Hierarchie des Seins. Die Steine, die weitgehend aus dem Element Erde bestehen, könnten gar nicht existieren, wenn sich der Äther nicht bis zu dem Grad verdichtet hätte, der für ihre Formgebung nötig ist. Wer mit dem Klang arbeitet, beeinflußt also die Quelle all dessen, was wir berühren und sehen, schmecken und riechen. Wie aber die Alchemisten sagen «Unser Mercurius ist nicht der gewöhnliche Mercurius», so ist auch dieser Klang nicht der gewöhnliche Klang. Der ist nichts als eine Luftschwingung, die sich auf unser Trommelfell überträgt. Jener ursprüngliche, ätherische Klang wird in dem Sinne «wahrgenommen», daß er sich auf den empfänglichen Geist – oder in Ausnahmefällen den empfänglichen Stein – überträgt.

Man braucht nicht die Philosophie zu bemühen, um einzusehen, daß wir überall von einer ungehörten Musik umgeben sind, die sogar unseren Körper durchdringt. Die ganze Materie befindet sich ständig in Schwingung. Die Tatsache, daß nur ein bestimmter Schwingungsbereich unseren Gehörsinn als Klang erreicht, macht uns – im Guten wie im Schlechten – taub für den viel größeren Schwingungsbereich, den wir nicht hören können. Eine Gruppe, die megalithische Steinkreise in England untersuchte,[8] vor allem die Rollright Stones in Oxfordshire, entdeckte, daß die Steine tatsächlich im Ultraschallbereich Schwingungen von außergewöhnlicher Stärke abgeben, die je nach Tageszeit, Mondphase und Jahreszeit in regelmäßigen Mustern variieren. Der Chemiker Don Robins, der die Forschungen leitete, kam zu dem Schluß, daß das Material und die geometrische Anordnung der Steine die Mikrowellenenergie von der Sonne umwandeln, sehr hoch verstärken und in regelmäßigen Impulsen abgeben. Robins wandte sein Verfahren bei einem neuen, nach den alten

Prinzipien errichteten Steinkreis an. Nach seinen eigenen Worten war die Energie des Ultraschalls so hoch, daß sie seine Instrumente beschädigte.

Wie kamen die Alten dieser Energie auf die Spur, und wenn sie von ihr wußten, was machten sie mit ihr? Robins hütet sich vor Spekulationen und beschränkt sein Programm auf Messungen und Beobachtungen. Wenn wir aber hören, daß heute Wissenschaftler mit Schwingungen im Ultraschallbereich experimentieren, um Nierensteine aufzulösen, um Krebszellen im Blut aufschweben zu lassen und zu isolieren, so scheint da eher etwas wiederentdeckt als neu erfunden zu werden, freilich unter anderen Bedingungen, selbst wenn inzwischen nur viertausend Jahre vergangen sind. Taten, wie Amphion sie vollbrachte, sind heute schwieriger, weil die Erstarrung der Welt zu weit fortgeschritten ist. Der deutsche Romantiker Novalis (1772–1801) erkannte als einer der ersten neuzeitlichen Denker, daß sich die Welt seit mythischen oder auch nur archaischen Zeiten beträchtlich verändert haben muß. In seinem philosophischen Roman *Heinrich von Ofterdingen* schreibt er:

In alten Zeiten muß die ganze Natur lebendiger und sinnvoller gewesen sein als heutzutage. Wirkungen, die jetzt kaum noch die Tiere zu bemerken scheinen, und die Menschen eigentlich allein noch empfinden und genießen, bewegten damals leblose Körper; und so war es möglich, daß kunstreiche Menschen allein Dinge möglich machten und Erscheinungen hervorbrachten, die uns jetzt völlig unglaublich und fabelhaft dünken. So sollen vor uralten Zeiten in den Ländern des jetzigen Griechischen Kaisertums, wie uns Reisende berichten, die diese Sagen noch dort unter dem gemeinen Volke angetroffen haben, Dichter gewesen sein, die durch den seltsamen Klang wunderbarer Werkzeuge das geheime Leben der Wälder, die in den Stämmen verborgenen Geister aufgeweckt, in wüsten, verödeten Gegenden den toten Pflanzensamen erregt, und blühende Gärten hervorgerufen, grausame Tiere gezähmt und verwilderte Menschen zu Ordnung und Sitte gewöhnt, sanfte Neigungen und Künste des Friedens in ihnen rege gemacht, reißende Flüsse in milde Gewässer verwandelt, und selbst die

totesten Steine in regelmäßige tanzende Bewegungen hinge-
rissen haben. Sie sollen zugleich Wahrsager und Priester, Ge-
setzgeber und Ärzte gewesen sein, indem selbst die höheren
Wesen durch ihre zauberische Kunst herabgezogen worden
sind, und sie in den Geheimnissen der Zukunft unterrichtet,
das Ebenmaß und die natürliche Einrichtung aller Dinge, auch
die inneren Tugenden und Heilkräfte der Zahlen, Gewächse
und aller Kreaturen, ihnen offenbart. Seitdem sollen, wie die
Sage lautet, erst die mannigfaltigen Töne und die sonderbaren
Sympathien und Ordnungen in die Natur gekommen sein,
indem vorher alles wild, unordentlich und feindselig gewesen
ist. Seltsam ist nur hierbei, daß zwar diese schönen Spuren,
zum Andenken der Gegenwart jener wohltätigen Menschen,
geblieben sind, aber entweder ihre Kunst, oder jene zarte Ge-
fühligkeit der Natur verloren gegangen ist.[9]

Es besteht schließlich kein zwingender Grund zu der Annahme,
daß der Zustand, in dem sich die uns vertraute physische Welt
befindet, der einzig mögliche ist, vor allem wenn dieser eine
spirituelle Wertigkeit zugestanden wird. Je feiner und weniger
verdichtet ihre Substanz ist, desto empfänglicher wird sie für die
formenden Kräfte des Klanges. Der schweizerische Wissenschaftler, Künstler und Arzt Hans Jenny hat genau das gezeigt.[10]
Unter Laborbedingungen hat er die Wirkungen photographiert,
die ein Ton auf Rauch, Flüssigkeiten und feinste Puder wie zum
Beispiel Bärlappsporen hat: Er formt sie zu schönen, geordneten
Mustern, die denen in der organischen wie unorganischen Natur
außerordentlich ähnlich sind. Jenny bringt in seine Forschungen
ein Feingefühl für den Kosmos als lebendiges Wesen ein und
nennt seine neue Wissenschaft Kymatik (vom griechischen *ky-
ma*, Welle). Dabei geht es um die Erforschung der schöpferischen
Schwingung auf allen Ebenen, vom Molekül bis zur Galaxie. Er
deckt verborgene Gesetze auf, die früher – wenn Novalis mit
seiner Vermutung recht hat – allen Menschen offensichtlich waren.

Ein Element der tiefgründigen Orpheus-Sage hat mit dieser
Macht der Musik über die Naturreiche zu tun. Bei einigen Erzäh-

lern heißt es, Orpheus habe die Leier von Apollo geschenkt bekommen und seine Lehrerinnen seien die Musen gewesen; andere berichten, Hermes, der eigentliche Erfinder der Leier, habe ihn unterrichtet. Alle antiken Autoren stimmen darin überein, daß er Wunderkräfte besaß: Er konnte Steine und Bäume bewegen, Tiere verzaubern, und selbst die «vereisten Berggipfel» huldigten ihm. Bei seiner Musik «sah der Ismaros die Blätter an seinen Bäumen starr werden, und seine Wälder zogen die Hänge hinauf und hinab» (Martianus Capella, 5. Jh.).[11] Die Orpheus zugeschriebenen Fähigkeiten gehen so weit über jedes Maß hinaus, daß selbst klassische Kommentatoren dazu neigten, sie bildlich aufzufassen und anzumerken, daß jene «Steine» und «Bäume» die Busen und Herzen von Menschen waren, hart wie Fels und stumm wie Grünzeug. Das Pflanzenreich ist jedoch nicht so stumm und schon gar nicht taub. An einer anderen Stelle führt uns der Schriftsteller Martianus Capella zum Hain des Apollo in Cirrha in der Nähe von Delphi, wo «eine süße Musik aus den Bäumen aufstieg, eine Melodie, die aus ihrer gegenseitigen Berührung entstand, wenn der Windhauch flüsternd durch sie strich».[12] Er schreibt, die höchsten, mittleren und tiefsten Äste erzeugten die grundlegenden Intervalle der Oktave, Quinte, Quarte und des Ganztones und verströmten so «mit melodischer Harmonie die ganze Musik und den Sang der Götter». Der Jesuit und Universalgelehrte Athanasius Kircher (1601–80) ließ diesen Gedanken – wie viele andere die Musik betreffende Mythen der Antike – gelten und meinte, daß der Wind bei Nadelbäumen tatsächlich diese Wirkung hervorbringt, wenn die Bäume die richtige Größe haben.[13] Aber er ging noch weiter und stellte fest, daß einige Pflanzen in sich schon harmonisch gegliedert sind. Er führt im besonderen den Schachtelhalm an, dessen Abstände zwischen den Knoten nach seiner Beobachtung genau den Teilungen des Monochords entsprechen, und zwar in den Verhältnissen 1:2:3:4 ... Einer von Kirchers Schülern baute sogar ein Instrument aus einem riesigen Rohrgewächs mit fünfzehn Unterteilungen und fand, daß die Natur die erforderlichen Verhältnisse für die reine Intonation über zwei Oktaven vorgegeben hatte. Es sind keine Einzelheiten zur Konstruktion angegeben, aber vermutlich trennte er die Abschnitte voneinander und blies sie wie eine Panflöte oder Syrinx an – ein weiteres mythisches Instrument.

Giovanni Battista Porta machte sich die Weisheit der Natur auf eine andere Weise zunutze, unter Umständen beeinflußt vom medizinischen Denken des Paracelsus, für den jede Heilpflanze den Einfluß eines bestimmten Gestirns verkörperte: 1558 schrieb Porta, Krankheiten seien durch Musik zu heilen, wenn auf Instrumenten aus den Stengeln oder dem Holz von Pflanzen mit der entsprechenden Heilkraft gespielt werde.[14] Die Bleichsüchtigen könnten Linderung finden durch das Flöten auf dem Stengel der Nieswurz. Weiter heißt es, die Menschen wären sexuell mit Flötenklängen aus dem aphrodisischen Satyrion (botanischer Name verschiedener Orchideenarten) zu stimulieren und so fort. – Ein bizarrer Gedanke, aber völlig in Übereinstimmung mit der Vorstellung einer Natur, die von «sonderbaren Sympathien und Ordnungen» erfüllt ist, auf die Novalis aufmerksam macht.

Holz ist natürlich die mitschwingende Substanz schlechthin und der Werkstoff, aus dem die meisten Musikinstrumente gebaut werden: Viola und Violine, Laute, Harfe, Cembalo, Klavier und alle Holzblasinstrumente, um nur die des Abendlandes anzuführen. Erstaunlich, daß bei so vielen von ihnen der Klangkörper aus Holz ist, während der eigentliche Klangerzeuger tierischen Ursprungs ist. Die Streichinstrumente tönen aufgrund der Reibung von Pferdehaar auf Darmsaiten (das englische Wort *catgut* legt Katzendarm nahe, tatsächlich aber sind die Saiten aus Schafdarm). Bei den Zupfinstrumenten berühren die Finger gewöhnlich die Saiten direkt, während im Mittelalter Psalter und Laute mit Federn gespielt wurden. Die Saiten des Cembalo werden mit Federkielen oder gelegentlich Lederplektren angerissen, die des Klaviers werden durch Hämmer, die mit Leder oder Wolle (Filz) überzogen sind, zum Klingen gebracht. Trommeln und Tamburine sind mit Fellen bezogen, und der hölzerne Zink hat ein Mundstück aus Horn oder Elfenbein. Der elsässische Musikwissenschaftler und Ethnologe Marius Schneider (1903–1982) berichtet, daß in den Kulturen, in denen die Musik noch immer als magische Kraft eingesetzt wird, bei der Fertigung eines Instruments stets ein Lebewesen geopfert wird.[15] Die Seele dieses Wesens wird dann Teil des Instruments, und mit den von ihm erzeugten Tönen verschaffen sich die «singenden Toten», die immer um uns sind, Gehör. Es sieht so aus, als seien die höher entwickelten tierischen Substanzen nötig, um möglichst vielfältige musikalische Schwingungen hervorzurufen, während die Gefäße, die sich am besten eignen, diese Schwingungen aufzunehmen und zu verstärken, aus dem Pflanzenreich stammen (Holz oder Kürbisse und Kalebassen). Nicht umsonst verwendeten die griechischen Philosophen das Wort für Holz, *hyle*, zur Bezeichnung des stofflichen Substrats des Universums, das für alle formenden Kräfte empfänglich ist. Das höchste Symbol dafür ist die Gestalt Christi, die den schöpferischen Logos darstellt; er ist ans Holzkreuz geschlagen, dessen vier Arme unter anderem für die vier Elemente stehen, aus denen die materielle Welt zusammengesetzt ist.[16] Der metaphysische Dichter George Herbert (1593–1633) versenkte sich in dieses Bild und schrieb in seinem Gedicht *Easter*:

The crosse taught all wood to resound his name
   Who bore the same.
His stretched sinews taught all strings, what key
   Is best to celebrate this most high day.

(Das Kreuz lehrte alles Holz, den Namen dessen
   erschallen zu lassen,
   der es getragen hat.
Seine gestreckten Sehnen lehrten alle Saiten,
   welche Tonart die beste ist,
   diesen höchsten Tag zu feiern.)

Da Herbert noch jener geistigen Bewegung der Spätrenaissance angehörte, die die Entsprechungslehre bejahte, ist der Vergleich des Gekreuzigten mit einem Saiteninstrument nicht bloß eine gesuchte dichterische Metapher, sondern die Schilderung einer wahren Harmonie oder Resonanz zwischen verschiedenen kosmischen Ebenen. Die Entsprechungslehre mit ihrem hermetischen Axiom «Wie oben, so unten» hält diese Ähnlichkeiten weder für zufällig noch verwunderlich, sondern erkennt in ihnen die eigentliche Struktur eines Kosmos, der ohne sie in der Bedeutungslosigkeit versinken würde (was für viele Menschen unserer Zeit längst der Fall ist).

Die mythische Macht von Orpheus' Musik über die Vegetation kann in diesem Zusammenhang auf dessen Kenntnis jener Entsprechungs- und Harmoniegesetze zurückgeführt werden, die der Natur zugrunde liegen und sie bestimmen. Diese Feststellung stünde in völliger Übereinstimmung mit der Überlieferung, daß Orpheus nicht nur ein Musiker, sondern auch ein Weiser und Theologe war und daß die Musik die allumfassende Wissenschaft von den natürlichen und göttlichen Dingen ist.

Freilich drängt sich eine eher nüchterne Deutung auf, wenn wir in *Das geheime Leben der Pflanzen* von Peter Tompkins und Christopher Bird lesen, wie viele Experimente mit wachsenden Pflanzen und hörbarer, nicht geistiger Musik gemacht wurden.[17] Die beiden Autoren haben eindrucksvolles Beweismaterial darüber zusammengetragen, wie Pflanzen gedeihen oder nicht, wenn in ihrer Nähe bestimmte Musikstücke oder auch nur einzelne Töne gespielt werden. Die von ihnen beschriebenen Experimente in Indien, Kanada und den Vereinigten Staaten ergaben folgendes: Pflanzen keimten und sprossen schneller und erbrachten eine bessere Ernte, wenn man sie über Lautsprecher mit bestimmten Klängen berieselte. So wurden zum Beispiel Felder mit indischen Ragas beschallt oder mit der Tag und Nacht gespielten *Rhapsody in Blue* sowie mit lauten, hohen Dauertönen oder den Klängen elektrischer Stimmgabeln, die jeden Morgen in der Dämmerung eine halbe Stunde lang tönten. Andererseits stellte sich heraus, daß man mit dem Ton F, acht Stunden pro Tag gespielt, oder sogenanntem weißen Rauschen Pflanzen töten oder im Wachstum hemmen kann. Die Ergebnisse der einzelnen, nicht miteinander koordinierten Forschungsarbeiten lassen sich wohl kaum verallgemeinern; höchstens läßt sich sagen, daß Pflanzen offenbar unter Bedingungen gedeihen, die Menschen zum Wahnsinn treiben würden.

Tompkins und Bird beschreiben außerdem die Untersuchungen von Dorothy Retallack,[18] die Pflanzen verschiedenen Arten von Musik aussetzte. Die Reaktion beurteilte sie nicht nur nach deren allgemeinem Gesundheitszustand, sondern auch danach, wie sehr sie sich zum Lautsprecher, der die Musik ausstrahlte, hinneigten oder von ihm abwandten. Dorothy Retallacks Experimente, 1968–71 am Temple Buell College in Colorado durchgeführt, machten sie in Amerika berühmt beziehungsweise berüchtigt. Sie stellte die folgende Skala von Reaktionen fest:

besonders zuträgliche Wirkung

Pflanzen streben in Richtung Schallquelle	indische Sitarmusik westliche klassische Musik, 18. und 19. Jahrhundert *La Paloma*, auf Streichinstrumenten gespielt Jazz (Armstrong, Ellington)
Pflanzen indifferent gegenüber Schallquelle	Country-and-Western-Musik Streichquartette von Schönberg, Berg, Webern
Pflanzen streben von der Schallquelle fort	*La Paloma*, auf Steeldrums gespielt Perkussions- und Hard-Rock-Musik

besonders abträgliche Wirkung

Die Reaktionen auf diese Experimente waren, wie nicht anders zu erwarten, reichlich emotional. Viele Leute sahen ihren eigenen musikalischen Geschmack in Frage gestellt. Daß unparteiische «Pflanzenkritiker» die Wirkung der von ihnen jeweils bevorzugten Musik entweder positiv oder negativ einschätzten, machte einige selbstzufrieden, andere wütend. Der Wirbel, den die Medien machten, veranlaßte einige Experten (die allerdings keine Erfahrungen mit derartigen Untersuchungen hatten), die ganze Theorie vom Reaktionsvermögen der Pflanzen auf Musik zornig als typische amateurhafte Pseudowissenschaft abzutun. Die *New York Times* bemerkte, daß die ganze Angelegenheit der gelehrten Welt unerträglich peinlich sei, und inzwischen hat man sie bequemerweise vergessen.

Tompkins und Bird weisen darauf hin, daß sich im allgemeinen nicht die theoretischen Wissenschaftler, sondern die Praktiker, zum Beispiel Ingenieure für solche Phänomene zu interessieren beginnen, weil sie nicht so sehr unter dem Einfluß der gängigen Dogmen, was in dieser Welt geschehen kann und was nicht, stehen. Und natürlich braucht kein leidenschaftlicher Gärtner Statistiken als Beweis, daß Pflanzen Gefühle haben.

Der dritte mythische Repräsentant für die bemerkenswerten Kräfte der Musik über die niederen Welten war Arion, der Delphinbeschwörer von Lesbos. Keiner hat die Geschichte schöner als Novalis erzählt, und sie folgt direkt der bereits zitierten Passage aus dem *Heinrich von Ofterdingen*:

> In diesen Zeiten hat es sich unter andern einmal zugetragen, daß einer jener sonderbaren Dichter oder mehr Tonkünstler – wiewohl die Musik und Poesie wohl ziemlich eins sein mögen und vielleicht ebenso zusammen gehören wie Mund und Ohr, da der erste nur ein bewegliches und antwortendes Ohr ist – daß also dieser Tonkünstler übers Meer in ein fremdes Land reisen wollte. Er war reich an schönen Kleinodien und köstlichen Dingen, die ihm aus Dankbarkeit verehrt worden waren. Er fand ein Schiff am Ufer, und die Leute darin schienen bereitwillig, ihn für den verheißenen Lohn nach der verlangten Gegend zu fahren. Der Glanz und die Zierlichkeit seiner Schätze reizten aber bald ihre Habsucht so sehr, daß sie untereinander verabredeten, sich seiner zu bemächtigen, ihn ins Meer zu werfen und nachher seine Habe untereinander zu verteilen. Wie sie also mitten im Meere waren, fielen sie über ihn her, und sagten ihm, daß er sterben müsse, weil sie beschlossen hätten, ihn ins Meer zu werfen. Er bat sie auf die rührendste Weise um sein Leben, bot ihnen seine Schätze zum Lösegeld an, und prophezeite ihnen großes Unglück, wenn sie ihren Vorsatz ausführen würden. Aber weder das eine, noch das andere konnte sie bewegen: denn sie fürchteten sich, daß er ihre bösliche Tat einmal verraten möchte. Da er sie nun einmal so fest entschlossen sah, bat er sie ihm wenigstens zu erlauben, daß er noch vor seinem Ende seinen Schwanengesang spielen dürfe, dann wolle er mit seinem schlichten hölzernen Instrumente, vor ihren Augen freiwillig ins Meer springen. Sie wußten recht wohl, daß wenn sie seinen Zau-

bergesang hörten, ihre Herzen erweicht, und sie von Reue ergriffen werden würden; daher nahmen sie sich vor, ihm zwar diese letzte Bitte zu gewähren, während des Gesanges aber sich die Ohren fest zu verstopfen, daß sie nichts davon vernähmen, und so bei ihrem Vorhaben bleiben könnten. Dies geschah. Der Sänger stimmte einen herrlichen, unendlich rührenden Gesang an. Das ganze Schiff tönte mit, die Wellen klangen, die Sonne und die Gestirne erschienen zugleich am Himmel, und aus den grünen Fluten tauchten tanzende Scharen von Fischen und Meerungeheuern hervor. Die Schiffer standen feindselig allein mit festverstopften Ohren, und warteten voll Ungeduld auf das Ende des Liedes. Bald war es vorüber. Da sprang der Sänger mit heitrer Stirn in den dunklen Abgrund hin, sein wundertätiges Werkzeug im Arm. Er hatte kaum die glänzenden Wogen berührt, so hob sich der breite Rücken eines dankbaren Untiers unter ihm hervor, und es schwamm schnell mit dem erstaunten Sänger davon. Nach kurzer Zeit hatte es mit ihm die Küste erreicht, nach der er hingewollt hatte, und setzte ihn sanft im Schilfe nieder. Der Dichter sang seinem Retter ein frohes Lied, und ging dankbar von dannen. Nach einiger Zeit ging er einmal am Ufer des Meers allein, und klagte in süßen Tönen über seine verlorenen Kleinode, die ihm als Erinnerungen glücklicher Stunden und als Zeichen der Liebe und Dankbarkeit so wert gewesen waren. Indem er so sang, kam plötzlich sein alter Freund im Meere fröhlich daher gerauscht, und ließ aus seinem Rachen die geraubten Schätze auf den Sand fallen. Die Schiffer hatten, nach des Sängers Sprunge, sich sogleich in seine Hinterlassenschaft zu teilen angefangen. Bei dieser Teilung war Streit unter ihnen entstanden, und hatte sich in einen mörderischen Kampf geendigt, der den meisten das Leben gekostet; die wenigen, die übrig geblieben, hatten allein das Schiff nicht regieren können, und es war bald auf den Strand geraten, wo es scheiterte und unterging. Sie brachten mit genauer Not das Leben davon, und kamen mit leeren Händen und zerrissenen Kleidern ans Land, und so kehrten durch die Hülfe des dankbaren Meertiers, das die Schätze im Meere aufsuchte, dieselben in die Hände ihres alten Besitzers zurück.

Novalis nennt den Namen Arion nicht, erwähnt auch nicht, wie man es in jeder antiken Quelle seit Herodot findet,[19] daß es sich bei dem Meerungeheuer um einen Delphin handelt, von allen Tieren dasjenige, dessen Intelligenz der des Menschen am nächsten kommt. Andere klassische Autoren haben über die Zuneigung berichtet, die der Delphin Menschen, vor allem Kindern, entgegenbringt. Plinius der Ältere erzählt von einem Jungen, den ein Delphin jeden Tag an der Küste entlang zur Schule in einer Stadt trug. Der spätgriechische Dichter Oppian berichtet von einem anderen, der seinen Delphinfreund mit Namen herbeirief, mit ihm spielte, ihn umarmte und auf seinem Rücken weit ins Meer hinausritt.[20] In der Vergangenheit wurde oft Arion in einem Atemzuge mit Amphion abgetan (und häufig wurden die beiden verwechselt), doch heute gewinnen diese Geschichten wieder an Glaubwürdigkeit. Wilde und gefangengehaltene Delphine haben sich als höchst intelligent erwiesen, können sich auf den Menschen einschwingen und begegnen ihm voll Wohlwollen. Sie spielen gern zusammen mit Menschen, und zwar ohne die typischen Beweggründe der Tiere, die konditioniert oder domestiziert sind. Sie scheinen als «Gleichgestellte» mit dem Menschen zu spielen – und die Größe ihres Gehirns entspricht zweifellos der des menschlichen Gehirns, wenn sie ihr Gehirn vielleicht auch ganz anders einsetzen als der Mensch. Manche Delphine haben Schwimmern in Not das Leben gerettet, indem sie diese in flacheres Gewässer getragen oder geschoben haben. In einigen Gegenden wurden Delphine fast zu vertrauten Schutzgeistern, wie etwa ein Delphinweibchen in Oporoni in Neuseeland, das 1955–56 vom ganzen Dorf geliebt wurde, weil es so freundlich mit den Kindern umging. Wie die Delphine in den Sagen nahm es die Kleinen auf den Rücken, was kein ungezähmtes und nicht eingerittenes Pferd je tun würde, von wilden Tieren ganz zu schweigen.[21]

Was aber die Delphine – und die gesamte Familie der Wale – so interessant macht, ist ihre Musikalität. Ihr Gehör ist ausnehmend fein und geht weit über den menschlichen Hörbereich hinaus bis zu Frequenzen in einer Höhe von 180 000 Hertz (beim erwachsenen Menschen liegt die Grenze etwa bei 18 000 Hertz, mehr als drei Oktaven niedriger). Da sich der Schall im Wasser gut ausbreitet und viermal schneller ist als in der Luft, ist es völlig falsch, sich das Meer still vorzustellen oder seine Bewohner für so stumm wie Aquariumfische zu halten. Dunkel ist es schon, und so jagen die Zahnwale (Pottwal, Mordwal, Delphine und Tümmler) wie die Fledermäuse mit Sonar oder Echolot. Der Pottwal jagt riesige Tintenfische und Kraken in der ewigen Nacht, die tausend Meter tief im Meer herrscht. Die gewaltige Melone seines Kopfes ist ein Organ zur Echoortung, das dem Tier feinste Richtungsinformationen vermittelt – den modernsten Geräten des Menschen weit überlegen. Mit diesem Kopf kann der Wal Entfernung, Form, Größe, Gattung und, wie manche meinen, sogar die Absichten anderer Tiere feststellen. Das Sonar der Delphine ist bereits genauer erforscht. Mit ihrem hochentwickelten Stimmapparat geben sie Schnalzer und Pfeiftöne von sich, wobei die Luft weniger ausgestoßen als innerlich umgewälzt wird. Ihre Stimme kann menschliche Worte nachahmen und so laut werden, daß der Delphin mit ihr vermutlich die Fische betäubt oder tötet, die ihm zur Nahrung dienen.[22] Gewöhnlich gibt der Delphin Schnalzer im Schall- und Ultraschallbereich von sich, in bis zu achthundert Stößen pro Sekunde. Deren Echos vermitteln dem Delphin die nötige Rauminformation. In Gefangenschaft gehaltene Tiere haben nichts dagegen, wenn ihnen bei Versuchen die Augen verdeckt werden. Sie lassen es aber niemals zu, daß ihnen die melonenförmige Stirn bedeckt wird, denn dort empfangen sie anscheinend alle Informationen.

Wir können uns eine solche Art der Wahrnehmung nur schwer vorstellen, können nur mutmaßen, welche akustischen Elemente die Signale tragen, doch ausgehend von unseren gängigen Musikdefinitionen, können wir sagen, daß das Tier die Welt «musikalisch» erleben muß. Wenn sich der Delphin bewegt, hört er das Echo mit einer sich verändernden Tonhöhe, typisch für den Dopplereffekt (wie die Sirene eines schnellen Krankenwagens: wenn das Auto sich nähert, steigt ihre Tonhöhe, wenn es sich entfernt, fällt sie). Alle Entfernungen werden als unterschiedliche rhythmische Intervalle wahrgenommen. Wenn ein Echo empfangen wird, während das Tier eben den nächsten Klang ausstößt, entstehen Schwebungen oder ein Akkord. Wenn wir unsere Phantasie spielen lassen, entdecken wir sicher noch andere faszinierende Besonderheiten. Sie zeigen uns, daß die Welt des Delphins tatsächlich vom Hörbaren geformt sein muß, wie unsere vom Sichtbaren. Es ist also gar nicht überraschend, daß diese Tiere von unserer Musik so angezogen werden wie wir vom Gesang der Vögel. Ein zeitgenössischer Beobachter berichtet, daß «sanfte Musik von Holzblasinstrumenten Delphine anlockt, die dort auf dem Meer, wo die Wellen still sind und kein Motorengeräusch die Töne verdeckt, ein Segelboot umschwimmen, das sich kaum oder nur langsam bewegt. Sie hören anscheinend genießerisch zu und sind auf jeden Fall zunächst sehr neugierig, strecken den Kopf aus dem Wasser und starren die Schallquelle an.»[23]

Die wirklich bühnenreifen Musiker unter den Walen gehören aber zu einer anderen Gruppe. Es handelt sich um die riesigen, zahnlosen Bartenwale, die auf der Nahrungssuche das Wasser mit ihren Schnurrbärten aus Fischbein durchkämmen. Viele Leute haben die Aufnahmen des «Gesangs» der Buckelwale gehört, die unter anderem Komponisten wie George Crumb und Paul Winter inspiriert haben. Diese Gesänge klingen – anders als die Schnalzer und Pfeiftöne des Delphins – für das menschliche Ohr wirklich musikalisch. Sie bestehen aus langen und getragenen, weitläufig geschwungenen Melodien, in denen andere Geräusche seltsame Akzente setzen; dazu kommt noch der unheimliche Nachhall der Unterwasserwelt. Die Buckelwale sind seit Urzeiten in die Atlantik- und die Pazifik-Gruppe aufgeteilt, und doch gibt es bei den Gesängen in den beiden Regionen gemeinsame Wendungen. Am verblüffendsten ist aber, daß alle Buckelwale im jeweiligen Ozean jedes Jahr eine neue gemeinsame Melodie singen. Das gleiche «Lied» wurde zur gleichen Zeit an Orten entdeckt, die über tausend Kilometer voneinander entfernt sind. Wie lernen sie das? Welche Bedeutung kommt den Klängen zu, die da durch die Tiefen hallen und manchmal über die unglaubliche Entfernung von 160 Kilometern zu hören sind? Besteht der eigentliche Sinn des Wallebens im Singen, ist das Überleben lediglich Mittel zum Zweck? Wir können nur hoffen und glauben, daß außer dem Menschen noch andere Tiere für Ästhetisches, Zusammenhänge oder Geistiges leben.

So versteht es sich fast von selbst, daß der Delphin – der

einzige Mittelmeerbewohner, der zur Familie der Wale gehört – dem Apollo heilig war. Der Gott nahm selbst einmal diese Gestalt an und zwang ein kretisches Schiff, in Richtung Delphi zu segeln, wo die Seeleute im Orakeltempel zu Dienern seines Kultes berufen und angewiesen wurden, ihn als «delphingleich» (*delphinios*) zu verehren.[24] Wenn wir daran denken, welches Gewicht der Musik bei Seelenreisen beigemessen wurde (wir werden darauf noch eingehen), ist es wiederum fast selbstverständlich, daß es in der Bildwelt der Spätantike die Delphine sind, mit deren Hilfe die Seelen den Ozean überqueren und zu den Inseln der Seligen reisen: eine symbolische Bedeutung, die auch für den Arion-Mythos gilt, und zwar bis in alle Einzelheiten (einschließlich derer, die Novalis hinzufügte).

Einige Sagen über die Wirkungen von Musik auf Tiere wurden in der Literatur der Antike, des Mittelalters und der Renaissance zu Gemeinplätzen. Martianus Capella, eine Lieblingsquelle späterer Schriftsteller, fügt in seine *Hochzeitsfeier des Merkur mit der Philologie* eine lange Rede der Harmonia ein – ein Sammelsurium von Dingen, die zu unserem Thema gehören. Harmonia erwähnt darin, daß Hirsche durch Hirtenflöten verzaubert werden, daß rasselnde Geräusche die Fische in den stillen Becken von Alexandria am Weiterschwimmen hindern, daß die Melodien der Kithara die hyperboreischen Schwäne anlocken und daß die indischen Elefanten und Kobras durch Musik gebändigt werden können, wobei die Schlangen durch deren Wirkung zum Platzen gebracht werden.[25] Ähnliche Überlieferungen gab es auch in der mittelalterlichen islamischen Welt, besonders wenn es um Lieder ging, mit denen Kamele zur Arbeit angespornt wurden. In seinem Buch über die Musik erzählt der große Philosoph und Mystiker Abu Hamid al-Ghasali[26] eine beliebte Geschichte nach: Ein Mann besucht ein Zeltlager in der Wüste, findet darin einen gefesselten schwarzen Sklaven und sieht, daß alle Kamele bis auf eins tot sind. Der Besitzer erklärt, der Sklave habe das anspornende Lied mit so schöner Stimme gesungen, daß die Kamele die Strecke einer Dreitagesreise in einer Nacht zurückgelegt hätten, worauf die Kamele vor Erschöpfung gestorben seien. Der Gast wollte die Stimme hören. «Als dann der Morgen kam, befahl er ihm, vor einem Kamel zu singen, damit es dort an einem Brunnen Wasser schöpfe. Und als er seine Stimme erhob und das Kamel sie hörte, ging es durch und zerriß seinen Haltestrick, und ich stürzte auf mein Angesicht nieder.»

Athanasius Kircher[27] berichtet, im Mai 1638 bei einer Sizilienreise gesehen zu haben, wie Schwertfische durch Musik in die Falle gelockt wurden. Die Fischer lockten nach seinen Worten ihre Beute mit Glocken und einem ganz bestimmten Lied herbei, bis ein Schwertfisch in die Reichweite der Harpunen kam. Kircher schreibt, er sei zunächst der Meinung gewesen, bei dem Gesang habe es sich um ein Zauberlied gehandelt, das den gewünschten Erfolg mit Hilfe von Dämonen zuwege gebracht habe. Schließlich fand er jedoch eine natürliche Erklärung, die er der abergläubischen vorzog. Er wußte aus Erfahrung, daß sich der Schall von seiner Quelle aus sphärisch fortpflanzt und dabei auf unterschiedliche Hindernisse stößt, von denen einige in Resonanz geraten können, also mitschwingen. Er ging deshalb von der Vermutung aus, daß es sich bei den Schwertfischen ähnlich verhielt wie bei dem Experiment mit den zwei Lauten oder bei dem losen Pflasterstein, der bei einem bestimmten Orgelton vibriert, daß also bestimmte Tiere auf gewisse Klänge reagieren, weil etwas in ihren «Lebensgeistern oder ihrer Phantasie» (Erklärung folgt auf S. 30 ff.) mitschwingt. In manchen Fällen, schreibt er, gilt das für eine ganze Gattung, zum Beispiel hören alle Bären gern die Flöte. In anderen Fällen gilt das nach seinen Worten nur für einzelne Wesen, zum Beispiel bei den Namen, die wir Hunden, Pferden und anderen Haustieren geben. Kircher hatte sogar von einem Delphin namens Simon und einer Rundschwanz-Seekuh namens Martin gehört, die stets kamen, wenn sie gerufen wurden. Warum sollten also die sizilianischen Fischer nicht genau die Klänge herausgefunden haben, auf die alle Schwertfische sozusagen eingestimmt waren und auf die sie automatisch reagierten?

Selbst ein Schüler Kirchers, Caspar Schott, fand dessen Theorie ein bißchen weit hergeholt.[28] Doch im Grunde ist Kirchers Erklärung für die Macht der Musik, die vom Mitschwingen der «Lebensgeister» oder einer ähnlichen, nicht greifbaren Substanz ausgeht, typisch für fast alle vor der Moderne verfaßten Darstellungen dieses Themas. Sie setzt die Existenz eines feinstofflichen Äthers voraus, dem wir schon in der indischen Sānkhya-Philosophie begegnet sind. Dieser Äther gehört zu den Grundvoraussetzungen der Naturphilosophie im Orient sowie in der abendländischen Antike und Renaissance. Damit diese Vorstellung vom Äther den Kriterien der modernen Wissenschaft standhält, müssen wir ihn vom universellen Äther unterscheiden, den die Physik bis gegen Ende des neunzehnten Jahrhunderts gelten ließ, und natürlich von den chemischen Verbindungen gleichen Namens. Die esoterische Philosophie bezieht den Äther mehr auf Bewußtseinszustände als auf Zustände der Materie und geht davon aus, daß er eine Art Brücke zwischen Geist und Materie ist.

In der *Confessio Fraternitatis R. C.* von 1615, einer anonymen Schrift der Bruderschaft des Rosenkreuzes, gibt es eine Liste von Wundern, die der Menschheit durch die Philosophie der Rosenkreuzer in Aussicht gestellt wird. Dazu gehört folgendes:

> Wer immer mit der Stimme so singen oder auf einem Instrument so spielen kann, daß nicht die Steine Amphions, sondern Perlen und Edelsteine, nicht die wilden Tiere des Orpheus, sondern der Geist (*spiritus*), nicht Pluto aus dem Tartarus, sondern die mächtigen Fürsten der Welt davon angezogen werden: der soll in die Bruderschaft eintreten.[29]

Der englische Arzt und Theosoph Robert Fludd (1574–1637) fühlte sich berufen, diese Schrift zu unterstützen, und zwar mit einer Verteidigung der unbekannten Bruderschaft gegen deren Kritiker. Sein in diesem Sinne verfaßter *Tractatus Apologeticus* von 1617 gibt Aufschluß über die hermetische Weltsicht, in der solche Dinge geschehen können. Die Sonne oder Apollo, schreibt er, läßt jedes Jahr die «Töne und harmonischen Klänge seiner Leier in die ätherische Materie, die in Erde und Meer verborgen ist» niederströmen. Diese «Töne» bleiben in den Geschöpfen verborgen wie das Feuer im Holz, und jeder, der ein Scheit oder etwas anderes zu entzünden vermag, kann es zum Vorschein bringen. Wer «die wahren Phoebischen Töne» der Dinge kennt, kann diese auf gleiche Weise zu vernünftigem Handeln bringen und an sich ziehen. Laut Fludd sind Perlen und Edelsteine besonders reich an dieser ätherischen Natur, und wenn jemand «einen Einklang der himmlischen Harmonie in Ton und Stimme» hervorbringen könne, «könnte mit Hilfe des mittleren oder luftigen Geistes jene Konsonanz auftreten, durch die dann die Körper der Perlen und Edelsteine bewegt würden».[30] Er zieht eine aufschlußreiche Parallele und schreibt, daß ein weiser Mensch genauso gut diese essentielle Substanz, die vom Ätherhimmel in die niederen Körper herabgestiegen ist, mit seiner Harmonie bewegen könne, wie die Seele den Körper eines Tieres zu bewegen vermag.[31]

Kaum ein Wort ist mit so vielen Bedeutungsnuancen belastet wie das deutsche *Geist* beziehungsweise das englische *spirit*, das französische *esprit* und deren gemeinsame Wurzel, das lateinische *spiritus*. Damit kann sehr viel gemeint sein, von der Dritten Person der Trinität bis zu den flüchtigen Dämpfen, die vom Brandy aufsteigen. Insbesondere von Autoren, die der westlichen esoterischen Tradition angehören, sind diese Begriffe in zwei verschiedenen Bedeutungen verwendet worden. In neuerer Zeit meint Geist oder «Spirit» unter dem Einfluß der Theosophie vor allem das Göttliche im Menschen, gleichbedeutend mit dem griechischen *nous* oder dem sogenannten höheren Intellekt und von daher seinen Begleitern Seele und Körper überlegen. Die andere Bedeutung, die in früheren Texten vorherrscht, steht für etwas, das auf der Stufenleiter des Seins viel tiefer angesiedelt ist, das weder Körper noch Seele ist, die beiden aber irgendwie vereint. Es geht hier um diese Bedeutung, wobei ich mich an den lateinischen Ausdruck *spiritus* halte oder den Plural «Geister» verwende.

Fast überall gilt die Erkenntnis, daß eine feinstoffliche oder ätherische Essenz an der menschlichen Lebenskraft, Gefühlswelt und Wahrnehmung beteiligt ist. Bei den Indern heißt sie *Prāna*. In China ist diese Essenz nach der taoistischen Abhandlung über die spirituelle Alchemie *Das Geheimnis der Goldenen Blüte* ein Licht, das im Leib zirkuliert. Im Abendland verschaffte der im zweiten Jahrhundert lebende Arzt Galen, dessen Werke im christlichen wie islamischen Mittelalter kanonisch waren, dieser Vorstellung zuerst Anerkennung. Der *spiritus* gilt zwar im allgemeinen als unsichtbar, doch der mystische Philosoph Ibn Sina

(Avicenna) beschrieb ihn als leuchtende Substanz, deren Quantität und Qualität von Mensch zu Mensch verschieden ist.[32] Zu Beginn der Wissenschaftlichen Revolution wurde die Vorstellung erneut lebendig durch Francis Bacons einschränkungslose Übernahme – ein Beispiel, das bis tief ins achtzehnte Jahrhundert Schule machte. Danach sank ihr Ansehen in der Medizin, tauchte aber in weniger orthodoxen Bereichen wieder auf, in Gestalt von Mesmers tierischem Magnetismus, Reichenbachs odischer Kraft, Bulwer-Lyttons Vril oder Wilhelm Reichs Orgon. Wenn heutzutage jemand eine Aura entweder direkt oder mit Hilfe eines Kilner-Schirms sieht, nimmt er vermutlich diese Essenz wahr.

Zu den Autoren, die begeistert über *spiritus* und Musik schrieben, gehört vor allem der Renaissance-Platoniker Marsilio Ficino (1433–99).[33] Sein Buch *De vita coelitus comparanda*[34] ist eine Abhandlung darüber, daß man sich einen guten Gesundheitszustand erhalten kann, indem man körperlich wie geistig richtig lebt. Wie er meint, müssen die Gelehrten darauf besonders achten, da sie viel im Sitzen arbeiten, zur Melancholie neigen und ständig ihren *spiritus* verbrauchen, indem sie dauernd die Einbildungskraft benutzen. Nach Ficino liegt eine der besten Möglichkeiten, den *spiritus* zu mehren, in der Musik. Und zwar deshalb, weil das Medium des Klangs, die Luft, ihrer Substanz nach dem *spiritus* am nächsten kommt. Einen Teil ihrer Wirksamkeit beschreibt er so: «Der musikalische Klang setzt die Luft in Bewegung und bewegt so den Leib: Durch geläuterte Luft regt er den luftigen *spiritus* an, der das Band zwischen Leib und Seele ist; durch Gemütsbewegung wirkt er auf die Sinne und gleichzeitig die Seele ein.»[35]

Doch wie funktioniert diese Anregung genau? Der Komponist und Theoretiker Agostino Steffani (1653–1728), ein später musikalischer Anhänger Ficinos, beschrieb 1695, wie man beim Hören des Oktavintervalls eine Ausweitung des *spiritus* spürt; bei der reinen Quint und anderen Konsonanzen trete das etwas weniger deutlich auf. Dissonante Intervalle andererseits engen nach seinen Worten den *spiritus* ein, und je schroffer sie werden, desto unangenehmer wirken sie.[36] Etwas früher im selben Jahrhundert dachte Tommaso Campanella ganz anders über die subjektiven Wirkungen von Musik auf den *spiritus*: Tiefe Klänge quetschen,

31

verdichten und verdicken ihn, während hohe ihn verdünnen und zerreißen. Die am stärksten therapeutische Musik besteht für ihn folglich in der wohlklingenden Verbindung der beiden Extreme.[37] Die meisten Autoren begnügen sich aber damit, die Wirkungen mit allgemeineren Begriffen abzuhandeln, und lassen den Unterschied zwischen dieser feinstofflichen Substanz und dem Element Luft außer acht.

Im achtzehnten Jahrhundert geriet die gesamte Auffassung von Wahrnehmung in Bewegung, weil ältere Konzeptionen als mangelhaft erkannt wurden, aber auch noch nicht durch neuere Entdeckungen ersetzt werden konnten. Die Frage war: Wie gelangen die Töne vom Ohr zur empfindenden Seele? Der Philosoph Leibniz schrieb in den neunziger Jahren des siebzehnten Jahrhunderts, daß unsere «Lebensgeister» (d. h. der *spiritus*) auf den mitstimmenden Widerhall antworten, der in uns hervorgerufen wird, wenn wir die Luft in gleichmäßiger Regung hören.[38] Das weist schon auf seine spätere berühmte Definition hin, die Musik sei «eine verborgene arithmetische Übung der Seele». Der Musik-Theologe Johann-Michael Schmidt erklärte (1754), daß zwar im Gehirn alles erstaunlich subtil sei und sich der Beobachtung entziehe, daß aber «diese Bewegungen ... der Materie, welche die Substanz der Seelen zunächst umgiebt, imprimiert werden».[39] Für den Arzt Richard Browne (1729) schafft der *spiritus* wie bei Ficino die Verbindung zwischen Musik und Mensch und vermittelt deren Wirkung sowohl dem Körper als auch der Seele. Je größer die Absonderung des *spiritus*, desto besser arbeitet die tierische Maschine und desto glücklicher fühlen wir uns – denn «es besteht eine Gleichgestimmtheit zwischen der Seele und den Lebensgeistern».[40] Singen hilft laut Browne, den *spiritus* zu mehren, weil sich in den Lungen der Luftdruck erhöht und der Kreislauf beschleunigt wird.[41] Auch Opium «läßt die Geister in sanften Wogen fließen», sollte aber nicht im Übermaß gebraucht werden.[42] Browne fährt fort:

Doch von allen Übungen scheint das Tanzen zu einem gut gespielten Wohlklang am vorteilhaftesten, weil es nicht nur die eingeschränkte Bewegungsfähigkeit der festen und flüssigen Bestandteile verbessert ... sondern weil ihm auch gleichzeitig die mächtige Kraft und Energie der Musik beistehen: denn während die Harmonie der Klänge vermittels des Hörorgans dem Prinzip des Intellekts unübertrefflichen Genuß verschafft, und das Gemüt mit fröhlich belebenden Vorstellungen erfüllt, so teilt sie dem Körper durch Gleichgestimmtheit ihre herrlichen Einwirkungen mit, verleiht der ganzen Maschine neues Leben und Stärke, und steigert Empfindung und Bewegungsfähigkeit zu höchster Vollkommenheit.[43]

Ein anderer englischer Arzt, Richard Brocklesbury (1722–97), befaßte sich ebenfalls mit der Wirkung von Musik auf den Körper und kam zu dem Schluß, das Entscheidende seien Veränderungen im Gemüt. Für ihn schienen die Dinge jedoch nicht so einfach zu liegen wie für den munteren Browne. Er räumt 1749 in einem Buch ein, daß die Geister, wolle man gesund bleiben und das Altern hinauszögern, ständig erneuert werden müßten, da sie durch zügellose Leidenschaften und Schmerzen erschöpft würden.[44] Dabei kann nach seiner Auffassung die Musik helfen, und in moderner wie in alter Zeit seien sogar Heilungen durch Musik erzielt worden. (Er hatte selbst einen Mann mit Musik geheilt, der wegen des Verlustes seiner beiden Söhne in tiefe Depression verfallen war.) Was da eigentlich vor sich geht, werden wir nie verstehen, es sei denn, daß wir eines Tages «von den Eigenschaften, die gewöhnlich dem Geist zugeschrieben werden, genauso klare Vorstellungen haben, wie wir sie nur von jenen der materiellen Dinge haben können; doch das Wesentliche von beiden ist gleichermaßen in Dunkel gehüllt und bleibt eingeschränkten Wesen vermutlich ewig unerklärlich.»[45]

Brocklesbury hat den wunden Punkt des Themas berührt: Die Annahme, mit dem *spiritus* die Verbindung von Geist und Körper erklären zu können, bedeutet letztlich, daß wir mehr über Geist und Körper zu wissen behaupten, als tatsächlich der Fall ist. Dabei besteht die Gefahr, daß wir auf eine endlose Kette weiterer Verbindungsglieder angewiesen sind, die die Zusammenhänge zwischen Seele und Geistern, Geistern und Körper und so fort erklären soll.

Einige seiner Zeitgenossen hatten die Suche nach fehlenden Verbindungsgliedern gänzlich aufgegeben. Der berühmte Ma-

thematiker und Musikfreund Leonhard Euler (1707–1783) war
schon 1739 der Ansicht, als Brücke zwischen Körper und Seele
käme nichts anderes in Frage als die Nervenenden im Corpus
Callosum (Balken) des Gehirns.[46] Johann Wilhelm Albrecht
(1734) fand eine geschickte Erklärung für die Wirkung der Musik
auf den Körper: Sie geschehe ganz unabhängig vom Ohr aufgrund der direkten Resonanz der Fasern des Körpers, deren
Spannung und Länge den Tönen entspreche.[47] Bemerkenswert
an Brocklesbury ist, daß er nicht nur ein Ficino-Anhänger war,
sondern auch Berkeley in seinem Mentalismus folgte und so in
der Lage war, einen erkenntnistheoretischen Sprung zu machen.
Er betrachtete den gesamten Vorgang aus der anderen Richtung:
Alle einfachen Wahrnehmungen des Geistes, sagt er, werden
ursprünglich von einem Impuls im Innern hervorgerufen, der
irgendwie von den Sinnesorganen empfangen wird. Die wiederum übermitteln Bilder äußerer Dinge dem empfindenden Teil, in
dem der Geist wohnt.[48] Brocklesbury scheint ungefähr den folgenden Prozeß zu beschreiben:

$$\underbrace{\begin{array}{cccccccc} \overset{1}{\text{(unbewußter)}} & \rightarrow & \overset{2}{\text{Sinnesorgan}} & \rightarrow & \overset{3}{\text{Bild}} & \rightarrow & \overset{4}{\text{bewußter Geist}} \\ \text{innerer Impuls} & & \text{und Gehirn} \end{array}}_{\text{geistige Welt}}$$

Das unterscheidet sich deutlich von der Reihenfolge, die allgemein angenommen wird:

$$\underbrace{\begin{array}{ccc} \overset{1}{\text{äußeres}} & \rightarrow & \overset{2}{\text{Sinnesorgan}} \\ \text{Objekt} & & \text{und Gehirn} \end{array}}_{\text{materielle Welt}} \quad ? \quad \underbrace{\begin{array}{ccc} \overset{3}{\text{Bild}} & \rightarrow & \overset{4}{\text{bewußter Geist}} \end{array}}_{\text{geistige Welt}}$$

Wir begannen mit der harmlosen Vorstellung Lebensgeister und
einer vermittelnden, ätherischen Welt, in der Klang und Schall
eigentlich zu Hause sind, und nun sind wir tatsächlich in gefähr-
liches Gewässer geraten. Von wo steigt dieser «innere Impuls»
auf, und welches Objekt nehmen wir wahr, wenn der Impuls in

unserem Inneren ist? Wir müssen uns von der Erkenntnistheorie kurz zur Metaphysik wenden, da sonst das ganze Thema dieses Buches ohne philosophische Grundlage bleibt.[49]

Zumindest im Orient ist schon seit langem bekannt, daß die Kluft zwischen Subjekt und Objekt oder Geist und Körper überbrückt werden kann, doch nur, wenn eine Ebene erreicht wird, auf der die beiden Gegenteile ins relativ Unwirkliche zurücktreten. Jede traditionelle Philosophie läßt gelten, daß es im innersten Kern des einzelnen ein ursprüngliches Bewußtsein gibt, und jeder Mystiker weiß das. Genau hier können Erfahrungen gemacht werden, die den gewöhnlichen Zustand des Subjekt-Objekt-Bewußtseins umkehren. Wenn sich jemand zum Beispiel völlig in ein Objekt vertieft – etwa ein Bild oder ein Musikstück –, kann es geschehen, daß sich die Person in das Gesehene oder Gehörte hinein auflöst und für eine Weile mit ihm identisch ist, so daß das Objekt als nicht vom Subjekt unterscheidbar erlebt wird. Oder bei Übungen wie der intensiven Selbstbeobachtung kann das subjektive Bewußtsein der Person selbst zum Betrachtungsgegenstand eines damit nicht identischen, ungerührten Zeugen-Selbst werden, aus dessen Blickwinkel das Schauspiel der Person, die da im Gegenüber zur materiellen Welt handelt und wahrnimmt, eine Einheit darstellt. Wesentlich für diesen «mentalistischen» Gedankengang ist, daß es unmöglich eine unabhängige objektive Welt ohne die Anwesenheit des Bewußtseins geben kann: Die beiden entstehen und vergehen gemeinsam.

In der buddhistischen Philosophie wird das gesamte Universum mit all seinen Wesen in jedem Augenblick neu geschaffen und vernichtet. Für die Sufis führt Gottes Verlangen, sich selbst zu erkennen, dazu, daß er sich in unzählige Bewußtseine aufspaltet, alle mit unterschiedlichen Spielarten objektiver Erfahrung. Grundlegend ist dabei die Reduzierung der Körper-Geist-Dichotomie von etwas Absolutem auf etwas Relatives. Subjekt und Objekt sind wie die beiden Seiten einer Münze, die nie zusammenkommen können, außer durch das Gold, in das beide geprägt sind und das die Münze überhaupt erst existieren läßt. Sobald das Gold nicht mehr flüssig und formlos ist, sondern geprägt, muß es zwei Seiten haben, die in entgegengesetzte Richtungen weisen.

35

Im vorliegenden Fall kann man also sagen, das Erlebnis der Musik erfordert a) eine objektive materielle Welt, in der Menschen Instrumente spielen, Luft und Trommelfelle schwingen, elektrische Impulse im Gehirn tätig sind, und b) eine subjektive Welt von Emotionen, Bildern und rationalen Gedanken, die mit der Musik verbunden sind. Doch b) ist genausowenig die Folge von a) wie dessen Ursache: Die beiden entstehen einfach gemeinsam als Doppelaspekt eines einzigen Ereignisses (Brocklesburys «innerer Impuls»), bei dem es sich um eine geistige und immaterielle Wirklichkeit handelt, die der Naturwissenschaft unzugänglich ist.

Diese metaphysische Sicht leugnet weder Gehirn noch *spiritus*: Beide bestehen als Teile eines Mechanismus, der dem Bewußtsein den Weltgedanken darbietet. Doch das, was wirklich bewußt wird, ist die Seele, und genau hierher gehört die Musik. Hier wirkt sie als Ursache und bewirkt Heilung. Die «Lauteren Brüder» (Ikhwān al-Ṣafā'), eine Gemeinschaft muslimischer Enzyklopädiker des zehnten Jahrhunderts, schrieben:

> Der Stoff, der Gegenstand jeder Kunst ist, die mit den Händen vollführt wird, setzt sich aus natürlichen Substanzen zusammen, und seine Produkte sind alle materielle Formen, *abgesehen von dem Stoff, der Gegenstand der Musik ist, der zur Gänze aus geistigen Substanzen zusammengesetzt ist, die die Seelen der Zuhörer sind*, und ihre Wirkungen sind ebenfalls geistige Äußerungen. So hinterlassen die Melodien, die aus Tönen und Rhythmen bestehen, tatsächlich einen Eindruck in der Seele, ähnlich dem, den die Arbeit des Handwerkers dem Material mitteilt, das der Träger seiner Kunst ist.[50] [Hervorhebung durch J. G.]

Die Musik kann unmittelbar auf die Seele einwirken, denn «sie ist von Natur aus mit uns verbunden». – Das sind die Anfangsworte von Boethius' (etwa 480–524) Werk über die Musik, das jeder Universitätsstudent des Mittelalters und der Renaissance las. Diese Verbundenheit ist allerdings im Laufe der Zeiten unterschiedlich gedeutet worden, und die Form ihrer Darstellung hängt von der jeweiligen Philosophie des Deuters über die Natur des Menschen ab. Für die Pythagoräer, die Boethius stark beeinflußten, haben sowohl Musik wie Seele eine gemeinsame Grundlage in der Zahl. Experimente am Monochord hatten ihnen gezeigt, daß Musik auf Zahlen beruht. In der pythagoräischen Tradition ist die Seele ebenfalls aus der Zahl gebildet, weil sie die Struktur der Weltseele spiegelt. Deren mathematischer Bau wird von dem pythagoräischen Philosophen Timäus in Platons gleichnamigem Dialog dargelegt. Wir werden in den folgenden Kapiteln auf die Zahlen in der Musik und ihre kosmischen Bezüge eingehen. Auch die Theorie Schopenhauers gehört in diesen Zusammenhang. Die letzten Realitäten waren bei diesem Philosophen zwar nicht mathematisch wie bei den Pythagoräern, aber er stellte fest, daß die Musik «unmittelbare Objektivation und Abbild des ganzen Willens» ist, der unser Wesenskern ist,[51] und damit ist die «natürliche Verbundenheit» sehr tief verwurzelt

Die Musiktheoretiker des achtzehnten Jahrhunderts faßten die Verbundenheit eher oberflächlich auf. Die Musik wurde wie die Malerei als nachahmende Kunst verstanden, deren Funktion darin gesehen wurde, Gefühlszustände nachzuahmen und sie in der Seele des Zuhörers durch gewisse Mittel wieder hervorzurufen. Die Romantiker dachten weniger mechanistisch und maßen dem Individuum größere Bedeutung bei. So machten sie mit Nachdruck auf die Gefühle des Komponisten aufmerksam, die, wenn sie vom Zuhörer empfunden werden, die Musik in eine persönliche Kommunikation verwandeln, in ein Sprechen von Seele zu Seele. Später ermöglichte es die Reduktion des menschlichen Geistes (Seele wagt man ihn nicht mehr zu nennen) auf einen Prozessor für Informationen, Musik allein mit Begriffen wie Information und Inhalt zu fassen, während der emotionale Ballast fast nur noch als eine Nebenwirkung galt, die etwas mit dem Verhalten zu tun hatte. Oder wenn, wie im Marxismus, der Mensch nur in sozialen Bezügen gesehen wird, läßt sich die Musik recht überzeugend als etwas interpretieren, das allein gesellschaftlich bedeutsam ist.

Es gibt zahllose Legenden, die veranschaulichen, wie die Musik auf Menschen, selbst gegen ihren Willen, einwirken kann, wie sie die Seelen zum Einklang mit ihr drängt. In dem klassischen Beispiel, das über die Jahrhunderte so oft nacherzählt worden ist, spielt Pythagoras selbst eine Rolle.[52] Als er eines Abends hinausging, um den Himmel zu betrachten, traf er auf einen jungen Sizilianer, dem die Freundin den Laufpaß gegeben hatte. Die phrygische Musik eines Aulosspielers in der Nähe hatte ihn nun so erregt, daß er das Haus der Frau in Flammen aufgehen lassen wollte. Pythagoras ging nicht zu dem jungen, toll gewordenen Mann, sondern zu dem Musiker und bat ihn, eine andere Melodie zu spielen, eine langsame, ernste, spondeische. Der junge Mann, dessen Gefühle ja schon von der Musik gebannt waren, reagierte sofort, beruhigte sich und lief bald nach Hause.

Eine beliebte Variante des gleichen Themas erzählt von einem König und zeigt, daß selbst die Größten der Erde der Macht der Musik untertan sind. In der Geschichte von «Alexanders Fest», das John Dryden in einem Gedicht verewigt hat (später von Händel vertont), wird der Auftritt des berühmten griechischen Sängers Timotheus bei einem Bankett zum Sieg Alexanders des Großen über die Perser beschrieben. Als Timotheus den Götterkönig Zeus besiegt, scheint für die Zuschauer Alexander selbst zu einem Gott zu werden. Als der Barde einen Lobgesang auf Dionysos anstimmt, sind alle wie berauscht, und der König scheint alle seine Schlachten auf der Stelle noch einmal schlagen zu wollen.

> The master saw the madness rise,
> His glowing cheeks, his ardent eyes;
> And, while he heaven and earth defied,
> Changed his hand, and checked his pride.
>> He chose a mournful Muse
>> Soft pity to infuse . . .

> (Der Meister sah den Wahn sich steigern,
> sah seine glühenden Wangen, die brennenden Augen;
> und, indem er Himmel und Erde die Stirn bot,
> änderte er sein Spiel und beherrschte seinen Stolz.
>> Er wählte eine trauervolle Muse
>> Sanftes Mitleid einzuflößen . . .)

In dem Gedicht bringt Timotheus Alexander und die Festgäste der Reihe nach dazu, mit den bezwungenen Persern zu fühlen, dann für die Liebe zu schwärmen und schließlich nach Rache zu dürsten, worauf sie (wie der junge Sizilianer) losstürzen, um den persischen Palast niederzubrennen. Im ursprünglichen Bericht Plutarchs[53], der Dryden zu seinem Gedicht anregte, tötet Alexander in seinem entrückten Zustand sogar einen Mann, worauf Timotheus (besser spät als nie) seine Melodie ändert, um Kummer und Reue über die Tat hervorzurufen.

Ich weiß nicht, ob die Geschichte selbst oder bloß die Geschichtsschreibung immer wieder ähnliche Fälle hervorgebracht hat. Im 16. Jahrhundert erzählt der dänische Chronist Olaus Magnus[54], König Erik von Dänemark habe in seiner Neugier herausfinden wollen, wie wirkungsvoll die Musik seines Spielmanns wohl sei. Er ließ die Einwände des Hofmusikers nicht gelten und bestand darauf, Musik zu hören, die ihn in intensive Gefühls- und Wahnzustände versetzen würde. Einem früheren Bericht zufolge kostete das Experiment vier Menschenleben. Zwei bekannten Musikern wurden früher ähnliche Kräfte zugeschrieben. Der Lautenspieler Francesco di Milano (1497–1543) soll nach Tisch eine Fantasie gespielt haben,[55] die die Gäste zuerst zornig, dann melancholisch und schließlich verzückt und ekstatisch werden ließ und zeigte, daß «moderne» Musik so machtvoll wie die alte war. Claude le Jeune (etwa 1525–1600) war ein Komponist und Orgelspieler in Frankreich am Hofe Heinrichs III. Sein Orgelspiel während einer Hochzeit soll einen der Höflinge zu einer unverzeihlichen Tat verleitet haben: In Anwesenheit des Königs zog er sein Schwert und wollte auf der Stelle mit jemandem kämpfen; erst als Claude seine Melodie änderte, kam er wieder zu sich.[56]

Solche Berichte finden sich nicht nur im Westen. Der grausame Sultan Murad IV. wollte nach der Belagerung Bagdads (1638) die Perser niedermetzeln, bis sein Blutdurst durch einen Musiker gestillt wurde.[57] Der indische Kaiser Akbar (1542–1605)[58] wollte einmal unbedingt einen Raga (Melodietyp) hören, von dem es hieß, er erzeuge Feuer. Der Musiker protestierte zwar, gehorchte aber schließlich. Im Laufe des Liedes wurde der unglückliche Sänger von Flammen ergriffen, die auch nicht erloschen, als er in einen Fluß sprang. Indische Musiker wissen sehr genau um die Macht der Musik. Jeder Raga hat einen bestimmten Charakter und soll nur zu der ihm entsprechenden Zeit aufgeführt werden. Von manchen Ragas heißt es, daß sie in bestimmter Weise Gefühle beeinflussen, doch die meisten werden Tages- oder Jahreszeiten zugeordnet. Die beabsichtigten Wirkungen haben dabei nichts mit flüchtigen Gefühlen zu tun, sondern die Psyche soll auf Tagesrhythmen und die kosmische Zeit eingestimmt werden. Es gibt zum Beispiel kein bestimmtes Gefühl, das jeden Mittag zwangsläufig auftreten muß, doch wenn die Sonne im Zenit steht, wirkt sie in bestimmter Weise auf das irdische Leben und die geistigen Vorgänge ein, und der Raga soll diese Wirkungen verstärken.

Vielleicht verfolgte der gregorianische Choralgesang der katholischen Liturgie ähnliche Ziele; auch er war bestimmten Offizien oder Stundenämtern zugeordnet, entsprechend den acht Gottesdiensten, die eine klösterliche Gemeinschaft im Laufe eines Tages feierte. Keine Musik steht den Launen eines Alexander ferner als der gregorianische Gesang, doch hatten diese Komponisten wahrscheinlich auch bestimmte musikalische Charakteristika im Sinn, als sie die Liturgie Stück für Stück vertonten. In diesem Zusammenhang sind auch die Abend- und Morgenandachten zu sehen, die damals die Gemeinschaft um Pythagoras abhielt. Bei Iamblichos heißt es:

> Abends, wenn seine Jünger schlafen gingen, befreite er sie von dem verwirrenden Nachhall des Tages, reinigte völlig ihr von den Wogen der Erregung zugeschüttetes Denken und schuf ihnen ruhigen, von guten, ja prophetischen Träumen erfüllten Schlaf. Beim Aufstehen befreite er sie von der Schlaftrunkenheit, Schlaffheit und Benommenheit durch bestimmte eigentümliche Gesänge ...[59]

Diese pythagoräische Praxis würden wir heute im weitesten Sinne Musiktherapie nennen. Das älteste erhaltene Beispiel für diese Wissenschaft oder Kunst (die moderne Trennung der beiden ergibt hier keinen Sinn) finden wir in der biblischen Geschichte von Saul und David (1. Samuel 16, 14–23). Saul wurde von einem regelmäßig wiederkehrenden bösen Geist gequält, und seine Diener schlugen vor, nach einem guten Saitenspieler suchen zu lassen. Der Gesuchte war David. «Wenn nun der Geist Gottes über Saul kam, so nahm David die Harfe, und spielte mit seiner Hand; so erquickte sich Saul, und es ward besser mit ihm, und der böse Geist wich von ihm.» (Vers 23) Das unterscheidet sich ganz deutlich von den Fällen, die wir bis jetzt zitiert haben. Eine moderne Musiktherapeutin, Juliette Alvin, hat die Geschichte sehr einfühlsam analysiert[60] und ist zu dem Schluß gekommen, daß die Behandlung in diesem Fall versagt hat. Dem biblischen Bericht nach scheint diese täglich angewendet worden zu sein, bis Saul plötzlich mit einem Spieß nach seinem Therapeuten warf, ihn glücklicherweise jedoch verfehlte (1. Samuel 18, 10–11, noch einmal 19, 9–10). Die Therapie wurde abgebrochen – und «der Herr wich von Saul». Alles, was Alvin der Geschichte entnimmt – der Gegensatz von Sauls Psychose und Davids Güte, Sauls möglicherweise homophile Gefühle gegenüber David und sein langsames Begreifen Davids als in jeder Hinsicht besseren Menschen –, all das muß lange vor der modernen Psychologie dem überzeugendsten aller Kommentatoren der Bibel klar gewesen sein, nämlich Rembrandt.

Als Gegenstück zum Fall Saul und David analysiert Alvin eine erfolgreiche Behandlung aus jüngerer Vergangenheit: die Heilung König Philipps V. von Spanien durch Farinelli (1705–82). Der Sänger, wahrscheinlich der brillanteste Kastrat aller Zeiten, war bereits reich und stand auf dem Höhepunkt einer internationalen Opernkarriere, als er 1737 an den vergleichsweise düsteren spanischen Hof eingeladen wurde. König Philipp war am Rande eines Nervenzusammenbruchs, konnte nicht die geringste Verantwortung tragen, und der Hof war verzweifelt. Man hatte mit allen möglichen Mitteln versucht, die Melancholie des Königs zu kurieren. Schließlich wurde Farinelli gerufen, der in einem benachbarten Raum ungesehen singen sollte. Als Philipp die Stimme hörte, erwachte zum erstenmal seit Monaten wieder sein Interesse am Leben. Jeden Tag sang Farinelli für ihn, und allmählich kehrte der König zu einem normalen Leben zurück. Als er so weit wiederhergestellt war, daß er begriff, was geschehen war, ließ er Farinelli rufen und forderte ihn auf, den Lohn selbst zu bestimmen. Der Sänger wünschte sich nur, daß der König von neuem seine Pflichten wahrnehmen möge, und Philipp willigte sogleich ein. Seine geistige Gesundheit blieb jedoch von der Therapie abhängig, und Farinelli sang zehn Jahre lang, bis zum Tode des Königs, jeden Abend jene vier Arien, die den Bann gebrochen hatten. Der Sänger kehrte nie ins öffentliche Leben oder auf die Opernbühne zurück, auf der er berühmt geworden war. Alvin interpretiert die seltsame Beziehung so, daß Farinelli die schöpferischen Möglichkeiten einer Virtuosenkarriere schon bis zur Neige ausgekostet hatte und sich nach etwas weniger Oberflächlichem sehnte: nach dem Ausdruck von menschlicher Nähe und Mitempfinden. Außerdem entwickelten die beiden Männer gegenseitiges Vertrauen und echte Zuneigung, was Farinelli natürlich eine Position mit großem politischen Einfluß verschaffte. Wer diese Geschichte kennt, fragt sich natürlich, warum es immer dieselben vier Arien waren, die insgesamt wohl etwa dreitausendsechshundertmal gesungen bzw. gehört wurden. Eine indirekte Antwort ist der Spruch eines Zen-Buddhisten, den John Cage anführt: «Wenn etwas nach zwei Minuten langweilig ist, versuche es mit vier. Wenn es immer noch langweilt, versuch es acht, sechzehn, zweiunddreißig usw. Minuten lang. Schließlich entdeckst du, daß es überhaupt nicht langweilig, sondern sehr interessant ist.»[61] Denn das Gefühl von Langeweile kann schließlich in einen Zustand der Meditation übergehen. Philipp und Farinelli müssen einen Punkt erreicht haben, an dem das tägliche Ritual zu einer Art Klang-Yoga wurde.

Die Wirkungen der Musik auf Alexander, Erik und andere scheinen das zu sein, was man in der Medizin allopathisch (der Krankheitsursache entgegengesetzt) nennt. Farinelli behandelte die Melancholie König Philipps jedoch mit melancholischen Liedern, was eher an die homöopathische Methode denken läßt, in der *similia similibus curantur*, also Ähnliches mit Ähnlichem geheilt wird. Traurige Musik macht den Menschen offenbar nicht unglücklich, denn sonst würden Troubadour-Lieder nicht bis heute so oft um melancholische Themen kreisen. Ein extremes Beispiel musikalischer Schwermut sind die Musik und die Texte von John Dowland (1562–1625), dessen Lied *Lachrymae* («*Flow my tears*» – Fließt, meine Tränen) in ganz Europa bekannt war, bewundert und nachgeahmt wurde. Die Worte, die Dowland vertonte und vermutlich selbst verfaßt hat, zeichnen wie die anderen «Lieder der Finsternis» ein bedrückendes Bild der Welt. Sie verwerfen außerdem jegliche Hoffnung in einem Maß, das vor dem modernen Existentialismus kaum seinesgleichen hat. Wir finden hier Zeilen wie «*Happy they who in Hell/Feel not the world's despite*», «*Alas I am condemned ever,/No hope, no help, there doth remain*», «*Mourn, mourn, look now for no more day nor night,/ But that from hell,/Then all must as they may in darkness learn to dwell.*» («Glücklich jene, die in der Hölle/der Welt Bosheit nicht spüren müssen», «Ach, ich bin verdammt für immer,/keine Hoffnung, keine Hilfe ist geblieben», «Klage, klage, erwarte weder Tag noch Nacht,/nur die der Hölle,/dann kann ein jeder lernen, wie er es vermag, in der Finsternis zu wohnen.»)

Anthony Rooley, Leiter des Consort of Musicke, das Dowlands Gesamtwerke aufgenommen hat, erklärt das im Zusammenhang mit der religiösen Haltung der «pessimistischen Gnosis», die sich bemüht, «die Welt der Sinne verächtlich zurückzuweisen, weil sie eine höchst komplizierte und schauerliche Falle ist, die die Seele mit ihren Schlingen fängt und einkerkert, und der einzige Weg zurück darin besteht, die Sinnenwelt total zu verwerfen»[62]. Rooley betont jedoch, daß «eine Aufführung dieses Liedes [«*Flow my tears*»] eine höchst erhebende Erfahrung ist. Es ist traurig und voller Klage, aber am Ende fühlt man sich aufgerichtet und in gewisser Weise gereinigt.»

Natürlich liegt der Grund dieser Katharsis in der Schönheit von Dowlands Musik, so wie die Schönheit der Sprache Shakespeares bewirkt, daß wir uns am Ende seiner Tragödien gereinigt und befreit fühlen. (Das Gefühl stellt sich nicht ein, wenn wir Dowlands Gedicht oder den Handlungsfaden Shakespeares nur nachlesen.) Diese Schönheit gehört nicht zur Sinnenwelt, sondern zeugt von einer anderen Ordnung der Dinge, zu der auch wir Zugang haben. Der Metaphysiker und Kunsthistoriker Ananda K. Coomaraswamy nennt Schönheit einfach «einen Zustand» und meint, daß «die Schönheit keine Stufen kennt; ihr vielschichtigster und ihr einfachster Ausdruck erinnern uns an ein und denselben Zustand»,[63] der nichts anderes sei als der des Höchsten Geistes.

Schwermütige Worte und schöne Musik, der Gegensatz von

elendem Erdenleben und Höchstem Geist. Wir kommen wieder zurück auf die Musik, und zwar als Hilfsmittel zur Meditation, deren letztes Ziel die Verwirklichung jenes Zustands ist.

Ein weiteres berühmtes Beispiel für den homöopathischen Gebrauch der Musik ist die Heilung des Tarantismus oder der Tanzwut.[64] Viele volkstümliche Bräuche haben sich um diese Krankheit gerankt, die jeden Sommer in der Gegend von Taranto ausbricht, in Apulien, am Absatz des italienischen Stiefels. Man glaubte, sie werde durch den Biß der Tarantel ausgelöst, einer großen, dort heimischen Spinne. Wer einmal gebissen worden war, konnte jederzeit wieder einen Anfall erleiden, wenn irgend jemand in der Nähe von dem Übel ergriffen wurde. Es handelte sich um eine kollektive Hysterie, wobei die Opfer, meistens Frauen, stundenlang wie rasend tanzten, manchmal sangen, heulten, lachten, weinten und obszöne Gesten machten. Irgendwann brachen sie erschöpft zusammen und begannen am nächsten Tag aufs neue. Die einzige wirkungsvolle Behandlung bestand darin, eine bestimmte Art von Musik zu spielen, und zwar ohne Unterbrechung, solange die Opfer besessen waren. Dieses schnelle *moto perpetuo* im Sechsachteltakt hat als Tarantella längst Eingang in die Musik gefunden. Ursprünglich gab es aber viele verschiedene Arten solcher Musik, denen nur die harmonische Entwicklung vom Dur ins parallele Moll gemeinsam war, und die Schwierigkeit bestand darin, genau die richtige Tarantella für den jeweiligen Anlaß zu finden. Sobald das gelungen war, tanzten die Opfer rhythmisch mit, schwitzten das Gift aus, brachen zusammen und erwachten geheilt – bis zum nächsten Sommer.

Die Tanzwut wird schon früh erwähnt, in den sechziger Jahren des vierzehnten Jahrhunderts,[65] und hat sich im Laufe der Zeit nicht wesentlich verändert. Sie ist auch in anderen Landstrichen als Apulien bekannt. In Aragon erfuhr Marius Schneider[66] von zwei spanischen Musikern, daß sie 1944 den letzten Fall behandelt hatten, und Juliette Alvin[67] schreibt, noch 1968 seien in Apulien Fälle bekannt geworden. Kein Wunder, denn inzwischen nimmt man allgemein an, daß der Biß der Spinne gar nicht die eigentliche Ursache ist, sondern nur eine altehrwürdige Entschuldigung dafür, daß sich Leute – allen Anstandsregeln zum

Trotz – hysterischem Verhalten hingeben. Die wahnsinnige Sommerhitze und die Vorschriften einer sehr sittenstrengen Gesellschaft werden unerträglich, und der Tarantismus wird zum Ventil, das vor allem den Frauen Gelegenheit gibt, Dinge zu tun, für die sie normalerweise von ihren Männern grün und blau geschlagen würden. Die musikalische «Behandlung» steigert vermutlich sogar noch ihr Erleben, denn die ständige Wiederholung rhythmisiert die zuckenden Bewegungen und führt wahrscheinlich eine Art Trancezustand herbei, wie er vom Trommeln bei afrikanischen Stämmen oder aus den Ritualen der tanzenden Derwische bekannt ist. Henry Sigerist[68] weist darauf hin, daß in Apulien, einst ein Teil von Magna Graecia, im klassischen Altertum Dionysos und Kybele in Ritualen verehrt wurden, die an die Symptome der Tanzwut erinnern. In solchen abgelegenen Landschaften halten sich alte Traditionen hartnäckig, und die Orgien der alten Religion wurden sehr wahrscheinlich insgeheim weitergefeiert, als Italien offiziell längst schon christlich war. Im Mittelalter wurden die alten Riten des Tarantismus sanktioniert und die Feiernden als Opfer einer Krankheit geduldet, deren Behandlung ironischerweise der Feier den rechten Rahmen gab.

Marius Schneider geht viel weiter und sieht in der Tarantella das Überbleibsel eines Rituals, das bis in die Megalithkultur des dritten vorchristlichen Jahrtausends zurückreicht.[69] Nach seiner Auffassung ist die Tarantella ursprünglich der alten Spinnerin geweiht, einer Göttin, die die negativen Polaritäten der Natur symbolisiert (Winter, Tod usw.). Das Gegenstück der Tarantella ist demnach der Schwerttanz (fortgeführt in der Tradition des Morisken-Tanzes), der ihrem polaren Gegenspieler, dem jungen Kriegsgott, geweiht ist. (Ähnliches findet sich im Schamanismus und in der Funktion des Apollo-Sohns und Heilgottes Asklepios.) Der Schwerttanz wird stellvertretend aufgeführt: Der Kranke nimmt nicht an ihm teil, sondern wird von einem Narren dargestellt, der im Kreis von acht weiteren Tänzern stirbt und wie Eurydike in die Unterwelt hinabsteigt. Begleitet von einer Musik auf Blasinstrumenten, kämpft er gegen den Dämon der Krankheit. Er wird von diesem enthauptet und stirbt den «zweiten Tod», der zur Gesundung und Rückkehr in das Land der Lebenden führt. Die Hauptfigur der Tarantella wird dagegen von Sai-

45

teninstrumenten begleitet, während sie aus dem Zustand, von der alten Zauberspinne besessen zu sein, herausgeführt wird, so daß sie ihre eigene Identität wieder annehmen und mit der Spinne kämpfen kann. Das Ende des Anfalls wird durch das Eingreifen des heiligen Paulus herbeigeführt – offenbar eine alte ins Christliche übersetzte Gestalt. Im Schwerttanz wird der Narr entsprechend mit dem heiligen Georg gleichgesetzt und der Krankheitsdämon mit dem Drachen.[70]

Während melancholische Musik in der pessimistischen Gnosis zur formlosen Meditation führt, ruft sie – nach einer sehr erhabenen Deutung – in der kathartischen Orgie der Tarantella den göttlichen Wahnsinn hervor. Durch diesen werden die Regeln der Welt auf den Kopf gestellt, so daß die Welt ihren transzendenten Sinn preisgeben muß. Die Spinne, die kopfüber am Netz hängt, der Gehängte im Tarot, das Wort *tararot* im Katalanischen (*atarantado* im Kastilischen), das «von der Tarantel gestochen», «wild» oder «närrisch» heißt[71] – all das deutet auf einen Symbolkomplex, der mit der Umkehr aller Werte zu tun hat und der spirituellen Verwirklichung dienen soll. Die armen Bauersfrauen in Apulien, die «fast ihr gesamtes Geld für die Musik ausgaben»,[72] beteiligten sich schließlich auf ihre Art an dieser ewigen Suche.

Die ehrwürdige Geschichte der Musiktherapie mit ihren Vermächtnissen von Helden und Königen, ihren Wundern und übernatürlichen Ereignissen ist für heutige Musiktherapeuten eher eine Last als eine Hilfe. Diese Menschen müssen heutzutage in einer Umgebung arbeiten, die den Inhalt dieses Kapitels für abergläubischen Unsinn hält. Sie sind zwar als Psychologen und auch als Musiker ausgebildet, doch Status und Bezahlung lassen sich nicht mit denen von Psychologen in Krankenhäusern, Psychoanalytikern oder Ärzten vergleichen. Sie sind hauptsächlich in Nervenkliniken tätig, wo sie gewöhnlich einmal pro Woche eine Sitzung in einem Raum voller Patienten mit ganz unterschiedlichen Bedürfnissen und Aufnahmefähigkeiten abhalten dürfen. Unter solchen Bedingungen ist es unmöglich, die umfassenden therapeutischen Möglichkeiten der Musik zu nutzen; folglich werden diese nicht annähernd so ernst genommen wie die eher fragwürdigen Therapien mit Medikamenten und Elektroschocks. Was vor allem in den Vereinigten Staaten über Musiktherapie geschrieben wird, erschöpft sich oft in statistischen Untersuchungen und irgendwelchen physiologischen Erklärungen – ein kläglicher Versuch, diese Therapie einer Welt zu empfehlen, in der die Verhaltenspsychologie mit ihren quantitativen Methoden den Ton angibt.

Das Klima in Europa ist günstiger, und so entsteht langsam ein ganzes Bündel therapeutischer Methoden, die sich jeweils auf bestimmte außermusikalische Therapieformen beziehen. Sie lassen sich fünf Ebenen zuordnen:

Musikalische Therapie	*Psychologische Therapie*
1.	«Radio-One-Therapie»
2. Bewußtwerdung und Bereitschaft, bei der Musik mitzumachen	Elementare Betreuung und Unterhaltung schwer Behinderter
3. Wecken bestimmter Emotionen (allopathisch)	Änderung des Verhaltens, Beratung
4. Individuelles Erforschen der Emotion, führt zur Katharsis (homöopathisch)	Psychoanalyse, Encountergruppen
5. Erforschung des Ich durch Musik	Transpersonale Psychologien (Jung, Assagioli, Maslow usw.)

Die erste und niedrigste Stufe, eine musikalische und zugleich psychologische Therapie, wird jetzt weitläufig angewendet. Zum erstenmal beschrieben ist sie in einem Brief von John D. Taylor (in *The Lancet* vom 16. Oktober 1971), der von einem ungewöhnlichen Experiment im North Middlesex Hospital berichtet. Drei Patienten mit primären Hirnschädigungen lagen seit 63, 14 bzw. 13 Tagen im Koma, als jemand auf die Idee kam, sie über Kopfhörer zehn Stunden am Tag «Radio One», den BBC-Kanal mit Popmusik, hören zu lassen. Nach zwei Tagen sprachen die Patienten zum erstenmal seit ihrem Unfall wieder, nach vier oder fünf Tagen begannen sie zu laufen, und die Behandlung wurde

beendet. Taylor fügt hinzu, es könne sich um ein zufälliges Zusammentreffen handeln, betont aber, man solle die Stimulierung
der Sinne von Koma-Patienten nicht einfach aufgeben, wenn sie
nicht reagieren. Er schlägt den Besuchern vor, nicht bloß schwei-
gend dazusitzen, sondern die Patienten immer wieder anzuspre-
chen. Außerdem müsse die «Radio-One-Therapie» fortgesetzt
werden. Wie in den Experimenten mit Pflanzen scheint der
Klang allein schon zum Aufwecken zu genügen; die tiefere Bedeutung hiervon wird sich am Ende des zweiten Kapitels zeigen.

Auf der zweiten Stufe der Therapie sind die Patienten bei
Bewußtsein, aber aufgrund von Hirnschädigungen oder angebo-
renen Entwicklungsstörungen sehr behindert. Der Therapeut hat
das Ziel, sie durch Singen, Spielen auf Perkussionsinstrumenten
oder einfaches, genießerisches Zuhören an Musik teilhaben zu
lassen; er will also eine positive Reaktion auf das Leben fördern.
Mary Priestley, eine englische Musiktherapeutin und Schülerin
von Juliette Alvin, beschreibt solche Sitzungen mit viel Nach-
sicht und Humor, obwohl sie gelegentlich nur noch aus dem
Raum zu kommen versuchte, bevor ihre Violine zu Bruch ging.[73]
Es läßt sich nur schwer zeigen, ob über die Musik das Ziel der
zweiten Stufe leichter erreicht wird als über handwerkliches Arbeiten oder Bewegungsspiele. Einigen schwer Zurückgebliebenen
bereitet sie sicher viel Vergnügen, und es ist nicht abzuschätzen,
in welchem Umfang sie möglicherweise auf ihre Seele einwirkt,
die vermutlich *an sich* nicht zurückgeblieben ist.

Auf der dritten Stufe geht es um eine Musikerfahrung, die
bestimmte Emotionen wecken soll. Sie eignet sich eher für Menschen, die «normal» waren, aber aufgrund von traumatischen
Erlebnissen geistesgestört geworden sind. In Fällen von dämonischer Besessenheit, die es in den psychiatrischen Kliniken vielleicht häufiger gibt, als man denken möchte, hilft Musik wahrscheinlich wenig; bei Saul beispielsweise hat sie nichts bewirkt.
Wenn die Ursache der Beschwerden jedoch im Emotionalen liegt,
wird sich die allopathische Methode des Pythagoras bewähren.
Der Therapeut versucht, den Manischen zu beruhigen und den
Depressiven aufzumuntern; wenn sich beide im selben Zimmer
befinden, kann das allerdings schwierig werden. Von dieser Stufe
an ist also eine Therapie nur wirksam, wenn sie sich an einzelne

oder an gezielt zusammengestellte Gruppen richtet. So etwas wird leider nur selten angeboten.

Dowlands Schwermut und die Tarantella gehören als Beispiele einer homöopathischen Musiktherapie der vierten Stufe an. Dabei soll nicht der Gemütszustand des Patienten unmittelbar in sein Gegenteil verwandelt werden, sondern er wird quasi auf die Spitze getrieben. Klar, daß sich die Methode nicht für jeden eignet; es wäre unsinnig, sie auf einen Patienten mit Selbstmordgedanken anzuwenden. Wenn aber aus der Verrücktheit heraus erkennbar wird, was sie bedeutet, ist schon viel gewonnen. Diese Form der Therapie, ein Weg zur Selbsterkenntnis, setzt, wie die entsprechende Psychoanalyse, einen zumindest durchschnittlich entwickelten Geist voraus. Sie bedarf noch unbedingter als die Therapie auf der dritten Stufe der Einzelsitzung oder wenigstens einer Gruppe, die, wie es in der Encounter-Therapie der Fall ist, den einzelnen ganz und gar trägt. Mary Priestley beschreibt viele Fälle,[74] in denen der Patient (ohne musikalisch geschult zu sein) auf Perkussionsinstrumenten improvisiert, während der Therapeut auf anderen Rhythmusinstrumenten oder auf dem Klavier reagiert, so daß manchmal Dialoge, manchmal Kämpfe entstehen. Oft kommt es zu einer heftigen Katharsis; der Patient verliert seine Hemmungen und läßt seine Emotionen plötzlich auf den Gongs, Becken und Trommeln explodieren. Die Umsetzung von Emotion in nichts als Klang umgeht das Labyrinth der Worte – Musik kann nicht lügen – und hilft dem Patienten, seine Gefühle zu objektivieren. Der Erfolg dieser Therapie hängt sehr stark von der Fähigkeit der Patienten ab, auf die emotionalen Färbungen der Musik zu reagieren. Am besten eignet sich diese Behandlungsweise für Menschen mit durchschnittlichen musikalischen Kenntnissen, weil Berufsmusiker zu bewußt und kritisch an alles herangehen, was sie hören oder spielen.

Wie der Name schon zeigt, konzentriert sich die transpersonale Psychologie nicht auf das persönliche Ich, sondern auf das höhere Selbst, das über die Dimension des Persönlichen hinausreicht und den einzelnen mit dem gesamten Menschsein, dem Kosmos und Gott verbindet. Die transpersonalen Therapien setzen mit der Selbstanalyse ein und fördern die Selbsterkenntnis; auf sie folgt der spirituelle Weg. In diesen noch recht neuen

Therapien wird die Musik bisher noch kaum verwendet; sie könnte aber sicher viele ergiebige Wege eröffnen.

Die Berliner Psychologin und Musikwissenschaftlerin Hildemarie Streich hat in vielen Jahren analytischer Arbeit entdeckt, daß das Unbewußte sich aus sich selbst heraus durch die Aktivierung von Musik in Träumen helfen kann.[75] Sie sammelte Hunderte von Beispielen musikalischer Träume und kam zu dem Schluß, daß Musik in Träumen oft wichtige Schritte während des Heilungsprozesses oder auf dem Weg zur Individuation kennzeichnet, als aktivierte das Unbewußte des modernen Menschen die alte Funktion der Musiktherapie, wie sie an den kultischen Heilstätten der Antike gepflegt wurde.

Aleks Pontvik, vor Jahren leitende Kraft der Institution für Musiktherapie und Musikerziehung in Stockholm, geht eher von äußeren Gesichtspunkten aus und empfiehlt, die Musik bei klarem Bewußtsein anzuhören und sich auf «sachliche Darstellung der gesetzmäßigen Struktur des Werkes an sich» zu konzentrieren.[76] Der Patient soll sich also der Musik öffnen und dabei alle persönlichen oder gefühlsbetonten Assoziationen beiseite lassen. Pontvik betrachtet Johann Sebastian Bach als die zentrale Quelle therapeutischer Musik «im Sinne einer symbolischen Darstellung archetypischer Inhalte als ordnende Prinzipien». Er mißt der so angewendeten Musik eine Heilkraft bei, die ganz unabhängig von gedanklich damit verknüpften Erkenntnissen ist. Vermutlich hat er so etwas wie ein musikalisches Mandala vor Augen, das Abbild eines Zustandes von Ganzheit und Vollkommenheit, mit dem sich die Psyche identifizieren soll.

Andere Einsatzmöglichkeiten der Musik auf der transpersonalen Ebene beziehen sich auf Aspekte, die bei Pontviks apollinischem Ansatz ausgeklammert sind. Jede Musik, die dem Hörer persönlich etwas bedeutet, Assoziationen und Erinnerungen hervorruft, kann eingesetzt werden, um einen Lebensabschnitt in der Vorstellung noch einmal zu durchleben und unseren bisherigen Weg besser zu verstehen. Emotional stark ansprechende Musik (z. B. Wagner oder Mahler) kann zu einer Ahnung «kosmischer Freude» und «kosmischen Leids» führen, die nichts Persönliches an sich haben und über die Belange des Ich hinausweisen. Ebenso können wir die Extreme musikalisch geweckter Emotion wie ein

Sprungbrett benutzen, um eine Ebene gelassener Distanz zu erreichen. Außerdem hat die Musik die erstaunliche Fähigkeit, Bilder aus dem Unbewußten aufsteigen zu lassen, die dann wie Träume von Therapeut und Patient bearbeitet werden können. Und wenn der Patient oder Ratsuchende Musik nicht nur anhört, sondern auch selbst ausübt, gibt es viele Möglichkeiten, Bewußtheit über das Selbst zu entwickeln und die Beziehung von Körper und Geist zu erforschen. Beim Musizieren stellt sich rasch heraus, daß es dabei um die Beziehung Auge-Ohr-Hand-Körper-Denkvermögen-Gedächtnis-Gefühl-kritische Beurteilung geht. Allmählich erscheinen Bücher zum Thema dieser Selbstentfaltung,[77] und ein paar Therapeuten sind dabei, das Fundament für eine Art individueller Langzeittherapie mit der Musik als Hauptwerkzeug zu legen.

Einschränkungslos anerkannt ist die Musiktherapie heute in der anthroposophischen Bewegung, die sich auf die Geisteswissenschaft Rudolf Steiners (1861–1925) beruft.[78] Auf Steiners so hervorragend verständliche Erklärung für das Wesen der Musik werden wir noch zurückkommen. Musik galt ihm als Manifestation höherer Wirklichkeiten, und so war er überzeugt von ihrer ungeheuren Wichtigkeit für Heilkunst und Erziehung. Steiners Gedanken zur Erziehung basieren auf seiner Grundbetrachtung des Kindes als Seele, die eines Tages mit vollem Bewußtsein in die geistige Welt eingehen wird. Die Musik bietet laut Steiner eines der genauesten Abbilder dieser Welt, so daß sie sich gut eignet, das vorgeburtliche Wissen der Seele von den geistigen Wirklichkeiten wiederzuerwecken. Nach Steiners Theorie sollte daher die Musik so früh wie möglich in das Leben des Kindes einbezogen werden. In den vielen Waldorfschulen bemüht man sich um eine Realisierung dieses Gedankens.

Steiners Überlegungen zur Erziehung heben sich deutlich ab von der üblichen Einschätzung des Kindes als ein unbeschriebenes Blatt, auf dem Eltern und Erzieher herumkritzeln dürfen. Doch seine Gedanken über geistig Zurückgebliebene oder von Geburt an Behinderte sind geradezu revolutionär. Seiner Ansicht nach handelt es sich um eigentlich normale Seelen, die aus irgendwelchen Gründen eine schwere Bürde zu tragen haben. Steiners Erziehungskonzept hat sich in solch schwierigen Fällen besonders bewährt, wobei der Erfolg zu einem großen Teil auf der vom Patienten gehörten oder selbst ausgeübten Musik beruht. Die Therapeuten Paul Nordoff und Clive Robbins[79] führen viele Fälle an von autistischen, psychotischen oder minderbegabten Kindern, darunter Blinde und angeblich Taube, bei denen Musik zu einem Durchbruch verhalf. Musik kann aber auch alte Menschen auf einen harmonischen Übergang in «die Welt zwischen Tod und Wiedergeburt» vorbereiten, wie Steiner sich ausdrückte.

Die bisher beschriebenen Wirkungen von Musik auf den einzelnen Menschen haben ihre Entsprechungen auf der Ebene der Gemeinschaft. Im *Li Gi*, dem alten chinesischen Buch der Sitte, das Konfuzius (551–478 v. Chr.) zusammenzustellen begann, gibt es eine lange Abhandlung über die richtige Verwendung von Musik in Verbindung mit Zeremonien, um so Harmonie und Ordnung in der Kultur zu verwirklichen. In dem Text heißt es:

> Die Musik führt zur Harmonie, sie erhebt zu den Göttern und folgt dem Himmel. Die Sitte scheidet das Geziemende, sie weilt bei den Geistern und folgt der Erde. Darum schafft der Heilige Musik, um dem Himmel zu entsprechen. Er ordnet die Sitte, um es der Erde gleichzutun. Durch Klarheit der Sitte und der Musik werden die Wirkungen von Himmel und Erde vervollkommnet.[80]

Musik, die aus innerem Erleben entsteht, und die Zeremonien, die aus der Betrachtung einer Situation im Zusammenhang mit der äußeren Welt entstehen, sind demnach sich gegenseitig ergänzende Kräfte, wie ihre Ursprünge Himmel und Erde. Musik bewirkt im Menschen die Einheit von Absicht und Gefühl und spiegelt so die vollkommene Harmonie der Himmel, ohne die eine Kultur nicht bestehen kann; Zeremonien weisen jedem den ihm entsprechenden Platz in der irdischen Hierarchie zu. Politisch gesehen könnte man sagen, der Faschismus sei der Versuch, allein mit Zeremonie zu regieren, während der Kommunismus ausschließlich mit Musik glaubt regieren zu können. In Anbetracht der Doppelnatur des Menschen, der sowohl der Erde als auch dem Himmel angehört, wußten die Konfuzius-Schüler beim Verfassen des *Li Gi* um die Notwendigkeit von Harmonie und Hierarchie.

Das Buch in der heute verfügbaren Fassung ist erst in der Zeit der Han-Dynastie entstanden (202 v. Chr. – 220 n. Chr.), in einer Phase des Aufbaus nach vielen Jahren der Kämpfe und der Anarchie. Seine Kompilatoren hielten das große Zeitalter der Musik für schon längst vergangen und wollten die alten Zeremonien und die Musik, mit deren Hilfe die mythischen Philosophen einst so gut regiert hatten, wiederaufleben lassen – ein frühes Beispiel der bewußten Renaissance einer vergangenen Kultur.

Im *Li Gi* erscheint Musik als etwas, das öffentlich zusammen mit Tanz und Pantomime zum Wohle aller aufgeführt wird. «Hoch und niedrig, alt und jung, hört sie euch gemeinsam an, und alles ist Harmonie» – weil alle gleich fühlen. Und die harmonischen Wirkungen waren laut *Li Gi* nicht auf die Menschen beschränkt. Wie bei vielen Völkern der Antike war der Herrscher nicht nur verantwortlich für das Verhalten seiner menschlichen Untertanen, sondern für das der gesamten Natur. Die einfacheren Wesen spiegeln als Diener der Menschheit unbewußt den jeweiligen Zustand des menschlichen Geistes, wie der Körper mit seiner Krankheit oder Gesundheit den Zustand der Psyche spiegeln kann. Wenn mit dem Menschen alles zum besten steht, dann auch mit der Natur. In der folgenden Beschreibung der Natur, die unter der Herrschaft des «Großen Mannes» gedeiht, klingt Hans Jennys Auffassung der Musik als einer Bildekraft an, die die Gesetze organischen Wachstums in sich trägt, die Muster für die Krümmungen von Sproß und Horn.

Darum: wenn ein großer Mann Sitte und Musik fördert, so werden Himmel und Erde ihre Kräfte erstarken lassen, Himmel und Erde vereinigen sich, Schattiges und Lichtes finden sich. Der Himmel weht mit sanftem Hauch, und die Erde wärmt; der Himmel schirmt, und die Erde nährt die Dinge. So sprossen üppig Kraut und Bäume, die gewundenen Keime kommen ans Licht hervor, Federn und Flügel regen sich, Hörner und Geweihe wachsen, die Winterschläfer kommen zum Leben zurück. Die gefiederten Wesen brüten, und die behaarten tragen ihre Jungen und nähren sie. Was im Mutterleib entsteht, geht nicht zugrunde, und was im Ei entsteht, findet keinen vorzeitigen Tod. Wenn es also ist, dann hat der Weg der Musik sein Ziel erreicht.[81]

Selbst Mao Tse-tung begann seine Regierung wie die alten Kaiser damit, daß er Musik und Zeremonien der neuen Volksrepublik festsetzte. Er machte jedoch einen großen Fehler. 1956 sagte er in seiner «Rede an die Musikschaffenden», die traditionellen chinesischen Volkslieder sollten «verbessert» und «wissenschaftlicher» gemacht werden, und zwar durch die Übernahme westlicher Merkmale.[82] In der Folge lernte sein Volk das in der sogenannten Dritten Welt verbreitete Problem kennen: wie aus dem westlichen Wissen Nutzen zu ziehen ist, ohne dessen negative Seiten mitgeliefert zu bekommen. Ein chinesischer Beamter sah sich kürzlich veranlaßt, das Einsickern westlich klingender Popmusik oder «gelber Musik», wie er sie nennt, zu beklagen:[83]

Gelbe Musik heißen dekadente Lieder, die nackt den Sex besingen. Der Inhalt der Texte preist den Sex, die Melodie ist schmachtend und vulgär und reizt die Sinne der Leute mit Dingen, die krank machen.

In gewissem Sinn ist diese Reaktion in einem Land nicht überraschend, das Probleme mit der Überbevölkerung hat und durch offizielle Propaganda den Jungverheirateten vermitteln will, daß zuviel Liebe schlecht für die Gesundheit ist. Wir werden im vierten Kapitel aber sehen, daß es gute Gründe gibt, den westlichen Exportgütern zu mißtrauen.

Den Gedanken, daß die Musik tatsächlich das Wohlergehen im Staat zu fördern vermag, kennt der Westen aus den politischen Werken Platons. Im *Staat* (IV, 424 c) zitiert Sokrates den bedeutenden Musiker Damon aus Athen damit,[84] daß «nirgends an den Regeln der Musenkunst gerüttelt wird, ohne daß nicht auch die wichtigsten Gesetze der Stadt dadurch erschüttert würden». In seiner eingehenden Auseinandersetzung mit dem idealen Staat meint Sokrates, daß solche Veränderungen um jeden Preis vermieden werden sollten: Für ihn sind es die Musik und die anderen Künste, mit deren Hilfe die Gesetzlosigkeit an Einfluß in der gesamten Gemeinschaft gewinnt. Soll der Staat zu einem idealen werden, muß zunächst einmal die Musik gesäubert werden. So will Sokrates in der Stadt nur zwei der vielen damals in Griechenland üblichen Tonarten zulassen: die dorische und die phrygische, «eine gewaltsame und eine ungezwungene, die die Stimme der Unglücklichen und der Glücklichen, der Besonnenen und der Tapferen am besten nachahmen» (III, 399 c). Die anderen Modi werden als «klagend» bezeichnet und abgelehnt, «denn sie eignen sich nicht einmal für Frauen, wenn diese tüchtig sein sollen» (398 e), und als «weichlich», nur für Trunkenheit und Müßiggang geeignet. Eine solche Zensur der Musik ist aber nur sinnvoll, wenn man annimmt, daß bestimmte musikalische Stile – als die wir die Modi oder Tonarten hier am besten auffassen – die Macht haben, das allgemeine Verhalten zu bessern oder zu verderben. Wenn das stimmt, ist die Musik eine viel zu ernste Angelegenheit, als daß man sie den Musikern überlassen könnte, «weil unsere Dichter schlechtere Dichter sind als die Musen selbst» (*Die Gesetze*, II, 669 c). Sie muß also von den Hütern der Stadt festgelegt und eingeschränkt werden. In den *Gesetzen* schränkt Platon die Musik noch stärker ein; sie soll nur in religiösen Zeremonien verwendet werden. Der Gast aus Athen, Hauptsprecher des Dialogs, bringt sie in Zusammenhang mit bacchischen Chorgesängen, Hymnen und Lobliedern auf Götter, Dämonen (im Sinne von *daimon*) und Helden. In Buch VII beschreibt er Tanzrituale, die eng verwandt mit dem zu sein scheinen, was auch Konfuzius unter einer angemessenen Verwendung der Musik im Dienste des Staates verstand. Im *Li Gi* ist die öffentlich aufgeführte Musik in kriegerische, in der Schild und Axt geschwungen werden, und in friedliche unterteilt, zu der man Federn und Quasten schwingt.[85] In den *Gesetzen* ahmt der «Waffentanz» (Pyrrhiche) ganz ähnlich das Austeilen von Hieben und das Ausweichen vor ihnen nach. «Friedliches» Tanzen, das nach Platons Ansicht dem phrygischen Modus entspricht, steht dagegen für «eine besonnene Seele, die sich des Wohlbefindens und maßvoller Lustgefühle erfreut» (VII, 815 c).

In idealen politischen Staatswesen spielte die Musik wahrscheinlich immer eine große Rolle, ganz gleich, wo auf der Erde sie sich befanden. Wie die Konfuzianer wehmütig auf die Zeit der weisen Könige und Platon auf die Theokratie des alten Ägypten zurückblickten, so glaubte auch Richard Wagner, daß es einst eine Zeit gegeben habe, in der die Musik ihre wahre kultivierende Funktion erfüllte. Für Wagner bestand das ferne Ideal im öffentlichen Theater des klassischen Griechenland: Er stellte sich vor, die Musik habe dort mit den Künsten der übrigen Musen zusammengewirkt und ein rituelles Drama als geistigen Mittelpunkt aller Bürger geschaffen. Es versammelte die Künste in den Theatern als Zeugen ihrer eigenen Mythologie, was die gesellschaftliche Bindung stärkte und dem einzelnen zum Vorteil gereichte. Soweit das ein einzelner Mensch des neunzehnten Jahrhunderts konnte, versuchte Wagner der Menschheit durch seine Musikdramen und die Erbauung des Festspielhauses in Bayreuth die Ahnung einer Lebensweise zu geben, bei der allen Künsten ein erhabener und geheiligter Sinn zukam. Und er war sicher, daß solche Lebensauffassung zurückkehren würde.

Der russische Komponist Aleksandr Skrjabin (1872–1915) war ebenfalls von der gewaltigen Bedeutung überzeugt, die die Musik für das geistige Wohlergehen der Menschheit hat. Die letzten Jahre seines kurzen Lebens widmete er der Planung seines *Mystère*, einer Synthese aus allen Künsten und religiösem Ritual, aus Dichtung, Schauspiel, Tanz, Musik, farbigem Licht und sogar Düften. Es sollte in Indien in einem kuppelförmigen Tempel mit einem künstlichen See stattfinden, so daß das Publikum oder die Gemeinde von einer vollkommenen Kugel umschlossen zu sein schiene. Die Wirkungen des *Mystère* sollten alles übertreffen, was Platon oder Wagner je erstrebt hatten: Es sollte mit der Erleuchtung der Zuschauer beginnen, sich dann weltweit ausbreiten, um die Apokalypse herbeizuführen und das Neue Zeitalter einzuleiten. Als er starb, waren nur wenige Worte niedergeschrieben und nur Teile der Musik skizziert. Skrjabins Vision eines kugelförmigen Saales als vollkommenem Gebäude für die Musik des Neuen Zeitalters wurde teilweise verwirklicht, als 1970 während der Weltausstellung in Osaka Werke Karlheinz Stockhausens (geb. 1928) in der geodätischen Kugel des Westdeutschen Pavillons aufgeführt wurden.[86]

Hat die Musik – von Utopien einmal abgesehen – den Weg der Zivilisation wirklich beeinflußt, oder sind doch Könige und Schlachten die entscheidenden Faktoren, wie uns Schule und Geschichtsbücher gelehrt haben? Antoine Fabre d'Olivet (1767–1825), eine der ungewöhnlichsten Gestalten der Romantik und eine Schlüsselfigur in der Geschichte der spekulativen Musik, war völlig von der großen Bedeutung der Musik überzeugt. In seiner *Histoire philosophique du genre humain* (1824) erzählt er etwas Seltsames (das seither in den Schriften der Theosophie zu finden ist) über Atlantis und das Weltreich des arischen Indien, wobei er Gestalten wie Rama und Krishna auftreten läßt und selbstsicher Ereignisse beschreibt, die sich im siebten Jahrtausend v. Chr. und früher abgespielt haben sollen. Fabre entschuldigt eingangs seine merkwürdig klingenden Ausführungen, bevor er konstatiert, daß der Untergang jenes universellen Reiches auf eine Umwälzung in der spekulativen Musik zurückzuführen sei. Das Reich hielt sich anscheinend an eine Religion der göttlichen Einheit, als «einer der Herrscher und Oberpriester bemerkte, als er das Tonsystem des Bharata prüfte, ... daß es sich da nicht so verhielt, und daß es nötig war, bei der Entstehung der Klänge von zwei Prinzipien auszugehen».[87] In der Folge sahen sich auch die Philosophen gezwungen, ihren Monismus aufzugeben und an dessen Stelle den Glauben an eine «absolut verbundene Dualität» zweier Prinzipien zu setzen: Ishvara (der Gott geschaffener Wesen) und Prakriti (das allumfassende weibliche Prinzip, die Materie). Die Menschen hingen dann, wie Fabre weiter berichtet, in unterschiedlicher Weise dem neuen männlichen oder weiblichen Prinzip an, was zu Spaltungen, Kriegen und schließlich zum Zusammenbruch des Reiches führte.

Was hatte der Oberpriester entdeckt? Wir können es uns aus den erhaltenen Bruchstücken von Fabres Buch über die Musik[88] und aus seinen anderen Schriften zusammenreimen, doch kommt es hier vor allem darauf an, daß er den epochemachenden Einfluß der Musik nicht einfach den Tönen zuschrieb, sondern der philosophischen oder spekulativen Dimension, die den pythagoräischen und mittelalterlichen Theoretikern immer als das Wesentliche gegolten hatte. Fabre bewunderte Platon und die chinesischen

Philosophen und war wie sie der Ansicht, daß man von der Musik eines Volkes auf seine Sitten schließen könne.

> Die Musik ist – im Hinblick auf ihre spekulative Seite und gemäß der Definition der Alten – das Wissen von der Ordnung aller Dinge und die Wissenschaft der harmonikalen Verhältnisse des Universums: Sie beruht auf unveränderlichen Prinzipien, die nichts beeinträchtigen kann.[89]

Demnach wird sich ein Volk, das die Musik schätzt und die Gesetze der Harmonie zur Grundlage all seiner Gesetze, Maßstäbe und Anschauungen macht, in Übereinstimmung mit den Dingen befinden, wie sie im Kosmos sind. Laut Fabre brachte die Beachtung dieser Prinzipien den Kulturen Ägyptens und Chinas tausendjährige Epochen der Stabilität ein, und das fordert uns zu einem Vergleich mit dem Schicksal Europas seit dem Tod Platons und dem Ende des pythagoräischen Ideals heraus.

Etwa hundert Jahre nach Fabre d'Olivet unternahm der englische Theosoph und Komponist Cyril Scott (1879–1970) den großen Versuch, die gesamte menschliche Geschichte von der Musik her zu betrachten. Scott war ein recht bekannter Komponist, und ihm ging es weniger um die spekulative Dimension als um die tatsächlich erklingende Musik. Sein Buch *Music: Its Secret Influence Throughout the Ages* (1958) hieß früher *The Influence of Music on History and Morals: A Vindication of Plato* (1933), auf deutsch *Musik: ihr geheimer Einfluß durch die Jahrhunderte* (1985). Scott ließ die platonische Lehre wiederaufleben, daß die Musik, im Guten wie im Schlechten, auf die Seele einwirkt.

Scott war der Ansicht, daß den großen kollektiven Entwicklungen der menschlichen Seele stets Neuerungen in der Musik vorangingen. Er behauptete zum Beispiel, daß die «einfache Größe» der Oratorien Händels mäßigend auf die Zügellosigkeit im England des achtzehnten Jahrhunderts eingewirkt habe. Dadurch sei ein besonnenes Zeitalter eingeleitet worden, das seinerseits unglaubwürdig geworden und in die viktorianische Prüderie gemündet sei.[90] Dann weckte laut Scott die verfeinerte Musik Chopins eine neue Sehnsucht nach kultivierter Lebensweise und löste die Bewegungen der Dekadenz und des Ästhetentums aus, außer-

dem den Wunsch der Frauen, sich von den Fesseln der viktoriani-
schen Familienstruktur zu emanzipieren.[91] Die Musik von Schumann und Mendelssohn habe indes mit ihrer Gefühlsstärke das
soziale Gewissen geweckt, was schließlich das Ende der Kinder-
arbeit und Sklaverei herbeigeführt habe.

Scott sah den Zusammenhang von Musik und gesellschaftlichen Phänomenen viel zu ursächlich, mußte aber gegen das damalige Dogma angehen, daß die Künste nichts als Nebenproduk-
te sozialer oder persönlicher Umstände seien. Eine ausgewogene-
re Betrachtungsweise entdeckt vielleicht, daß sich die epochemachenden, schicksalhaften Veränderungen in der Menschheit
zuerst im feineren, aufnahmefähigeren Bewußtsein von Komponisten und Künstlern ankündigen, bevor sie hinabdringen in die
gesellschaftlichen Institutionen und das Leben berühren. Aber
dann wird das wiederholte Aufführen und Hören jener Musik,
die einer bestimmten Veränderung entspricht, deren Eigenarten
verstärken und sie, ob sie nun gut oder schlecht sind, der kollektiven Seele aufprägen. Dieses Thema wird uns im vierten Kapitel
wiederbegegnen.

2. GEHEIMNISVOLLE HARMONIEN

Im letzten Kapitel haben wir uns der Reihe nach angesehen, wie die Musik auf das Mineral-, Pflanzen- und Tierreich wirkt, was sie im einzelnen Menschen und in der Gesellschaft bewirkt. Wir halten uns weiter an die aufsteigende Kette des Seins und ziehen Berichte der Menschen heran, die eine nicht von dieser Welt stammende Musik hörten.

Bevor wir aber die Erde verlassen, müssen wir daran denken, daß wir den Planeten gemeinsam mit den Elementargeistern bewohnen – Wesen, die aus den feinstofflichen Essenzen der Elemente bestehen und nicht aus der Materie, die unsere Körper bildet. Wir nehmen sie heute gewöhnlich nicht mehr wahr, doch für einzelne Menschen, aber auch für ganze Völker wie die Kelten und Skandinavier existieren sie wirklich. Sie werden gespürt und gehört und manchmal sogar gesehen. Die Menschen sehen und hören sie als Feen, Kobolde, Elfen, Gnome, Trolle und andere pittoreske Gestalten. Die kleine Anekdote von der Insel Man, die Evans-Wentz in seinem Buch *The Fairy Faith in Celtic Countries* anführt, umfaßt in aller Kürze die Lieblingsthemen der musikalischen Feenkunde:

William Cain von Glen Helen ging am Abend über die Hügel bei Brooks Park nach Hause, als er unten in einem engen Tal Musik hörte und ein großes gläsernes Haus, einem Palast gleich, erblickte, das hell beleuchtet war. Er blieb stehen und lauschte, und als er sich die neue Melodie gemerkt hatte, ging er nach Hause, um sie auf seiner Fiedel zu üben. Und neulich spielte er genau diese Feenmelodie in Peel bei Miss Sophia Morrison während einer für die Insel typischen Abendunterhaltung.[1]

Hier geht es also um die mysteriöse Musik, die in der Dämmerung gehört wird, den kristallinischen Palast des Jenseits und die Feen als Quelle der Inspiration für sterbliche Musiker. Später werden wir von Menschen hören, die dieses Jenseits tatsächlich aufsuchten, und von noch höheren Quellen der Inspiration. Feenmusik gibt es in den Sagen aller Völker. Wie zu erwarten, ist sie vor allem an Orten zu hören, deren Geschichte weit in die Vorzeit zurückreicht, die voller Magie sind wie der Hügel Tara, das geistige Zentrum ganz Irlands, sowie in der Nähe megalithischer Bauten – Steinkreise, Hügelgräber und so weiter. Auf dem Tara erzählte ein alter Mann Evans-Wentz:

> So sicher, wie Sie hier sitzen, so deutlich hörte ich die Dudelsäcke dort drüben im Wald... Ich habe sie oft im Wald von Tara gehört. Wenn die «guten Leute» spielen, hören Sie die Musik absolut deutlich übers Feld, und es ist die großartigste Musik. Sie kann die halbe Nacht dauern, aber sobald der Tag kommt, hört sie auf.[2]

Gelegentlich sind die Feen nicht nur zu hören, sondern auch zu sehen. Sie können als emsige Schar zwergenhafter Wesen auftauchen, singend und tanzend, wobei die Wirkung auf den menschlichen Zuschauer nicht immer die günstigste ist. Denn die Feen oder Elfen haben keine Seelen und sind so völlig amoralisch, nehmen gern kleine Kinder mit und lassen an deren Stelle die eigenen häßlichen (aber schon früh sehr musikalischen) Wechselbälger zurück.[3] Sie nehmen auch verstoßene Stiefsöhne auf und bringen ihnen das Handwerk des Dudelsackpfeifers oder Flötenspielers bei.[4] Die keltischen Feen und Elfen sind nicht immer nur klein; manchmal werden sie für Menschen gehalten. Viele Geschichten gibt es über den etwas klein geratenen, stets rothaarigen Burschen, der unvermutet in Schenken und auf Gesellschaften auftaucht, eine Musik von unwiderstehlicher Schönheit spielt, dann aber spurlos verschwindet. Wenn endlich der Zauber gewichen ist, wissen alle, daß das ein Besuch aus der Feenwelt war. Selbst Sankt Patrick berichtet von einer Begegnung mit einem «wundersamen Elfenmann», dessen Spielmannskunst ihn in den Schlaf wiegte, und über die Musik heißt es: «Sie war wahrhaftig gut, nur schwirrte in ihr ein Feenzauber, ohne den sie der himmlischen Harmonie so nah wie sonst kaum etwas gekommen wäre.»[5] Hier verwischt sich die Grenze zwischen dem wahren Feenwesen und dem Sterblichen, dessen Eingebungen aus der Feenwelt stammen: Hat Patrick einen Spielmann aus der Menschenwelt gehört und für ein Elfenwesen gehalten? Es ist typisch für das Märchen, daß nie sicher ist, woher etwas stammt; die Erfahrung bleibt jedoch davon unberührt.

Auch bei anderen Völkern gibt es bizarre Geschichten darüber, wie Menschen die Musik von Elementargeistern erlernen können. Näkki, ein finnischer Wassergeist, lehrt solche Klänge allen, die ihre Fiedel in der Mittsommernacht, am Vorabend der Fastenzeit oder Ostern zu seinem Wasserfall bringen. Die Fiedel bringt dann die Leute zum Tanzen, ob sie wollen oder nicht, und sie spielt von selbst weiter, auch wenn sie zerbrochen ist.[6] Der Unterricht beim norwegischen Fossegrim ist eine mühsamere, schmerzhafte Sache. Man muß ihn an einem Donnerstagabend aufsuchen und einen weißen Ziegenbock als Opfer mitbringen. Wenn der Bock dürr ist, reicht es nur zum Stimmen der Fiedel. Wenn es sich aber um ein gutes, fettes Tier handelt, packt einen der Fossegrim bei der Hand und drückt diese, bis Blut fließt. Wenn sich die Hand erholt hat, kann man – wie Orpheus – so spielen, daß die Bäume tanzen und die Wasserfälle stillstehen.[7]

Seit den Tagen des Paracelsus sind Elementargeister nicht nur ein Gegenstand von Märchen, sondern auch von ernsthafter Forschung, und die heutigen Okkultisten betrachten sie sehr differenziert. Das macht sie nicht weniger poetisch, wie aus dem folgenden Bericht ersichtlich wird. Evans-Wentz erhielt ihn von einem irischen Mystiker und Seher (vermutlich der Dichter George Russell, auch als «A.E.» bekannt), der durch Feenmusik zu Jenseitsvisionen angeregt wurde:

Als ich sie zum erstenmal sehr lebhaft vor mir sah, lag ich allein an einem Berghang im Westen Irlands, im County Sligo: Ich hatte einer Musik in der Luft gelauscht, hörte etwas, das ungefähr wie Glockengeläut klang, und versuchte, dieses Klirren in der Luft zu begreifen, bei dem sich anscheinend Wind an Wind in einem ständig wechselnden silbrigen Klang brach. Darauf begann der Raum vor mir zu leuchten, und ich sah allmählich ein schönes Wesen nach dem anderen.[8]

Er beschreibt die Elementargeister als große, aus sich selbst heraus leuchtende, wie Opale schimmernde Wesen, deren Anblick ekstatische Freude aufkommen läßt, und erläutert ihre ontologische Stellung, die verschiedenen Arten, ihre astrale Anatomie. Dabei kommt es ihm darauf an, das Übereinstimmende aller Berichte über die Elementargeister zu verdeutlichen.

Der Glaube an die Elementargeister ist ein Ausdruck der Überzeugung, daß alles lebt – daß in jedem Teilchen der Materie ein Funken göttlichen Bewußtseins ist. In der Nachfolge Paracelsus' personifizieren besonders die Anthroposophen dieses allumfassende Leben, betrachten die ursprüngliche Materie und alle Wachstumsprozesse der Natur als etwas aus der Tätigkeit der Elementargeister Entstandenes. Diese wirken auf den feinstofflichen Ebenen, natürlich nicht als menschenähnliches Zwergenvölkchen, sondern als Wesen verschiedener Arten mit unterschiedlichen Kräften und Bewußtseinsstufen, einzuordnen zwischen uns und der Hierarchie der Engel. Ernst Hagemann, ein Kommentator von Rudolf Steiners Vorträgen über die Musik, schreibt, daß diese Wesen vor allem mit Hilfe von Sprachkunst und Musik eine Art magnetischen Kanal bilden, durch den die Engel auf die Menschheit einwirken können.[9]

In dem komplexen System, das Steiner hellseherisch entwikkelte, sind einige Elementargeister als frei beschrieben, während andere an materielle Dinge und Orte gebunden sind. Bei der Herstellung von Werkzeugen und Maschinen aus Metall zum Beispiel werden Elementargeister – oft gegen ihren Willen – eingefangen und festgehalten, und deshalb haben solche Geräte neben hilfreichen auch gefährliche Eigenschaften. Elementargeister werden ständig befreit, während andere gefesselt werden – und dieser Austausch, dieses unaufhörliche Opfer ist Leben. In der Musik ruft das Ich des Komponisten gewisse Elementargeister in den Ton, wo sie ein Zauberbann festhält. Dabei bestimmt die Seele des Komponisten, ob es sich um gute oder böse Geister handelt. Bei der Aufführung überträgt sich deren Einfluß auf die

Sylphen und Undinen (Luft- und Wassergeister), die an die Luft und den «Äther» der Umgebung gebunden sind. Sie tragen den Ton zum Zuhörer, und sobald dieser im Inneren des Ohres erfahren wird, sind sie aus dem Zauberbann entlassen. Diese psychoakustische Theorie ähnelt den im ersten Kapitel dieses Buches vorgestellten Erklärungen aus der Frühzeit der modernen Wissenschaft, die die Mitwirkung eines feinstofflichen Äthers postulieren, wobei hier allerdings die vermittelnde Substanz personifiziert erscheint.

Da läßt sich nun eine Frage nicht umgehen, die vor der Erfindung des Phonographen durch Edison (1877) undenkbar war: Was geschieht, wenn die Töne durch Schallplatte oder Band mechanisch reproduziert werden? Rudolf Steiner hatte 1923, kurz vor seinem Tod, das Grammophon als Musikquelle nicht gelten lassen. Natürlich konnten die damaligen Geräte nur ein Zerrbild der Originalmusik bieten, aber laut Hagemann ging es bei der Ablehnung nicht nur um ästhetische Überlegungen. In einer bemerkenswerten, zum Teil durchaus komischen Passage beschreibt Hagemann seine eigenen Untersuchungen mit hellseherisch begabten Menschen, was mit den Elementargeistern und ihrer Funktion bei mechanisch reproduzierter Musik geschieht. Es waren nicht alle Einzelheiten zufriedenstellend zu klären, doch die unabhängig voneinander arbeitenden Hellseher stimmten etwa im Folgenden überein:

Wenn sie ihr inneres Auge auf die Oberfläche einer Schallplatte richteten, fanden sie diese übersät von Elementarformen – doch alle tot. Nahmen sie ein Vergrößerungsglas zu Hilfe, entdeckten sie noch mehr! Sie meinten, es handle sich um die leblosen Nachbildungen der Elementargeister, die während der Originalaufführung aus der Luft ins Mikrophon eingedrungen waren und dann quasi als Schatten auf die Matrize geworfen wurden. Um diese toten Kopien über ein Abspielgerät wieder in die materielle Welt zu bringen, benötigt man die Hilfe anderer, lebendiger Elementarwesen – winziger Gnome nämlich –, die die Hellseher in den Diamanten oder Saphiren der Tonarme sehen konnten. (Auffälligerweise sind in der Überlieferung Edelsteine immer mit diesen Erdgeistern in Zusammenhang gebracht worden.) Sie bemerkten außerdem, wie die Arten von Elementargeistern –

vermutlich Sylphen und Undinen –, die ursprünglich bei der Aufnahme eingefangen worden waren, mit Hilfe der Gnome aus den Lautsprechern strömten.

Das alles beweist noch nicht, daß Musikaufnahmen unzulänglich sind. Doch die Hellseher stellten noch mehr fest:[10] Bei Konzerten genossen sie nicht nur die Bilder der Schönheit, die die Musik in die Luft über dem Podium wirft, Visionen, die verschiedene Maler versucht haben einzufangen;[11] sie sahen auch, daß sich im Konzertsaal Geister der Häßlichkeit tummelten: üble, spinnenartige Wesen, die sich überall einfinden, wo sich Schönheit manifestiert, und die uns in die Nasen und Ohren kriechen, während wir entzückt und verzaubert sind. Nichts kommt ohne sein Gegenteil aus. Wenn der Mensch Schönes schaffen will, braucht er den Reiz des Häßlichen. Die größten Künstlernaturen, schreibt Hagemann,[12] sind diejenigen, die diesen Widerstreit am stärksten spüren – bis in ihren Körper hinein. Während einer Aufnahme dringen jedoch nur die schönen Formen ins Mikrophon, und es sind deren zarte Leichen, die in den Rillen unserer Platten liegen. Die häßlichen Geister (die eigentlich nicht übler sind als der Mist, mit dem wir unsere Rosen düngen) fehlen, und so kann das vollkommene Kunsterlebnis nicht stattfinden.

In diesem Kapitel mischen sich Dichtung und Wahrheit, bis sie nicht mehr zu unterscheiden sind, weil bei derartigen Themen die Grenzlinien nicht klar und deutlich verlaufen. Da mag jemand eine wahre hellseherische oder mystische Vision haben; sobald sie erzählt oder niedergeschrieben ist, wird sie ein Teil der kollektiven Mythologie. Diese spiegelt sich in den Träumen der Menschen. Autoren und Poeten – auch sie sind Träumer – schöpfen beim Schreiben aus ihr, und diese Werke werden wiederum eine Quelle mythischer Erfahrung, ein Impuls für mystisches Erleben.

Viele Menschen haben Musik gehört, die auf eine andere Welt, eine andere Seinsweise als die zu deuten scheint, die uns von den Sinnesorganen vermittelt wird. Recht typische Erfahrungen gehören zum Bereich der Synästhesie, in der die Musik sogleich in andere Sinneseindrücke, gewöhnlich visueller Art, übersetzt wird. Menschen wie der Komponist Olivier Messiaen (geb.

1908)[13] haben die natürliche Anlage dazu, und sie können gar keine Musik hören, ohne daß Farben vor ihrem inneren Auge erscheinen. Andere kennen die Erfahrung aus dem Umgang mit psychedelischen Drogen. Hier ist ein typischer Bericht von einem LSD-Trip, in dem deutlich wird, wie sich die Grenzen zwischen Akustischem und Visuellem aufheben:

> Ich hörte mir eine Platte mit Mozarts Klarinettenquintett an. Ich hörte nicht eine einzige Note der Musik: Das ganze Stück wurde in eine geistige Bildwelt von starker Farbigkeit übersetzt, die das Gefühl auf vergnügliche Weise ansprach. Das meiste habe ich inzwischen vergessen, aber ich erinnere mich an das Menuett und die Trios. Sie führten mich an einen Platz mit phantastischer, organischer Architektur – so etwa in der Art von Max Ernst –, wo sich leuchtendbunte Drachen in einem Mannschaftsspiel oder Ballett bewegten. Einer von ihnen war die Klarinettenstimme (auch wenn nichts ferner lag als der Gedanke an Instrumente und Spieler), und im zweiten Trio führte der kleine Solodrachen einige gewagte und komische Drehungen aus, und weil sie ans Unanständige grenzten, drängte es die anderen, ihn anzuspornen: «Mach weiter!» (Es handelte sich um die Melodiewendungen der Streichinstrumente vor dem tiefen Triolen-Arpeggio der Klarinette.) Nichts, dachte ich später, konnte typischer für Mozart sein, als diese Mischung aus Unschuld und Ungezogenheit.[14]

In einer Zeit, in der so wenige Menschen die Welt der Phantasie als wirklich gelten lassen, als eine Quelle transzendenten Wissens, sind es die psychotropen Drogen, die manchem einen Zugang zu diesem Reich geöffnet haben. Am Ende des letzten Romans von Aldous Huxley, *Island*, nimmt der Held Will Farnaby die Droge mit dem sonderbaren Namen *moksha*-Medizin und hört das vierte Brandenburgische Konzert von Bach. Die Visionen, die mit Freude und Schönheit einsetzen, führen ihn zur schrecklichen Erkenntnis, daß Leid und Schmerz unvermeidliche Bestandteile des Daseins sind. Ähnlich wie der Held in Huxleys *Point Counter Point*, der Beethovens *Heiligen Dankgesang* hört, während er auf seine Hinrichtung durch die Faschisten wartet, entdeckt Will durch die Musik seine Bereitschaft, Leid und Tod anzunehmen.

Drogen können jedoch nur einen vorübergehenden Einblick in diese Dinge verschaffen. Wenn man sich den Zugang zu psychedelischer Erfahrung nicht durch eigenes Bemühen verdient hat, können deren Offenbarungen die Seele nur kurzzeitig erheben, müssen vielleicht sogar mit einer Zeit der Reinigung bezahlt werden. Carlos Castanedas Geschichte (ob nun erdichtet oder wahr) führt das für unsere Zeit sehr deutlich vor: Im ersten Buch setzt der mexikanische Schamane Don Juan Drogen ein, um ihn aus seiner rein rationalen sozialwissenschaftlichen Ignoranz aufzuwecken,[15] doch später muß Carlos allein mit Willenskraft Zauberer werden. Und Pete Townshend, Bandleader der Gruppe The Who und lange ein Symbol dionysischen Verhaltens, hatte nach seinen eigenen Worten jahrelang Musik gehört, während er «high» war; dann aber habe er begriffen, daß er von vorn anfangen und seine Ekstasen erreichen mußte ohne die Hilfe von Drogen, die sein Leben zugrunde richteten.

Psychotrope Drogen können die «Pforten der Wahrnehmung» zu einer Art Himmel aufspringen lassen, aber sie führen manchmal auch in die Hölle, wie Huxley durchaus wußte. Und genau dorthin müssen wir einen apotropäischen, Unheil abwehrenden Blick werfen, bevor wir unseren Aufstieg fortsetzen. Denn auch die Hölle ist auf ihre Weise ein Reich der Musik. Alle wissen, daß der Teufel selbst ein Spieler – auch ein Falschspieler – ist, und mit der Geige kennt er sich besonders gut aus. Der Violinvirtuose und Komponist Giuseppe Tartini (1692–1770) träumte einst, daß er einen Pakt mit ihm geschlossen habe, und der Teufel spielte eine Musik, daß Tartini am liebsten sofort mit dem Geigenspiel aufgehört hätte. (Statt dessen schrieb er zur Erinnerung seine «Teufelstriller-Sonate».) Doch die musikalische Kunst des Teufels dient nur einem Ziel: der Versuchung der Seelen. Er kehrt die Wirkung der gottgegebenen Harmonie um und zieht die Seele durch die Macht der Musik nicht hinauf, sondern herab. Die Kirchenväter und -lehrer hatten davor Angst und mißtrauten aller Musik, der die Weihe durch einen heiligen Text fehlte (ein Faktum, das die Entwicklung der Instrumentalmusik Jahrhunderte hemmte) und die exoterischen Mullas im Islam belegten unter Berufung auf den Propheten Mohammed jede Musik mit einem absoluten Bann – der allerdings nie ganz durchgesetzt wurde.

Sobald der Teufel eine Seele, die von Liedern der Liebe und der Sorglosigkeit verführt wurde, in den Fängen hat, wird sie in eine Hölle geworfen, in der die Umkehrung der Harmonie in eine grauenhafte Kakophonie[16] nur mit der hoffnungslosen und noch schrecklicheren Stille abwechselt.[17] Die qualvollen Mißklänge der Hölle sind der Gegensatz, die Spiegelung des vollkommenen Wohlklangs im Himmel mit seinem Gesang der Engelschöre oder seinen pythagoräischen Zahlenprinzipien (vgl. Kapitel 3). Darauf geht die mittelalterliche Bezeichnung für den dissonanten Tritonus (H–F) zurück, *diabolus in musica*, und so wurde das Intervall in der früheren Musik nur zögernd verwendet. Ähnlich spiegelt sich in der Stille, die in der tiefsten Hölle herrscht, jene der höchsten Himmel, wie Synesius am Ende dieses Buches beschreibt.

Heinrich von Kleist schildert in seiner Novelle *Die heilige Cäcilie oder die Gewalt der Musik* eindringlich die Vermählung göttlicher und dämonischer Musik. Die Geschichte spielt in der Zeit der Glaubenskämpfe und erzählt, wie die heilige Cäcilie, Patronin der Musik, ein Kloster schützt, in dem vier kalvinistische Brüder als Bilderstürmer auftauchen. Sie wollen eine Messe stören, werden aber durch ein uraltes italienisches Oratorium in Bann geschlagen, das mit Hilfe der Heiligen selbst erklingt. Die Brüder werden Opfer eines grotesken religiösen Wahnsinns und verbringen den Rest ihres Lebens in einem Irrenhaus. Ihr Verhalten nach der Bekehrung wird der Mutter der vier so beschrieben:

Jetzt plötzlich schlägt die Stunde der Mitternacht; Eure vier Söhne, nachdem sie einen Augenblick gegen den dumpfen Klang der Glocke aufgehorcht, heben sich plötzlich, in gleichzeitiger Bewegung, von ihren Sitzen empor; und ... fangen sie, mit einer entsetzlichen und gräßlichen Stimme, das *gloria in excelsis* zu intonieren an. So mögen sich Leoparden und Wölfe anhören lassen, wenn sie zur eisigen Winterzeit, das Firmament anbrüllen; die Pfeiler des Hauses, versichere ich

Euch, erschütterten und die Fenster, von ihrer Lungen sichtbarem Atem getroffen, drohten klirrend, als ob man Hände voll Sandes gegen ihre Flächen würfe, zusammenzubrechen.[18]

Danach lebten sie im Irrenhaus, brachten keinen Laut über ihre Lippen, aßen und schliefen sehr wenig, saßen nur um einen Tisch und schienen ein Kruzifix darauf anzubeten, erhoben sich einmal am Tag, um ihre Hymnen zu wiederholen. «... die Söhne aber starben, im späten Alter, eines heitern und vergnügten Todes, nachdem sie noch einmal, ihrer Gewohnheit gemäß, das *gloria in excelsis* abgesungen hatten.»

Drogen und Wahnsinn sind sicherlich nicht die einzigen Mittel, die zu einer Reise in die andere, jenseitige Welt verhelfen. Der mystische Alchimist Thomas Vaughan (1622–66) spricht davon, daß die Seele «einige Wege erkennt, das Haus aufzubrechen, wobei der beste frei von Krankheit ist. Das ist ihre mystische Reise, eine Ausfahrt, doch mit einer Wiederkehr.»[19] Einige Wege dorthin gehen über die Phantasie, die aktive Imagination im Wachzustand oder auch Träume, Trancezustände und Visionen; und wir alle können hoffen, nach dem Tode in jene Welt zu gelangen. Es gibt auch außergewöhnliche Menschen – das berühmteste Beispiel der Antike ist Pythagoras –, die den beschriebenen Zustand willentlich herbeiführen können, ohne auf das Alltagsbewußtsein verzichten zu müssen.

Wahrscheinlich hat in alten Zeiten das Tor in diese Bereiche weiter offengestanden. In den Volkssagen begegnen uns viele Menschen, die durch Felsspalten oder Erdlöcher in die Feenwelt geraten sind, oder sich wie Dante zu Beginn des *Inferno* im Wald verlaufen haben. Jenseits der vertrauten Welt erleben sie vielleicht nur so etwas wie eine geführte Tour, aber es gibt auch die Möglichkeit, tiefer einzudringen. Dann können alle Arten von Schwierigkeiten und Hindernisse auftauchen; der Reisende muß Flüsse und Meere überqueren, wilde Tiere und grimmige Menschen bezwingen, Wände aus Feuer und Eis erklimmen, über Brücken, schmal wie Rasiermesser balancieren und gar die Sphären selbst durchschreiten. Der Mediävist Howard Patch sah sich Hunderte von Sagen über die jenseitige Welt an und stieß bei den

Beschreibungen der Reisen und der anderen Welt auf bestimmte, immer wiederkehrende Motive. In den letzteren findet sich gewöhnlich

> ein Garten mit mindestens einer Quelle, dazu wenigstens ein auffälliger Baum voller Früchte. Der Ort ist manchmal von eigenartigem Duft erfüllt, und die Vögel fallen durch ihren ganz besonderen Gesang auf. Zu den üblichen Motiven gehören auch der Pavillon oder ein ähnlicher Aufenthaltsort, eine Burg oder ein Palast, Edelsteine im Garten oder als Schmuck am Palast, Musik, Kristall als vorherrschendes Material der Bauten, besondere Wirkung nach dem Essen der Früchte und der Hinweis, daß die Zeit ungewöhnlich langsam oder sehr schnell vergeht.[20]

Wenn man an die Fülle der Literatur über diese Welt der Visionen denkt, kommt man sich wie einer der Reisenden in den Sagen vor, der durch ein Meer mit so vielen Wundern treibt, daß er nicht weiß, wohin er steuern soll. Es gibt aber eine Art von Schriften, in der es immer wieder und auf ansprechende Weise um die Musik geht: die des keltischen Mittelalters.

Das keltische Jenseits ist von einer gleichbleibenden, ganz eigenen Beschaffenheit, was sicher nicht nur auf die schriftliche Überlieferung zurückzuführen ist. Seine Merkmale sind so unverwechselbar wie die des islamischen Paradieses mit seinem Grün und den Huris oder die der alchemistischen Kupferstiche der Renaissance mit den geometrischen Gärten und den Fabeltieren. Kein Wunder bei der Insellage Irlands, daß seine alte Literatur voll ist von Visionen anderer Länder und Welten sowie den Reisen dorthin. Manche dieser Welten sind ebenfalls Inseln, jenseits des Meeres gelegen, und einige trockene Gelehrte mit wenig Phantasie haben sie bestimmten realen Gegenden zuzuordnen versucht. Natürlich kann ein Sturm irische Heilige vom Kurs abgebracht und bis zu den Bahamas getrieben haben, aber das genügt nicht als Erklärung für die Geschichten, genausowenig, wie natürliche Windgeräusche die erwähnte Feenmusik erklären können. In anderen Berichten geht es um Reisen in Länder auf dem Meeresboden, wo es ebenso schöne Musik gibt wie in den oberirdischen Ländern. Der Held Brian konnte das feststellen, als er mit einem Kristallhelm hinabtauchte und die rothaarigen Meeresnymphen erblickte, die eine Musik wie von Silberglocken machten.²¹ Vielleicht handelte es sich um denselben Klang, der von der Kathedrale von Ys – aus der versunkenen bretonischen Stadt – heraufdringt. Die andere Welt kann aber auch wie eine Luftspiegelung in der vertrauten Umgebung auftauchen oder plötzlich erscheinen, weil sich die sie schirmende Nebelwand auflöst. Sie kann am Fuße hohler Berge oder Feenhügel betreten werden, und dann vermischt sie sich unentwirrbar mit dem Reich der Feen und Elfen. Die typische Darstellung ist die einer Reise zu einer oder mehreren Inseln, die gewöhnlich im Westen liegen, von Irland aus gesehen das große Unbekannte.

Was es mit diesen Inseln und ihren Bewohnern auf sich hat, wird durch die Geschichte von der Seefahrt des heiligen Brendan (9. Jahrhundert) erklärt, der mit seinen Gefährten eine Insel namens Paradies der Vögel besucht. Die Vögel hier sind weiß und so zahlreich, daß sie einen riesigen Baum ganz bedecken. Brendan stellt eine Frage, und ein Vogel fliegt herab, «macht mit seinen Flügeln ein Geräusch wie von einer Handglocke» und erklärt, die Vögel seien Seelen, die bei Luzifers Sturz vernichtet wurden, auch wenn sie nicht an seiner Sünde beteiligt waren: «Wir ziehen durch bestimmte Bereiche der Luft, des Firmaments und der Erde wie andere Geister, die mit ihren Aufträgen unterwegs sind. Doch an Sonn- und Festtagen erhalten wir Körper, wie du sie jetzt siehst, damit wir hier sein und unseren Schöpfer loben können.»²²

Und wenn die Stunde der Vesper, der Abendandacht, kommt, stimmen alle Vögel gemeinsam die Versikel *Te decet hymnus, Deus in Sion* an und singen etwa eine Stunde. Außerdem singen sie in den acht kanonischen Stunden (den Gottesdiensten, die jeden Tag in klösterlichen Gemeinschaften abgehalten werden) die vorgeschriebenen Psalmen und andere Verse.

Wenn wir diese Erklärung aus Sankt Brendans Geschichte mit dem heutigen Feenglauben im keltischen Bereich vergleichen, wird deutlich, daß es um dieselben Wesen geht, und es ist nicht überraschend, daß sie so musikalisch sind. Laut der Theorie, die zu Beginn dieses Jahrhunderts Evans-Wentz von alten Leuten am häufgisten hörte, waren die Feen und Elfen gefallene Engel, die in Luzifers Kampf neutral geblieben waren.[23] In einer bretonischen Quelle heißt es: «Nach dem Aufstand unter den Engeln teilten sich die, die im Paradies blieben, in zwei Gruppen: Eine kämpfte an der Seite Gottes, die andere blieb neutral. Letztere war schon halb gefallen und wurde eine Zeitlang auf die Erde geschickt, wo sie zu den *fées* wurde.»[24] Von einer Frau aus Wales stammen die Worte: «Ich glaube, es muß ein Zwischenfeld zwischen dem Leben auf der Erde und dem im Himmel geben, und es kann sein, daß dort die Geister und Feen leben.»[25]

Aus der Perspektive des Menschen ist dieser Zwischenzustand, in dem sich die gefallenen, jedoch nicht bösen Engel befinden, nichts anderes als das Fegefeuer. Sankt Brendan zog sieben Jahre lang immer weiter, von Insel zu Insel, bis sein Schiff einen dichten Nebelring durchstieß und die Seefahrer sich schließlich am Ziel sahen, angekommen beim «Gelobten Land der Heiligen», ein Land ohne Finsternis, mit Christus als einzigem Licht. Das ist der Übergang vom Fegefeuer zum Paradies. Die nicht gefallenen Engel schlüpfen hier immer noch in das Gewand der Vogel-Kantoren, wie uns einige ähnliche Werke aus dem christlich-keltischen Kreis zeigen. Die Abenteuer von den Priestern des heiligen Columba (*Adventures of St Columba's Clerics*; zehntes Jahrhundert) führen uns bis vor den Thron des Himmelskönigs, auf dem drei Vögel sitzen, die acht kanonischen Stundengebete singend.[26] Ähnlich ist es in der *Vision of St Adamian* (elftes Jahrhundert), der nicht mit einem Schiff reist, sondern von einem Engel in den Himmel getragen wird.[27] Die Seefahrt der Huí Corra (*Voyage of the Huí Corra*, ebenfalls elftes Jahrhundert) ist genauer: Lochan hat vor Antritt seiner Reise einen Traum und berichtet, daß er «den Herrn selbst auf Seinem Thron sah, und ein Vogelschwarm von Engeln spielte vor Ihm Musik. Dann erblickte ich einen strahlenden Vogel, dessen Gesang süßer als alle anderen Melodien war. Das war nun Michael in der Gestalt eines Vogels im Angesicht des Schöpfers.»[28]

Es gibt einen bestimmten Schlüssel zum keltischen Jenseits, der an den berühmten goldenen Zweig denken läßt, mit dem, wie Vergil im sechsten Buch der *Äneis* erzählt, Äneas in den Hades hinabsteigt. Es ist ein silberner Zweig mit goldenen Früchten, drei oder neun an der Zahl, die zusammenstoßen und eine bezaubernde Melodie erklingen lassen – ein typisch keltisches Motiv.[29] Der Zweig selbst stammt ohne Zweifel von dem Zauberbaum, auf dem in Brendans Bericht die redegewandten Vögel saßen. Im «Krankenlager Cuchulains» (The Sickbed of Cuchulain) treffen wir im Inselpalast von Labra wieder auf den Baum, aus dem tatsächlich Musik tönt:

Von einem Baum im Vorhof
   Strömt süße Harmonie;
Silbern steht er, doch sonnenbeschienen
   Schimmert glitzerndes Gold.[30]

Der Held Bran wird durch süße Musik, die aus dem Nichts zu kommen scheint, in den Schlaf gelullt. Als er erwacht – oder genauer, als er den Zustand des luziden Traums erreicht –, entdeckt er neben sich einen musikalischen Zweig. Als er mit dem Zweig nach Hause zu seinem Palast geht, trifft er eine seltsame alte Frau, die in einem langen Lied von der wunderbaren Insel singt, von der der Zweig stammt: einer Insel ewiger Jugend und Gesundheit, voller Freude und Lachen, wo Feste gefeiert werden und natürlich «süße Musik ans Ohr dringt».[31] Ein anderer irischer Sagenkönig, Cormac MacAirt, sieht eben diesen Zweig in den Händen eines Mannes. Und die Musik bringt ihn dazu, Frau und Kinder gegen den Zweig zu tauschen.[32] Wie Orpheus muß er sich auf die Suche nach den Verlorenen machen, und dabei kommt er durch den Nebel in ein Paradies voller weißer Vögel. Einer Quelle dort entströmen fünf Bäche, «die melodiöser klingen als die Musik der Sterblichen».[33]

Diese und ähnliche Musikmotive tauchen in den keltischen Geschichten immer wieder auf, wie Leitmotive einer Oper. Es gibt musikalische Steine wie den «auffälligen Stein» in Brans Seefahrt, «aus dem hundert Weisen kommen»,[34] und die «drei Edelsteine mit sanft melodischem Klang, mit süßer Musik wie aus allen zwei Chören» (in The Adventures of St Columba's Clerics).[35] Gelegentlich ist nicht ganz klar, was dem Dichter vorschwebte, wobei das letzte Zitat allerdings an eine weitere rätselhafte Episode von St. Brendans Seefahrt erinnert:[36] Eine der

Inseln, die seine Gruppe besucht, ist außerordentlich flach, weitläufig, baumlos, doch mit weißen und purpurfarbenen Früchten bedeckt. Die Seefahrer entdecken dort drei Knabenchöre, die einen Steinschleuderwurf voneinander entfernt sind und sich ständig bewegen. Sie singen im Wechselgesang und gemeinsam und stimmen – wie die Vögel – die acht kanonischen Stundengebete an, doch im Gegensatz zu jenen gefallenen Seelen feiern sie auch die Messe. Schließlich wird die eindrucksvolle Vision des Kristallpfeilers beschrieben. In Brendans Seefahrt steigt dieser aus dem Meer auf: eine riesige Säule, jede der vier Seiten ist siebenhundert Yards lang, und das Ganze ist von einem silberglänzenden Netz eingehüllt mit so großen Maschen, daß das Schiff passieren kann. In der *Voyage of Maelduin*[37] (frühes neuntes Jahrhundert) treffen wir wieder auf den Pfeiler mit seinem Netz, und von seiner Spitze spricht eine Stimme. In der *Voyage of the Huí Corra*[38] ist das Netz aus Bronze und hängt über einer bronzenen Palisade, die eine Insel umgibt, und der Wind erzeugt in dem Netz eine Musik, die die Seefahrer drei Tage und Nächte schlafen läßt.

Die keltischen Sagen vermitteln den unvergeßlichen Eindruck einer von Musik geprägten Traumwelt: eines Elysiums tönender Bäume, Früchte, Quellen, Steine, Netze, Chöre und unendlicher Vogelscharen. Man könnte die Symbole einzeln analysieren und deuten, aber damit ginge die Atmosphäre einer Welt verloren, die ihre eigene Natur und einen inneren Zusammenhang hat. Die Frage, was der Kristallpfeiler «bedeutet», ist so sinnlos wie die Frage eines Paris-Besuchers nach der Bedeutung des Eiffelturms: Er ist eben nur dort zu finden, und das einprägsame Bild trägt seine Bedeutung in sich.

Doch wo genau sind diese Welten und Ebenen zu finden? Freilich gab es einmal eine Zeit, in der es sinnvoll war, sie auf der Erde, in den Tiefen oder im sichtbaren Himmel zu suchen. – Daher die Sagen von unterirdischen Reichen (immer noch beliebt bei den Anhängern der Theorie der Hohlerde), vom Verlorenen Paradiese, von den Inseln der Seligen, Shangri-La, Shambhala und anderen Orten, die die mittelalterlichen Kartographen voller Gewißheit in ihre Zeichnungen eintrugen. Daher auch die Vorstellung wie bei

Dante, das Fegefeuer sei auf einem Berg oder in den sieben Planetensphären, die im ptolemäischen System die Erde umkreisen. Doch seit den Forschungsreisen und der Revolution in der Kosmologie haben diese Ideen keine Geltung mehr, und es ist nicht mehr sinnvoll, die Bilder, die vor die Seele treten, irgendwo im materiellen Universum zu suchen.

Wenn wir das eingehender betrachten, was bisher als die andere oder jenseitige Welt, die Welt der Einbildungskraft oder der Seele, die Welt der Phantasie oder die Zustände von Trance, Traum und Ekstase bezeichnet wurde, müssen wir eine wichtige Unterscheidung treffen. Wir müssen differenzieren zwischen Phantasie oder Träumerei, die wir uns selbst schaffen, und der objektiven, aber nicht-materiellen Welt, die sich dem inneren Organ der Bildwahrnehmung in bildlichen Formen zeigt. Diese Bildformen entstammen einer eigenen Quelle, haben unabhängig von uns ihr Dasein und ihre Bedeutung. Anhänger der Psychologie C. G. Jungs würden das eine aus dem persönlichen, das andere aus dem kollektiven Unbewußten erklären, während Okkultisten beim Gegenstück zu den selbstgeschaffenen Phantasien eher von einer Astralwelt mit vielen Ebenen sprechen würden. Da es mir vor allem um das Hören der Musik geht, möchte ich dem großen französischen Gelehrten – und leidenschaftlichen Musikliebhaber – Henry Corbin folgen und diese Welt einfach imaginal (*Imaginal World*) nennen.[39] Corbins Ansatz, vom Skeptizismus weit entfernt, war viel mehr phänomenologisch als seherisch oder theorieorientiert. Abgesehen von seinen persönlichen Erfahrungen hatte er aufgrund seiner beträchtlichen Quellenkenntnisse im gesamten Bereich westlicher und nahöstlicher Überlieferungen zahlreiche Beweise für die Existenz einer Welt parat, «in der autonome archetypische Bilder unendlich verwirklicht sind und eine Hierarchie schaffen, deren Stufen sich in ihrer relativen Feinstofflichkeit oder Dichte unterscheiden»[40]. So spricht Quṭbuddīn Shīrāzī, der die «Orientalische Theosophie» des persischen Weisen Suhrawardī (zwölftes Jahrhundert) kommentierte. Hören wir jetzt den Meister selbst, der aus eigener Erfahrung spricht:

Auf jeder dieser Ebenen gibt es Gattungen, die jenen unserer Welt entprechen, sie sind jedoch unendlich. Manche sind von Engeln und den menschlichen Auserwählten bevölkert, andere von den Engeln und Dschinnen, wieder andere von Dämonen. Gott allein kennt die Anzahl dieser Ebenen und was in ihnen enthalten ist. Der Pilger, der von einer Stufe zur anderen aufsteigt, findet auf jeder höheren Ebene eine noch größere Feinstofflichkeit, eine überwältigendere Schönheit, eine hellere Geistigkeit, ein überreicheres Entzücken. Die höchste dieser Stufen grenzt an die Ebene der nur dem Geist erfahrbaren reinen Wesenheiten des Lichts und ist ihr sehr ähnlich.[41]

Die imaginale Welt hat ihre Elemente, ihre Städte und ihre himmlischen Sphären. Diese Bestandteile haben zwar keine materielle Substanz, sind aber trotzdem objektiv gegeben und völlig real. Zu den Wundern dort gehört die riesige «Stadt» Hūrqalyā, die urbildhaft sowohl die Himmel wie die Erde enthält: Hier finden sich die archetypischen Bilder aller Einzelwesen und greifbaren Dinge, die es in der Welt der Sinne wie auch in den himmlischen Sphären gibt. Shīrāzī meint, daß Pythagoras hier in den Himmelssphären der imaginalen Welt die Sphärenmusik hörte. «Danach kehrte er in seinen materiellen Leib zurück. Aufgrund dessen, was er gehört hatte, bestimmte er die Verhältnisse in der Musik und vervollkommnete ihre Wissenschaft.»[42]

Wir sind jetzt mit dem Begriff der imaginalen Welt gerüstet und können uns angemessen dem uralten Mythos nähern, der vom Aufstieg durch die Sphären handelt und von der Musik, die dort zu hören ist. Während die meisten keltischen Abenteuer auf der imaginalen Erde stattfinden, müssen die Berichte über einen Aufstieg auf etwas verweisen, das wir die «imaginalen Himmel» nennen könnten. In der klassischen Fassung des Aufstiegs erhebt sich die Seele über die Erde (auf die sie sogar aus einiger Entfernung hinabblicken kann, wie das C. G. Jung als alter Mann in seinen Visionen tat[43]) und findet sich im Bereich der Planetensphären wieder. Der pamphylische Krieger in Platons «Geschichte des Er»[44] erblickt das System der sieben Planeten und der Fixsterne, und auf jeder Sphäre steht eine Sirene, «die... ihre Stimme hören lasse, jede einen bestimmten Ton; alle acht Töne aber klängen in einer einzigen Harmonie zusammen.»[45] Ciceros *Vom Staate*, das in der Tradition Platons steht, endet ebenfalls mit einer kosmischen Vision, diesmal als Traum dargestellt. Der römische Held Scipio Africanus sieht neun Sphären (die Erde eingeschlossen), die einen «gewaltigen und süßen Ton» hervorbringen.[46] Sein verstorbener Großvater, der ihn führt, erklärt dieses Geräusch aus der raschen Bewegung der Sphären, deren Anzahl zwar neun sei, die aber nur sieben verschiedene Töne produzierten, «wobei diese Zahl, möchte man fast sagen, der Schlüssel zum Universum ist».[47] Plutarch erzählt die Geschichte von Timarchus, der freiwillig die Orakelhöhle von Trophonius betrat, um sich Klarheit über das rätselhafte Zeichen des Sokrates zu verschaffen, und dort das Körperbewußtsein verlor. Als er oben aus seinem Schädel heraustrat, «hörte er schwach das Schwirren von etwas, das sich über ihm mit angenehmem Klang drehte».[48] Angesichts des prachtvollen Schauspiels der kreisenden Sphären «dachte er sich, daß deren Kreisbewegung das musikalische Schwirren im Äther hervorriefe, denn die Sanftheit des Klanges als Folge der Harmonie aller einzelnen Töne entsprach der Gleichmäßigkeit ihrer Bewegung».[49]

All diese Reisenden kehren auf die Erde zurück, um ihre Mitmenschen zu erbauen: Sie durchschreiten nicht die Sphären der imaginalen Welt, die ihre Ohren mit so wunderbaren Klängen füllen. Wenn wir nach dem höchsten Ziel und der Bedeutung dieser Reisen suchen, lesen wir am besten das hermetische Buch *Poimandres, der Menschenhirte*.[50] In diesem Dialog erklärt der Weltgeist Poimandres dem Hermes, daß der Leib eines Menschen nach seinem Tod der Auflösung überlassen wird. Danach wird der «Ethos», das Wesen der Instinkte und Gewohnheiten, dem Daimon zurückgegeben, und die Sinne, Leidenschaften und Verlangen kehren zu ihren Ursprüngen in der vernunftlosen Natur zurück. Was übrigbleibt – der einzige unsterbliche Teil –, geht jetzt in etwas ein, was Poimandres die Harmonie nennt, ein Begriff, der das Musikalische der Planetensphären betont. In jeder Sphäre wird dem Menschen die Kraft abgenommen, die den jeweiligen Planet bestimmt: in der Mondsphäre die Kraft des Zu- und Abnehmens, in der Merkursphäre die Kraft, Böses zu ersinnen, in der Venussphäre die Illusion des Begehrens, in der Son-

nensphäre der Stolz des Herrschens, in der Marssphäre die un-
fromme Kühnheit und Übereiltheit, in der Jupitersphäre das
Streben nach Reichtum durch böse Taten, in der Saturnsphäre
die Falschheit. «Und alsdann, wenn er von der Wirkung der
Harmonie entblößt ist, kommt er zu der achten Natur und hat
seine eigene Kraft und lobet den Vater mit denjenigen, die allda
sind und sich auch mit ihm über seine Ankunft erfreuen.»[51]

Vielleicht sollte die siebenjährige Reise Sankt Brendans zum
gelobten Land der Heiligen im Zusammenhang mit dem Aufstieg durch die sieben Sphären gesehen werden. Die hermetische
Auffahrt entspricht sicher dem Fegefeuer und dessen Wirkung in
der christlichen Pneumatologie. Doch die Reinigung, wie sie im
Poimandres beschrieben ist, stellt für sich betrachtet keine Reinigung von Sünden dar, die auf Erden begangen wurden, vielmehr
geht es um die Inkarnation als solche. Der Aufstieg durch die
Sphären setzt einen früheren Abstieg voraus, bei dem die Seele
durch die Planetenkräfte verunreinigt worden ist. Wie in jeder
gnostischen Lehre wird auch hier angenommen, daß die Seele
einst in ihrem reinen Urzustand im Himmel weilte, aus irgendwelchen Gründen von dort herabstieg und in einen irdischen Leib
eingezogen ist. Die Umsetzung jeder Planetenkraft zeigt sich im
Geburtshoroskop, das den Augenblick der Inkarnation festhält:
Jeder Planet steht auf einem ganz bestimmten Grad des Tierkreises und in bestimmten Beziehungen zu den übrigen Planeten.
C. G. Jung schreibt: «Der Aufstieg durch die Planetenkreise bedeutet daher soviel wie eine Abwicklung der horoskopisch ange-
zeigten Charaktereigenschaften oder eine retrograde Befreiung
von dem durch die Archonten [Planetenherrscher] aufgeprägten
Charakter.»[52] Und noch einmal, psychologischer ausgedrückt:
«Das Durchschreiten der Planetenhäuser hat daher, wie das Passieren der großen Hallen in der ägyptischen Unterwelt, die Bedeutung der Überwindung eines psychischen Hindernisses bzw.
eines sog. *autonomen Komplexes*, der passenderweise von einem
astrologischen Planetengott oder -dämon dargestellt wird. Wer
alle planetarischen Kreise überwunden hat, ist frei von Zwang
geworden; er hat die corona victoriae erlangt und damit die Gott-
ähnlichkeit.»[53]

Die Reise ist mit anderen Worten eine Initiation oder eine

Folge von Initiationen, die in der imaginalen Welt geschieht, ob man nun noch mit seinem irdischen Körper verbunden ist oder ihn abgelegt hat. Die Musik, die dort gehört wird und auf deren übernatürliche Schönheit immer wieder hingewiesen wird, ist nichts anderes als die Erkenntnis, die alle mit der erforderlichen psychischen Reife Ausgestatteten durch die Initiatonen gewonnen haben: frei zu sein von den Begierden und Lastern, für die fast jeder auf der Erde anfällig ist. Der späte Neuplatoniker Simplicius schreibt:

> Wenn jemand wie Pythagoras, von dem man weiß, daß er diese Harmonien hörte, von seinem irdischen Leib befreit und sein leuchtendes und himmlisches Gefäß samt den Sinnen, die es enthält, gereinigt wurde, entweder durch günstiges Los oder ein reines Leben oder durch eine Vervollkommnung, die aus geheiligtem Tun entsteht, so jemand wird Dinge wahrnehmen, die anderen unsichtbar sind, und Dinge hören, für die andere keine Ohren haben.[54]

In dieser eindringlichen Passage legt Simplicius die drei Bedingungen dar, unter denen die verborgenen Harmonien gehört werden können. Das «günstige Los» sind die guten Eigenschaften oder das Genie, mit denen außergewöhnliche Menschen geboren werden, offenbar frei von den Lastern, die andere plagen, und schon mit übermenschlichen Kräften ausgestattet. «Reines Leben» wird durch Askese und ständige Selbstverleugnung erlangt: Die Laster werden in diesem Leben überwunden. «Geheiligtes Tun» sind Beschwörungen und magische Praktiken, die den Aufstieg der Seele durch sakramentale Mittel unterstützen. Der Lohn ist eine Erkennntis oder Gnosis, die allen Nicht-Initiierten unerreichbar bleibt.

Der ptolemäische Kosmos mit seinen konzentrischen Sphären ist eine angemessene und symbolisch genaue Projektion der imaginalen Himmel in den naturgesetzlichen Raum. Dabei sind die sieben Planeten die sichtbaren Manifestationen der sieben Kräfte, die die Seele regieren, und die Reise durch sie hindurch ist der notwendige Auftakt zum ewigen Leben jenseits der achten Sphäre. Doch im heliozentrischen Kosmos, so korrekt er physikalisch gesehen sein mag, ist kein Platz mehr für diese Symbolwelt. Wenn sich im Kosmos von Kopernikus und Newton die Seele von der Erde heben und zu den Sternen eilen wollte, würde sie vielleicht nicht nur einige Sphären ganz verpassen, sondern die Grenzen des materiellen Daseins gar nicht hinter sich lassen können, um zum Himmel aufzustreben, und so endlos weiter durch den Raum mit seinen Sternen ziehen. Das materielle Universum ist sicherlich unendlich groß, aber es ist nicht unbegrenzt,[55] das heißt, es schließt nicht die Existenz anderer Welten oder Seinsweisen aus, für die der ptolemäische Kosmos klugerweise Raum außerhalb der Fixsternsphäre ließ.

Das geozentrische System ist freilich noch auf eine andere Weise klug, denn die Erde in die Mitte aller Dinge zu stellen und ohne Bewegung zu lassen, das stimmt mit dem überein, was das unbewaffnete Auge sieht. Es ermöglicht dem einfachen Menschen das Leben in einem Kosmos, der ihm richtig erscheint. Das heliozentrische System erfordert, daß wir der bewegungslosen Erde unter unseren Füßen nicht glauben, auch nicht der Sonne, die über den Himmel zieht. Solche Glaubenssprünge geschehen nur auf der Grundlage überwältigender Gewißheit. Doch welches Bäuerlein versteht schon die Beweisführung in Werken wie etwa Galileis *Dialog über die großen Weltsysteme?* Das heliozentrische Dogma verlangt von ihm, einfach den Wissenschaftlern zu glauben, weil diese ihm überlegen sind, wie die Kirche den Glauben an das Unsichtbare und Unbeweisbare verlangte und dabei nur die Schrift und die Heiligen ins Feld führen konnte. Doch wozu? Hier läßt sich die Parallele nicht weiter halten. In einer echten Religion glaubt man, um eines Tages «von Angesicht zu Angesicht» zu sehen, doch die Wissenschaft verlangt, ja erzwingt unsere Zustimmung, damit ihre einseitige Betrachtungsweise nicht ihren Zweck verfehlt und der turmhohe Bau nicht einstürzt. Für den menschlichen Mikrokosmos ist das geozentrische System immer noch die genaueste Karte: Die vier trägen Elemente des Körpers sind von den leichten und klingenden Sphären der Seele umgeben, kaum mehr als eine Seifenblase im unendlichen Raum des Geistes.

Doch auch der heliozentrische Kosmos hat seine Wahrheit;

diese widerspricht der Gewißheit der Sinne und ist somit esoteri-scher Natur. Sie verlegt den Mittelpunkt unseres Systems nach innen, vom unsichtbaren Primum mobile in die sichtbare Sonne, und spiegelt so die Lehre, daß das Göttliche weder in den Formen außen zu suchen noch unermeßlich weit von uns entfernt ist, sondern mitten in uns als inneres Reich leuchtet. Betrachtet un-ter dem Aspekt ihrer Geistigkeit und Esoterik, entspricht die Struktur des materiellen Universums dieser Lehre, wie die Py-thagoräer und Kepler wohl wußten; vom Sinneseindruck und dem allgemeinen Verständnis her ist das allerdings gar nicht der Fall. Als diese Struktur im siebzehnten Jahrhundert offenkundig und von allen akzeptiert wurde, ergab sich ein Mißverständnis: Sie wurde zu wörtlich aufgefaßt und ihre symbolische Bedeutung verdrängt. Wie immer, wenn initiatische Geheimnisse profaniert werden, entstehen negative Folgen. In diesem Fall wurden Geist und Seele entwertet, und die Zerstörung des Menschen als Mi-krokosmos begann langsam. Deshalb verstummte die Sphären-musik fast zweihundert Jahre lang.

Obwohl die Planetenmusik im allgemeinen nur in übernatürli-chen Zuständen zu hören ist, stoßen wir überall und immer wieder auf die Überlieferung, daß zumindest die Sonne Klänge hervorbringt, die auf der Erde zu hören sind. Die Indianer der peruanischen Anden kennen ein kosmologisches System, das an Inhaltsreichtum und Vielschichtigkeit den Systemen der Alten Welt in nichts nachsteht, und darin heißt es, die Sonne klinge beim Aufgehen.[56] Der griechische Geograph Strabo berichtet von dem Klang, den sie hervorbringt, wenn sie im Meer zwischen Spanien und Afrika, zwischen den Säulen des Herkules unter-geht.[57] Der italienische Rabbi Moscato (16. Jahrhundert) schreibt von einer seltsamen jüdischen Überlieferung: Mitten in der Schlacht gegen die Amoriter habe Josua die liebliche Melodie der Sonne gehört, die ihn so sehr verwirrte, daß er rief: «Sonne, stehe still zu Gibeon...» (Josua 10, 12). Damit habe er sagen wollen: «Höre auf zu singen!»[58] (Wenn diese Deutung für Mos-catos christliche Nachbarn akzeptabel gewesen wäre, hätte es Ga-lilei mit seiner Lehre leichter gehabt.) Eine Stelle im Talmud beschreibt das Geräusch der Sonne als etwas, das wir wie selbst-

verständlich hinnehmen beziehungsweise gar nicht mehr regi-
strieren, weil es uns so vertraut ist, wie es beim Tosen der Nil-
Katarakte, dem Katadupa, der Fall ist, von klassischen Autoren
oft mit der Sphärenmusik verglichen. «Wie kommt es, daß die
menschliche Stimme bei Tage nicht so gehört wird wie bei
Nacht? Das liegt am Rad der Sonne, das am Himmel sägt, wie ein
Zimmermann Zedern sägt.»[59] Die mittelalterliche Gralsdichtung
Titurel gibt eine schmeichelhaftere Beschreibung des Geräu-
sches: «Die Klänge der aufgehenden Sonne übertreffen den
Klang der Saiten und den Gesang der Vögel, wie das Gold das
Kupfer an Wert übertrifft.»[60] Und Goethe läßt im Prolog zum
Faust den Erzengel Raphael in der Dämmerung sprechen: «Die
Sonne tönt nach alter Weise...»

Wenn wir die Sonne selbst nicht hören, sollten wir uns vielleicht das Dämmerungsvorspiel aus Ravels *Daphnis und Chloë*
anhören. Wenn uns das zu kompliziert ist, stellen wir uns das
Geräusch der Sonne als einen einzigen, durchdringenden Ton
vor. «Ein ferner Klang, der aus dem Himmel zu kommen scheint,
der Klang einer angerissenen Saite, der klagend verhallt» – das ist
das rätselhafte Geräusch aus dem Hintergrund, das in Tsche-
chows *Kirschgarten* zweimal ertönt und wiederum an die Mem-
nonssäulen in Ägypten erinnert. Die Kolosse in Theben gaben
bei Sonnenaufgang einen Ton wie von einer reißenden Saite von
sich.[61] Vielleicht kommt der Klang vom Bogen des Apollo, dessen
Sehne schwirrt, wenn er seine Lichtpfeile abschießt.

«Schaut die Sonne an, sie ist der Dreiklang, aus dem die Akkorde, Sternen gleich, herabschießen und euch mit Feuerfaden
umspinnen. – Verpuppt im Feuer liegt ihr da, bis sich Psyche
emporschwingt in die Sonne.»[62] So faßt der Romantiker E. T. A.
Hoffmann in ein paar Zeilen die gesamte Lehre des Aufstiegs
durch die Musik zusammen und beschwört das antike Bild der
Seele als Schmetterling. Hier auf Erden sind wir wie Raupen, bis
wir uns verzaubern und einspinnen lassen von der Musik aus den
Sternensphären – von den seidenen Harfensaiten der Sterne.
Dann warten wir darauf, daß im Trancezustand oder im Sterben
plötzlich unsere Kokons abfallen und wir als geflügelte Seelen-
wesen aufwachen, die in ihre wahre Lichtheimat zurückfliegen
können.

Es gibt genügend Hinweise, daß uns die Musik selbst auf diese Reise schicken kann; der irische Held Bran begann so seine Suche. Athanasius Kircher berichtet, wie er eines Abends ein besonders schönes Konzert von drei Lautenspielern hörte und in tiefe Trance fiel, in der er durch die sieben Planetensphären aufstieg und hinter diesen sogar das göttliche Licht erblickte.[63] Die selige Angela von Foligno (13. Jahrhundert) stieg zum Ungeschaffenen Licht auf, als die Orgel in der Kirche des heiligen Franziskus das *Sanctus* spielte.[64] Und in unserer Zeit erzählt Warner Allen[65] vom zeitlosen Augenblick, den er bei einem Konzert in der Queen's Hall zwischen zwei aufeinanderfolgenden Noten der siebten Symphonie von Beethoven erlebte. Die Musik kann freilich auch mit dem inneren Ohr gehört werden. Hildemarie Streich, die schon im ersten Kapitel erwähnte Musiktherapeutin, schreibt, daß «es Träume gibt, in denen Musik als eine Art Führer der Seele in das Leben nach dem Tod fungiert. Die Musik, die hierbei erklingt, ist meist von unbeschreiblicher Schönheit und hinterläßt ein Gefühl des Trostes und der Gewißheit, daß es zeitlose Mächte jenseits des Todes gibt, die menschliches Erleben verwandeln.»[66] Hier der Bericht über einen solchen Traum:

Ich hatte Fieber, brütete über dem Sinn der Harmonie und schlief dabei ein... Ein paar Stunden später wachte ich auf, doch nicht in der irdischen Umgebung: Es war ein Erwachen in einen Zustand hinein, der gleichzeitig ein Pleroma der vollkommenen Fülle und ein Nichts der perfekten Leere war, und dort musizierten – allerdings viel weniger real, als der Zustand selbst war – der himmlische Chor und das himmlische Orchester kraftvoll das Thema E E E C. (Das Thema stammte aus der Concord-Sonata von Charles Ives, wo es als Anspielung auf Beethovens fünfte Symphonie auftaucht.) Nach einer Weile kehrte ich allmählich zu mir selbst zurück, und das erhabene Gefühl des Friedens folgte mir wie eine Melodie. Jenes Thema hatte auch meine Zweifel über die Harmonie aufgelöst.[67]

Innere wie äußere Musik können ein *psychopompos* sein, ein Seelenführer in Bereiche, die realer als die Erde sind. Bei einigen Beispielen dieses Kapitels ist nur schwer zu entscheiden, ob die

Musik objektiv zu hören war oder nur subjektiv wahrgenommen wurde. Die Musik kann uns auf die Reise schicken, uns auf dem Weg begleiten und vielleicht sogar am Ende der Fahrt auf uns warten. Alle überlieferten Religionen haben das gewußt und dieses Wissen auf die unterschiedlichste Weise eingesetzt. Zum Abschluß des Kapitels werden wir einige dieser Anwendungsarten betrachten.

Das Christentum hat zwar erkannt, wie groß der psychologische Nutzen der Musik ist, setzte diese aber nur selten für esoterische oder initiatische Ziele ein. Der Grund hierfür reicht zurück in die Frühzeit des esoterischen wie des exoterischen Christentums. Im Römischen Reich hatte die Musik mit all den Dingen etwas zu tun, um die die Christen einen Bogen machten: mit der ekstatischen Verehrung heidnischer Gottheiten, mit leichtfertiger Unterhaltung durch Virtuosen, sexueller Freizügigkeit und den Schrecken der Amphitheater. Die Kirchenväter erlaubten das Singen von Hymnen, konnten sich aber nicht vorstellen, daß es außer nacktem sinnlichen Vergnügen noch andere Gründe geben mochte, sich Musik anzuhören. Es dauerte Jahrhunderte, bis die Orgel, das Instrument der Amphitheater, in den christlichen Kirchen etabliert war, und die anderen Instrumente wurden dort nie wirklich heimisch. Die Befürchtungen der Kirchenväter schienen sich zu bewahrheiten, als in der Zeit nach der Reformation die Neigung bestand, die Messe und andere wichtige Gottesdienste in Konzerte und die Gemeinde in deren Zuhörerschaft umzuwandeln – im liturgischen Sinn ein Niedergang, auch wenn die Musik zum Beispiel eine Kantate von Bach oder eine Messe von Haydn war. Der Leser möge beurteilen, ob sich seit dem Zweiten Vatikanischen Konzil (1962) viel geändert hat. Auf jeden Fall sind in der katholischen wie protestantischen Kirche modernistische Tendenzen zu bemerken. Diese äußern sich beispielsweise in der Verwendung einer Musik und Sprache, von denen sich niemand ästhetisch sehr angesprochen fühlt, und so bleibt nur der Rückzug in fromme oder wenigstens gemeinschaftsbezogene Bestrebungen.

Immerhin geschah im finsteren Mittelalter das Wunder, daß sich die einfachen Hymnen der Kirchenväter zum Choralgesang entfalteten. Was wir als Gregorianischen Gesang kennen, ist nur ein Zweig am fruchtbaren Stamm christlicher Einstimmigkeit, wenn auch der systematischste und am besten erhaltene. Die anderen Erscheinungen wurden verdrängt und sind zum größten Teil vergessen. Aber in einer Zeit, in der auch der Gregorianische Gesang kaum noch verwendet wird, kommt es auf solche Feinheiten nicht mehr an. Zwei französische Komponisten haben klipp und klar ausgesprochen, was es über den Gregorianischen Gesang zu sagen gibt:

Er ist das Gebet und die Musik der Kirche, er ist unpersönlich, er ist frei von der Schwäche des Komponisten, er ist vor Angriffen oder Kritik geschützt, er ist fest wie die Erde und still wie die Hoffnung. Er ist der einzig würdige musikalische Gottesdienst. Der Choralgesang steht über allen vergangenen, gegenwärtigen und zukünftigen Komponisten.

Charles Gounod, 1873[68]

[Über liturgische Musik] Es gibt nur eine einzige: *Choralgesang*. Nur der Choralgesang besitzt all die Reinheit, die Freude und die Leichtigkeit, die für den Flug der Seele zur Wahrheit nötig sind.

Olivier Messiaen, 1977[69]

Messiaen fügt gleich hinzu, daß eine Liturgie mit Choralgesang natürlich die Verwendung anderer religiöser Musik nicht ausschließt, daß Choralgesang aber gleichsam das tägliche Brot sein sollte, das die anderen Musikformen garnieren.

Seit einem Jahrtausend gehört es zur Ordnung in einem Kloster, den Choralgesang zu pflegen. Wenn die Liturgie, wie es bei den kontemplativen Orden üblich ist, in ihrer Gesamtheit gefeiert wird und außerdem die Messe mit ihrem Dutzend gesungener Partien sowie die acht kanonischen Stundengebete oder Gottesdienste mit ihren zahlreichen Psalmen, Hymnen und Antiphonien zelebriert werden, dann sind jeden Tag einige Stunden mit Singen ausgefüllt. In einem Kloster ist das nicht die Aufgabe eines professionellen Chores, sondern jeder Mönch ist – unbesehen seiner musikalischen Begabung – beteiligt. Wie bei vielen guten Dingen wurde der Wert dieses Singens erst deutlich, als man damit aufhörte, wie folgende Episode zeigt.[70] Als nach dem Zweiten Vatikanischen Konzil die Mönche eines amerikanischen Trappisten-Klosters brav aufhörten, ihre täglichen Gottesdienste auf lateinisch zu singen, begann alles mögliche aus dem Gleichgewicht zu geraten. Am deutlichsten spürten sie, daß ihnen die vier oder fünf Stunden Schlaf pro Nacht nicht mehr genügten, mit denen einige schon seit Jahren ausgekommen waren. Andere Schwierigkeiten folgten: Krankheiten und psychische Störungen, die den gleichmäßigen Gang ihres beschaulichen Lebens beinahe in Unordnung gebracht hätten. Erfolglos versuchten die Mönche, mit verschiedenen herkömmlichen Heilmitteln Abhilfe zu schaffen, und fragten sich schließlich, ob ihre Beschwerden vielleicht dadurch verursacht wurden, daß ihnen die Stunden fehlten, die sie dem liturgischen Choralgesang gewidmet hatten. Sie erwirkten einen Dispens, nahmen den gewohnten Gregorianischen Gesang wieder auf, und ihre Beschwerden legten sich allmählich.

Aus dieser Geschichte wird klar, daß das Singen in den kontemplativen Orden nicht nur zur Ehre Gottes, sondern auch als nützliches Mittel ausgeübt wurde, um die Persönlichkeit des einzelnen und die Gemeinschaft in Einklang zu bringen, und zwar in einer Lebenssituation mit psychischen Spannungen – denn nur so kann ein Leben sein, bei dem der normale menschliche Umgang fehlt. Das Bedürfnis, die Stimme zu gebrauchen, ist kaum weniger stark als das sexuelle Verlangen. Die Trappisten üben zwar stetes Stillschweigen, lassen ihre Stimmen aber im Gesang erklingen, und als diese Sublimierung nicht mehr geschehen durfte, wurde ihr Leben disharmonisch.

Der Choralgesang ist für den Sänger wie für den Zuhörer die vollkommene Andachts- und Erbauungsmusik. Er erfordert keine komplizierte Professionalität. Wie Gounod betont, fehlt ihm alles persönlich Geprägte, alles Gefühlsselige. Auf der niedrigsten Ebene wirkt er, wie oben gezeigt, therapeutisch. Sein hallender Klang hat einen wohltuenden Einfluß auf Körper und Geist, vor allem in den romanischen und gotischen Räumen, in denen er eigentlich zu Hause ist. Er beruhigt, er flößt Ehrfurcht ein, er erhebt. Aber da ist noch mehr. Er kann jeden so hoch tragen, wie es dessen Fähigkeiten entspricht; den Sänger auf dem Weg der Identifikation mit dem inneren Ton, den Zuhörer, indem er ihm Zugang verschafft in «jene Tempel in den erhabenen Sphären, die nur durch Gesang zu öffnen sind».[71] Denn die sieben Töne der Modi oder Kirchentonarten können als die der Planeten gehört werden, und die Melodie, die durch diese Töne wandert, ist als eine Reise durch alle Sphären erlebbar. Die Tonunterschiede können sogar transzendiert werden, das Ganze wird als Pleroma erlebt, vergleichbar mit dem Durchbruch der hermetischen Seele zur achten Sphäre. Wie das Mysterium der Messe gibt der Choralgesang jedem das, was er in sich aufnehmen kann.

Die Musik der protestantischen Religionsgemeinschaften ist anders zu bewerten; sie war stets selbstbewußter und durchaus emotional. Der Protestantismus hat zeitweilig eher dionysische Impulse und eine einfachere Teilnahme der Gemeinde am Gottesdienst zugelassen. So gab es zum Beispiel im achtzehnten Jahrhundert die methodistische Gruppe der «Jumpers», die den Namen wegen ihres Tanzens und Springens im Gottesdienst erhielt, und heute finden wir vor allem im Süden der USA Erweckungsbewegungen und Organisationen, denen es vor allem um Taufe und Wunderheilung geht. Sie verbinden sich ständig wiederholende Musik mit rhythmischen Bewegungen, um so eine Art ekstatischer Trance mit Visionen, Zungensprechen und Heilungen herbeizuführen. Das hat allerdings sehr wenig mit der Verwendung der Musik als initiatisches Mittel zu tun, da die Praktiken allen offenstehen und nicht von einem Meister überwacht werden. Außerdem sind die ekstatischen Zustände von keinerlei metaphysischem Verstehen getragen. Es handelt sich um Rausch ohne Wissen.

Abgesehen von den Erfahrungen einzelner Mystiker fehlt die Musik in der christlichen Esoterik. Wenn sie eine Rolle spielte, dann in ihrer spekulativen Form, die die Platoniker als ein intelligibles Abbild der kosmischen und metaphysischen Wirklichkeit bevorzugten. Wenn wir nach einer auf Höheres abzielenden Anwendung der *musica instrumentalis* suchen, müssen wir uns die mystischen Schulen der anderen Zweige des abrahamischen Monotheismus ansehen, erst das Judentum, dann den Islam.

Die Texte der jüdischen Kabbala kennen das Bild eines harmonischen Universums, in dem «nicht nur die Engel singen: die Sterne, die Sphären, die *Merkhabah* [Thron oder Wagen Gottes] und die Tiere, die Bäume im Garten Eden und ihre Düfte, wirklich das ganze Universum singt vor Gott».[72] Obwohl es in dieser Quelle heißt, nur Moses und Josua könnten diese Musik vernehmen, wird dieses Vorrecht in späteren kabbalistischen Schulen und besonders im Chassidismus auch den Zaddikim oder spirituellen Meistern zugestanden. Es liegt dann bei ihnen, die Wohltaten der Musik an die Schüler weiterzugeben, damit diese geheilt und gereinigt werden, und zwar entweder direkt, indem sie etwas vorsingen, was jener Musik in etwa gleicht, oder indirekt, indem sie die Schüler an der Weisheit teilhaben lassen, mit der die Musik sie erfüllt hat. Wir dürfen nämlich nicht vergessen, daß die Musik auf dieser Ebene eins ist mit der Erkenntnis.

Die menschliche Stimme eignet sich für solche Vermittlung besser als jedes Instrument, da ihr «eine edle Körperlichkeit»[73] zugesprochen wird und sie die Grenzen zwischen Geist und Körper berührt (vgl. oben den Zusammenhang der Musik mit *spiritus* und Quintessenz des Äthers). Wenn ein Zaddik von den seelischen Erfahrungen erfaßt wird, kann sein Singen alles übertreffen, was sonst mit einer Stimme möglich ist: «So stand ein Zaddik . . . im Gebet und sang neue Melodien, Wunder der Wunder, die er nie gehört hatte und die kein Menschenohr je gehört hatte, und er wußte gar nicht, was er singt und welche Weise er singt, denn er war an die obere Welt gebunden.»[74]

Diese Melodien sind gewöhnlich ohne Worte: «Denn die Lieder der Seelen – die sich dann durch die höchsten Regionen schwingen, um aus dem Urquell des allmächtigen Königs zu trinken – bestehen nur aus Tönen und haben die beschwerlichen Worte abgeworfen.»[75] Schon im vierzehnten Jahrhundert gab Rabbi Solomon ben Adret einen offiziellen Erlaß gegen die Verwendung wortloser Gesänge heraus, wie sie in kabbalistischen Kreisen gepflegt wurden.[76] Dieses Singen wurde zwar in der jüdischen – wie in der christlichen – Liturgie nur im Gewand langer Melismen auf Worte wie «Halleluja» geduldet, tauchte aber im Chassidismus wieder auf und war eine der beliebtesten Formen der Andacht. In den chassidischen Gemeinden Osteuropas, in denen gegen Ende des achtzehnten Jahrhunderts über eine Million Juden lebte, wurden das Singen und Tanzen als die vollkommenen Äußerungen des Gottesvolkes auf Erden gefördert. In der Gemeinschaft ausgeführt, haben sie Züge lokaler wie nahöstlicher Volkslieder und -tänze. Wenn ein einzelner vom Geist erfaßter Mensch singt, ist das chassidische Lied ein fröhlicher oder trauriger Seelenausbruch vor Gott, ein Gefühlserguß, «der die Seele des singenden Andächtigen in einem Maß verwandeln kann, daß ganz bestimmte Zustände der mystischen Annäherung an Gott erreicht werden können, die sonst nur sehr schwer zugänglich sind»[77]. Typisch für die chassidische Mischung aus Mystik und Humor ist die Gesangsart mit einem «dudelnden» Refrain. Dudeln ist im Jiddischen das Wort für das Spielen auf dem Dudelsack oder kann auch einfach nur «tuten, auf einem Instrument herumspielen» bedeuten. Aber es hängt auch mit «Du» zusammen, und in den Liedern wird mit diesem Du Gott angeredet, der überall gesehen wird: Wohin auch immer die Sänger blicken, es ist immer *du-du-du.*[78]

Ein Lied ohne Worte ist vielleicht das beste Bild für die verborgenen, geheimnisvollen Harmonien; doch in einer Religion, deren esoterische Schulen sich stets so sehr für die Sprache interessiert haben – das Hebräische wird tatsächlich als die eigentliche Sprache Gottes angesehen –, kann es nicht überraschen, daß dem Wort ein entsprechend hoher Rang zugebilligt wird. Hier sollten wir zwischen der Mystik des einzelnen und dem Werk der kollektiven Erlösung unterscheiden. Zum Mystiker gehören die wortlosen, zeitlosen, schweifenden Melodien, deren Flügel die Seele in höhere Bereiche tragen, bis hin zur momentanen Vereinigung mit dem ewigen Du. Jeder chassidische Jude hat aber außerdem – wie der Bodhisattva des Buddhismus – die Aufgabe, das Universum zu erlösen: Er soll nicht nur seinem eigenen Seelenfunken die Rückkehr zum Ursprung ermöglichen, sondern auch den anderen unzähligen Lichtfunken, die in der manifestierten Welt gefangen sind. Im Leben der Chassidim geschieht das ständig, indem jeder Gedanke, jedes Wort, jede Handlung – einfach alles ganz bewußt vollzogen wird. In einem tiefgründigen Text, der schon 1908 verfaßt wurde, erklärt Martin Buber etwas von diesem übernatürlichen Vorgang.

Die Sprache war für die jüdische Mystik von je ein geheimnisvoller und schauererweckender Gegenstand. Eine eigentümliche Theorie der Buchstaben als der Weltelemente liegt vor, die von ihren Vermischungen als von dem Innern der Wirklichkeit handelt. Das Wort ist ein Abgrund, durch den der Redende schreitet. «Man soll die Worte sprechen, als seien die Himmel geöffnet in ihnen. Und als wäre es nicht so, daß du das Wort in deinen Mund nimmst, sondern als gingest du in das Wort ein.» Wer des heimlichen Liedes kundig ist, das das Innen ins Außen trägt, des heiligen Reigens, der einsame spröde Worte zum Gesang der Fernen verschmilzt, der wird der Gottesmacht voll, «und es ist, als schüfe er Himmel und Erde und alle Welten von neuem». Er findet sein Reich nicht vor wie der Seelenbefreier, er spannt es aus vom Firmament zu den schweigenden Tiefen. Aber auch er wirkt an der Erlösung. «Denn in jedem Zeichen sind die Drei: Welt, Seele und Gottheit. Sie steigen auf und verbinden sich und vereinen sich miteinander, und danach vereinen sich die Zeichen und es wird das Wort, und die Worte einen sich in Gott in wahrhafter Einung, da ein Mensch seine Seele in sie eingefaßt hat, und alle Welten einen sich und steigen auf, und die große Wonne wird geboren.» So bereitet der Wirkende die letzte All-Einung vor.[79]

Aber möglicherweise sind die Musik Gottes und seine Worte gar nicht voneinander getrennt. Abraham Abulafia (13. Jahrhundert) vergleicht die intellektuelle Übung des Kabbalisten, der mit seinen Kombinationen von Buchstaben arbeitet, mit der der musikalischen Komposition, die einen ähnlichen Einfluß auf die Seele hat. Von Amnon Shiloah stammt die Erklärung dazu, daß «die Kombinationen der Buchstaben genau wie die musikalische Harmonie in der Seele Freude schaffen, weil Geheimnisse enthüllt werden, die in diesen Kombinationen verborgen sind».[80]

In der öffentlichen Andacht des Islam hat die Musik außer in den einfachen Koran-Rezitationen keinen Platz. Wie zum Ausgleich haben die moslemischen esoterischen Orden – die Sufis – die Musik zu einem der wichtigsten Bestandteile ihrer religiösen

Praxis gemacht. Der gängige Ausdruck dafür heißt *Samāʿ*, «Anhören», und betont das Passive dieses musikalischen Weges: Während die Chassidim vom eigenen Gesang getragen werden, geht es bei den Sufis eher um konzentriertes Zuhören und um den Pfad ins Innere. Vielleicht spiegelt sich hier der Gegensatz zwischen der jüdischen Mystik, die die Erde umarmt, und der orientalischen, die auf ihrem Flug die Erde verläßt. Zunächst bezeichnet *Samāʿ* lediglich das Anhören des Korans, aus dem gelesen oder gesungen wurde. Fromme Zuhörer gerieten bei bestimmten Stellen in Ekstase: Manche verloren das Bewußtsein, und einige starben sogar, wenn wir den vielen Berichten darüber Glauben schenken wollen. Andere wiederum stöhnten, bewegten sich, fuchtelten mit den Armen, erhoben sich und begannen zu tanzen. Aus diesen spontanen Anfängen entwickelte sich ein institutionalisierter *Samāʿ*, in dem das Verhalten genau geregelt war. Die Ekstasen wurden nun nicht mehr nur von den kanonischen Texten ausgelöst, sondern auch von Andachtsliedern und instrumentalen Stücken.

Eine dieser Entwicklungen ist weithin bekannt: die «Tanzenden Derwische» des Nahen Ostens. Strenggenommen gehören sie dem Mevlevī-Orden an, der vom persischen Dichter Rūmī (1207–1273) im türkischen Konya gegründet wurde. Noch heute pflegt der Orden einen *Samāʿ*, in dem zur Musik der *Ney* oder Rohrflöte wirbelnde Tänze aufgeführt werden. Die Männer tragen hohe Filzhüte, wie Kegelstümpfe geformt, und weiße Gewänder mit weiten Röcken, die beim Drehen hochgewirbelt werden. Es heißt, ihre Hüte hätten denselben Neigungswinkel wie die Erdachse, und ihr Tanzen soll die Bewegungen der Planetensphären symbolisieren, die in vollkommener Ordnung und Liebe für ihren Herrn kreisen. Rūmī erklärt in einer seiner Dichtungen den Sinn dieser Andacht:

Wir alle waren Teile von Adam, wir haben
  jene Melodien im Paradies gehört.
Wenn auch das Wasser und die Erde unserer Körper
  Ursache sind, daß Zweifel uns befiel,
  etwas von jenen Melodien kehrt zurück
  in das Gedächtnis.

(*Mathnawī*, IV, 736–7)

Nicht alle Sufis waren in ihrem *Samāʿ* so diszipliniert und elegant wie die Mevlevī. In Texten aus dem elften Jahrhundert gibt es Anweisungen, was zu geschehen hat, wenn ein Zuhörer oder Tänzer sich die Kleider vom Leib zu reißen beginnt, was der tun soll, der Stücke der zerrissenen Kleidung auffängt usw. Wenn sie von jemandem in einem hohen spirituellen Zustand stammen, können sie zu Reliquien werden. Es gab aber offenbar auch Mißstände, vor allem im Zusammenhang mit reizvollen Zuschauerinnen (teilgenommen haben sie anscheinend nie) und reizvollen Knaben, die sich nach und nach entkleideten. So finden wir – wie in christlichen und jüdischen Texten des Mittelalters – lange und öde Auseinandersetzungen über das Für und Wider von Musik in der religiösen Andacht. Beide Seiten zitieren unermüdlich die wenigen einschlägigen Koranstellen und die zahlreichen *Ḥadīth* oder Traditionen, in denen aus jedem Gähnen oder Lächeln des Propheten eine absolute Grundregel abgeleitet wird. Für die Sufis war das ein Kampf auf Leben und Tod gegen einen zentralisierten, fundamentalistischen und exoterischen Islam, der sich auch heute wieder bedrohlich bemerkbar macht. Wenn wir die Frage wieder aufgreifen, ob das Wort oder die Musik Gott näherkommt, läßt sich zugunsten der Musik wenigstens sagen, daß sich Töne nicht verdrehen oder deuten lassen, wie Worte, um dann einen Mitmenschen mit göttlicher Autorität zu verurteilen.

Was erlebt nun der Sufi während des *Samāʿ*? Ich greife auf die Berichte zweier Philosophen zurück, der Brüder al-Ghasālī: Abū Ḥāmid (1058–1111) und Majd al-Dīn (gest. 1126), die beide Abhandlungen über Musik und Tanz der Sufis verfaßten. Beide stimmen darin überein, daß der *Samāʿ* zu Zuständen führt, die sonst nur schwer zu erreichen sind. Vor allem weckt er die Liebe zu Gott, die Sehnsucht nach ihm – wie Liebeslieder im gewöhnlichen Menschen sexuelles Verlangen erregen –, und die aufrichtige Hingabe führt zur Reinigung des Herzens. Darauf folgen Visionen und Offenbarungen, die alle anderen Ziele nichtig erscheinen lassen:[81] hunderttausend Zustände in einer Welt der Lichter und Geister, die selbst durch die vollkommenste Erfüllung religiöser Pflichten nicht zu entdecken ist.[82] Diese Zustände lassen sich mit Worten gar nicht beschreiben, und wer sie nicht selbst erfahren hat, kann sie sich nicht vorstellen. Eine Parallele finden wir in den beiden Formen der Musik, der Vokal- und der Instrumentalmusik. In der ersten sagt uns das Gedicht, was wir fühlen sollen – Furcht, Kummer, Freude –, und wir können unsere Gefühle in Worte kleiden. Doch die Instrumentalmusik löst in uns Gefühle aus, die nicht weniger intensiv sind, die wir aber nicht beschreiben können, dazu Sehnsüchte, die selbst ein einfacher Mensch stark empfindet, ohne zu wissen, wonach er sich sehnt.[83]

Suhrawardī, der uns schon die Ontologie der Sphären erklärte, findet doch Worte für das, was sich nicht beschreiben läßt.

Die übersinnlichen Wirklichkeiten, die sich Propheten, Eingeweihten und anderen zeigen, erscheinen ihnen manchmal in Gestalt von Schriftzügen, dann wieder als Stimme, die sanft und lieblich gehört wird, die aber auch Angst einjagen kann. Manchmal erblicken diese Menschen extrem schöne menschliche Gestalten, die mit herrlichsten Worten zu ihnen sprechen und sich vertraulich mit ihnen über die unsichtbare Welt unterhalten. Ein anderes Mal erscheinen ihnen die Gestalten wie jene zarten Figuren, die der edelsten Kunst der Maler entstammen. Gelegentlich sehen sie aus, als befänden sie sich in einer Art Einfassung, dann wieder erscheinen die Gestalten und Figuren wie schwebend.[84]

Wie Suhrawardīs Schriften zu entnehmen ist, waren seine eigenen Erfahrungen der anderen Welt vor allem visueller Natur, das heißt, er nahm sie mit dem inneren Auge wahr. Er läßt aber die Musik, die das innere Ohr hört, nicht unberücksichtigt und sagt: «So sind auch Klänge und Melodien in den himmlischen Sphären vorstellbar, die weder von der Luft noch von Schwingungserregungen abhängig sind. Man kann sich kaum entzückendere Melodien als jene dort denken...»[85]

Während des *Samāʿ*, sagt er auch, «beraubt die Seele das Ohr seiner Hörfähigkeit und lauscht direkt»,[86] wobei das so Gehörte nicht mehr die geringste Ähnlichkeit mit der Musik hat, die da gespielt wird.

Olivier Messiaen spricht in der oben zitierten Rede davon, daß die religiöse Musik im weitesten Sinne über dem liturgischen Choralgesang steht, daß es darüber aber noch eine dritte Form der Musik gibt, die er als farbig bezeichnet. Offenbar handelt es sich hier mehr um eine Gabe des Zuhörers als des Komponisten, da farbige Musik mit Synästhesie zu tun hat, mit der Fähigkeit, Klänge als Farben und Farben als Klänge wahrzunehmen oder vielleicht beide als etwas, das keinem der beiden Sinne zuzuordnen ist. Er beschreibt die Wirkung als ein *éblouissement*, ein «Blenden» oder «Schwindlig-Werden»: Wenn wir auf ein buntes Glasfenster starren, «verstehen wir nicht, wir sind *éblouis*». Diese Erfahrung bringt uns nach Messiaens Worten in Berührung mit einer anderen Wirklichkeit; sie zeigt uns, daß Gott jenseits der Worte, Gedanken und Begriffe ist. Vor allem bereitet uns, wie er sagt, diese Erfahrung auf das zukünftige Leben im Auferstehungsleib vor, wenn wir Gott erkennen werden. In seinen Schlußworten drückt Messiaen das so aus:

> Diese Erkenntnis wird ein immerwährendes *éblouissement* sein, eine ewige Musik der Farben, eine ewige Farbe der Musik.

«In Deiner Musik werden wir Musik SEHEN».
«In Deinem Licht werden wir Licht HÖREN».[87]

Rūmī projiziert die Erfahrung in das vergangene Paradies, Messiaen in die zukünftige himmlische Stadt, und Suhrawardī kennt sie in der Gegenwart. Aber da sie jenseits der Begrenzung durch die Zeit ist, sprechen alle drei von derselben Erkenntnis, wobei die Unterschiede vielleicht nur im Grad der Intensität bestehen.

Wenn wir uns weiter nach Osten wenden, sehen wir, daß die Musik in Indien nicht nur zur Erreichung höherer Zustände eingesetzt wird, sondern in eine umfassende Wissenschaft des Klanges eingebettet ist, die im Yoga praktisch angewandt wird. Wir müssen hier unbedingt zwischen Mantra-Yoga und Shabda-Yoga unterscheiden.

Der Mantra-Yoga setzt in den Brennpunkt der Konzentration

ein Mantra: Silben, Worte oder Sätze, die der Übende laut spricht oder intoniert, die aber auch die innere Stimme sprechen kann. Die verwendeten Klänge (z. B. OM MANI PADME HUM) tragen stets symbolische Bedeutung, doch ob die Übung auf dem Wissen um diesen Sinn basiert, ob sie das Mantra mit einer bildlichen Vorstellung verknüpft oder sich nur auf den Klang konzentriert, hängt von den unterschiedlichen Schulen und den einzelnen Übenden ab. Das gilt auch für die Häufigkeit der Wiederholungen und die Frage, wie große kosmische oder magische Bedeutung dem Mantra ganz allgemein zuerkannt wird. Grundsätzlich geht es um folgendes: Wenn wir in der Meditation versuchen, dem Denken Einhalt zu gebieten, stoßen wir auf zwei große Hindernisse: das innere Ohr und das innere Auge. Das eine hört ständig einen fortlaufenden Kommentar, das andere sieht einen endlosen Film ablaufen. Für die meisten Übenden läßt sich das nicht so einfach abstellen, wie man einen Fernseher ausschaltet. Deshalb versucht man «Kommentar» und «Film» zu ersetzen: Der innere Dialog weicht dem Mantra, und die bewußte Visualisierung läßt die vorbeihuschenden Bilder verschwinden. Eine Möglichkeit besteht darin, sich das Mantra in seiner geschriebenen Form ständig vor Augen zu halten, während man es gleichzeitig hört, zum Beispiel eine lebhaft bunte OM-Silbe, mit lateinischen Buchstaben oder in Sanskrit geschrieben.

So ist schließlich ein Zustand innerer Stille erreichbar, in dem das eigentliche Werk der Meditation beginnen kann. Ich sage das ganz bewußt, weil viele Menschen glauben, Meditation sei einfach das Wiederholen eines Mantras, um einen Zustand der Entspannung herbeizuführen. Ungeachtet der therapeutischen Wirkungen hat das mit dem eigentlichen Yoga nur wenig zu tun. Das Mantra ist nur eine Hilfe auf dem Weg: ein Stock, der stützt und bei der Abwehr der Gedanken hilft, der aber irgendwann nicht mehr gebraucht wird. Aus dem gleichen Grund bestehen einige Sufis darauf, die äußere Musik und das Ritual des *Samā* rasch aufzugeben, weil das Ziel darin liegt, die Zustände willentlich erreichen zu können und sie schließlich ununterbrochen aufrechtzuerhalten, damit man «von jedem Objekt des Universums hört».[88]

Im Shabda-Yoga liegt nicht gleich ein Werkzeug bereit: Man

versucht den inneren Klang zu entdecken, um sich so mit dem alles durchdringenden Klangstrom zu identifizieren. Das innere Ohr wird ihn zunächst in mannigfaltigen Formen wahrnehmen: als Getöse wie von Glocken und anderen Instrumenten, von Tier- und Menschenstimmen, von Wasser und Donner. Manchmal treten die Geräusche in einer geordneten Reihenfolge auf und können mit den einzelnen Energiezentren des Körpers in Verbindung gebracht werden, aus denen sie im Verlauf des Übens aufzusteigen scheinen. Manche Klänge sind nicht von dieser Welt und von Zuständen begleitet, die sich jeder Beschreibung entziehen. Andere stehen für das Wirken gewaltiger kosmischer Kräfte, in denen sich das kleine Ich auflöst. Die Shabda-Yogis erkunden eindeutig die gleichen Welten oder Zustände wie die jüdischen und islamischen Mystiker, nur führt ihr Weg in ganz bestimmter Weise über das Hören.

Die irdische Musik läßt uns ein schwaches Echo jener süßen Modulationen hören, die die Ohren gewöhnlicher Sterblicher nicht zu fassen vermögen, und sie weckt die erhebende Erinnerung an das in einem früheren Leben Gehörte. Sie läutert die Seelen und löst eine leidenschaftliche Liebe zum Göttlichen aus. Sie reißt die Hörenden von der Erde los, so daß sie Essen und Trinken vergessen, und lenkt ihr Verlangen zu den sternhellen Himmeln, die die Menschen erreichen, wenn sie ihre irdische Hülle abgelegt haben. Von allen Instrumenten ist die siebensaitige Leier das geeignetste, den Menschen das ewige Konzert der großen kosmischen Symphonie wieder ins Gedächtnis zu rufen. Wer die Kunst der Musik pflegt, bereitet sich einen Weg durch die Himmel zur Stätte der Seligen, genauso wie es die mächtigsten Genies tun. Und der Chor der göttlichen Sänger ermuntert die Seele, die sich zum Aufstieg erhebt, genauer gesagt, es grüßt jeder einzelne Sänger diese Seele auf ihrem Weg, aufsteigend von einem Himmel in den nächsten... Macrobius sagt, «die Gesetze vieler Völker und Länder bestimmen, daß die Toten mit Gesang zu ihrer Beisetzung begleitet werden sollen: Der Brauch beruht auf dem Glauben, daß die Seelen, wenn sie den Körper verlassen haben, zum Ursprung des Zaubers der Musik – also in den Himmel – zurückkehren.»[89]

So stellt der Altphilologe Franz Cumont (1868–1947) die Lehren dar, die diesem Kapitel zugrunde liegen, und führt uns hinauf in das Reich der Engel. Noch 1747 bemühte sich Johann Mattheson um den Beweis, daß es im Himmel Musik geben müsse, daß sie schon vor der Erschaffung des Menschen bestanden habe und in alle Ewigkeit bestehen werde. Mattheson war in ganz Europa für seine Schriften zur Musik bekannt. Nachdem er taub geworden war, wandte er sich – wie andere auch – von der hörbaren zur intelligiblen Musik. Er zog über die gängigen Philosophien seiner Zeit her und beklagte den Mißbrauch von Positivismus (*Demonstrier-Sucht*) und Mathematik, besonders bei überirdischen Dingen. Wie kann man, heißt es bei ihm, den Heiligen Geist auf «syllogistische Wage-Schalen» legen?[90] Bei einer solchen Geisteshaltung werde die Musik der Engel als bloße Allegorie abgetan, und ihre Kritiker hielten naiverweise das Thema für erledigt aufgrund des Beweises, daß es eine Musik wie die unsere im Himmel nicht geben könne. Das stimme freilich, da die himmlische Musik der unseren unvorstellbar überlegen sein könne und müsse.[91] Die Christen, so Mattheson, können ja an noch viel unbegreiflichere Dinge glauben![92] Warum sollte es im Himmel keine Luft, keine Ohren, kein Tanzen, keine Trompeten und Posaunen geben? Gott spricht in der Offenbarung 21, 5: «Siehe, ich mache ALLES neu.»[93] – So verteidigt Mattheson die imaginale Welt, «die von den Engeln und den menschlichen Auserwählten bevölkert ist»[94] und die archetypischen Bilder aller Dinge in der Sinneswelt enthält – einschließlich der Musik. Diese Verteidigung ist heute fast notwendiger als damals.

Visionen, in denen himmlische Musik eine Rolle spielt, waren vor allem im Mittelalter sehr verbreitet, als die Liturgie die einfachen Menschen zu erreichen suchte und diese ermutigte, Gottesdienste nicht nur «herunterzubeten», sondern persönlich zu erleben.[95] Folglich haben mystische Visionen oft einen liturgischen Charakter, das heißt, die himmlischen Wesen werden vom inneren Auge und Ohr so wahrgenommen, als würde ein kirchlicher Gottesdienst sozusagen in archetypischer Gestalt gefeiert. Wir sind dem schon in der keltischen Mythologie begegnet, in den Vögeln, die die kanonischen Stundengebete singen.

Die Visionen der heiligen Hildegard von Bingen unter dem Titel *Scivias* (etwa 1143–50 verfaßt) schließen wie folgt:

> Darauf sah ich eine von Licht durchstrahlte Luft. Aus ihr ertönten mir ... auf wunderbare Weise mannigfaltige Klänge entgegen. Es waren Lobgesänge auf diejenigen, die in des Himmels Freuden wohnen ... Und jener Schall, der wie die Stimme einer großen Menge in harmonischer Einheit das Lob der Himmelsbewohner kündete, erklang also ...[96]

Hildegards Vision ist die erstmals bei Johannes (Offenbarung 19, 6) beschriebene Apokalypse, wobei «eine große Schar, die kein Mensch zählen kann» Gott lobt. Andere hatten schlichtere Visionen wie diese: Christus und Maria ziehen an der Spitze der Prozession in eine Kirche ein; dort zelebriert Christus dann die Messe und fordert die Versammelten im rechten Moment auf, das *Sanctus* zu singen.[97] Viel früher, in der Mitte des neunten Jahrhunderts, berichtet Aurelian von Réôme, wie die himmlische Musik tatsächlich zur Verbesserung der irdischen Liturgie beigetragen habe.

> Ein Mönch des Klosters vom heiligen Viktor in der Nähe der Stadt der Cinnamanni gelangte durch die Kraft des Gebets zur Basilika des Erzengels Michael auf dem Gargano. Während der Nachtwache vor der Eingangshalle der Kirche hörte er von einem Engelchor das Responsorium, das vor der Geburt eines der Apostel gesungen wird ... Als er nach Rom kam, wiederholte er es vor den Priestern der Römischen Kirche und ließ eine Aufzeichnung zurück, wie er es gehört hatte. Die Priester änderten einen Vers, und so wird es jetzt nicht nur von ihnen, sondern von der gesamten Kirche gesungen.[98]

Noch wichtiger als diese Berichte von Augenzeugen (oder Ohrenzeugen) sind die Erlebnisse der Mystiker, die wirklich an einer höheren Musik teilnahmen. Unter ihnen ragt das bemerkenswerte Zeugnis des aus Yorkshire stammenden Mystikers Richard Rolle von Hampole (gest. 1349) heraus. Er beschreibt, wie sich sein Zustand der inneren Hitze (*calor*) in einen anderen verwandelte, in dem sein ganzes Wesen wie von einem inneren Gesang (*canor*) durchdrungen war. Im Gegensatz zu den oben erwähnten jüdischen und islamischen Gruppen erschien Rolle die irdische Musik alles andere als hilfreich, mystische Erfahrungen zu stimulieren, und er fand seinen Zustand unerträglich. Irdischen Ohren müsse sein «süßer Geistergesang» wohl mißtönend und unpassend zu den Liedern und der Orgelmusik in der Kirche klingen, sagt er. «Doch zu den Tönen der Engel paßt die Melodie gut, und wer sie kennt, nennt sie ein Wunder.»[99]

Ein deutscher Zeitgenosse Rolles, der selige Heinrich Seuse (um 1295–1366), sah nicht nur die Engel Fiedeln und Harfen spielen wie auf den Malereien des vierzehnten Jahrhunderts;[100] er gesellte sich zu ihren Reigen, wie sie Dante kurz zuvor in seinem *Paradiso* beschrieben hatte.[101] Seuse, ein Schüler Meister Eckharts, lebte als Mönch und Wanderprediger. In seiner Lebensbeschreibung tritt er uns als schwärmerische Seele entgegen, die wunderbare Visionen und seltsame Erscheinungen hat, aber auch grausamen asketischen Übungen frönt. Eine Phase seiner Entwicklung als Mystiker ist so interessant, daß ein ausführliches Zitat gestattet sei:

Da geschah es am Vorabend zum Engelsfeste, daß er in einer Erscheinung den Gesang der Engel und lieblichen himmlischen Klang vernahm. Davon ward ihm so wohl zumute, daß er alle Schmerzen darüber vergaß; ein Engel aber sagte: «So wie du gern von uns das Lied der Ewigkeit vernimmst, so wir gern von dir den Gesang von der ewigen Weisheit.» Und fuhr also fort: «Das ist die Weise, welche die Auserwählten am Jüngsten Tage voll Freude singen werden, nun sie gewiß sind, daß sie immerwährender, ewiger Freude teilhaftig sein werden.»
Er hatte darauf am Festtage der Engel selbst viele Stunden mit der gleichen Betrachtung ihrer (himmlischen) Freuden verbracht; vor Tagesanbruch trat ein Jüngling zu ihm, der sich wie ein himmlischer, gottgesandter Spielmann verhielt; mit ihm kamen, ich weiß nicht wieviel, stattliche junge Leute, die sich ganz wie der erste benahmen, außer daß jener den anderen ein gewisses Ansehen voraushatte, als ob er ein Engels-

fürst sei. Der kam ganz wohlgesinnt auf ihn zu und bedeutete ihm, sie seien von Gott zu ihm gesandt, um ihm in seinem Lied Freude zu bereiten; er solle, sagte er, seiner Leiden vergessen, sich zu ihnen gesellen und an ihrem himmlischen Reigen teilnehmen. Sie zogen den Diener bei der Hand zum Tanze, und der Jüngling fing an, ein frohes Lied zu singen von Jesus, dem Kindlein, das mit den Worten beginnt: «In dulci jubilo...» Als der Diener den geliebten Namen Jesu so lieblich erklingen hörte, da ward ihm so recht wohl um Herz und Sinn, daß ihm war, er habe nie zu leiden gehabt. Er sah voll Freude, wie sie den Reigen kühn und freudvoll sprangen. Der Vorsänger wußte alles gut einzurichten: Er sang vor und die übrigen nach; und sie sangen und tanzten mit freudig bewegtem Herzen. Der Jüngling wiederholte den Kehrreim wohl dreimal: «Ergo merito...» Dies Tanzen war nicht von dieser Welt: Es war wie ein himmlisches Ausströmen und ein Rückfluß in den unbekannten Abgrund göttlicher Verborgenheit.[102]

Alle überlieferten Religionen, die von Engeln sprechen, statten diese mit musikalischen Symbolen aus. Da einer Abbildung nicht anzusehen ist, ob jemand singt, werden die Engel gewöhnlich mit Instrumenten in den Händen dargestellt. In persischen Handschriften mit Bildern von himmlischen Höfen sind solche Engel zu sehen. An den figurengeschmückten indischen Tempeln tauchen sie als verführerische Gandharvas auf, über die im *Mahābhārata* viel berichtet wird. Auf einigen *Thankas* des Mahāyāna-Buddhismus ist die zentrale Gestalt von Engeln umgeben, und bei gewissen tantrischen Meditationen wird empfohlen, sich bildlich vorzustellen, wie schöne *Dākinīs* mit Singen, Tanzen und Spielen dem Guru aufwarten. Erinnert sei auch an die musizierenden Engel, die Skulpturen und Schnitzwerk, Glasfenster in zahllosen europäischen Kirchen, Malereien der Handschriften und Altarbilder zieren. Schließlich weiß die kabbalistische Überlieferung im Judentum von einem Lied zu berichten, das die Engel anstimmen, wenn Israel sein menschliches Loblied singt, so daß die beiden zusammen erklingen.[103]

Die Kabbalistik zeigt eine interessante Entwicklung des Gedankens, dem wir schon bei Rolle und Seuse begegnet sind: daß die Engel auf menschlichen Gesang reagieren. Offenbar ist es für die Engel ebenso nützlich, uns zu hören, wie für uns, wenn wir das Glück haben, sie zu hören. In einem Passus aus dem *Sohar* (im 13. Jahrhundert zusammengestellt) wird Rabbi Eleasar zitiert.

> Ebenso ist bekannt und glaubhaft, daß jene Engel, die des Nachts singen, die Leiter aller anderen Sänger sind; und wenn wir lebendigen, weltlichen Geschöpfen hier auf der Erde unsere Herzen im Gesang erheben, gewinnen jene überirdischen Wesen einen Zugang zu Erkenntnis, Weisheit und Verstehen, so daß sie Dinge gewahren, die sie noch nie zuvor erfaßt haben.[104]

An einer anderen Stelle lauschen «der Höchste und alle Gerechten im Garten» der Stimme des Frommen.[105] Das menschliche Dasein (das nicht auf die Menschen beschränkt ist, die auf diesem Planeten leben) steht nämlich, verglichen mit allen anderen Wesen, in der Mitte. In der Kabbalistik drückt sich das in Israels Aufgabe, der allumfassenden Erlösung aus. Der Buddhismus formuliert die Grundannahme anders: Er betrachtet das menschliche Dasein als einziges, aus dem heraus ein Wesen die Befreiung aus dem Kreislauf von Tod und Wiedergeburt erlangen kann, um dann das Erlösungswerk eines Bodhisattvas auf sich zu nehmen. Auch das Christentum kennt den Gedanken in der Gestalt des Logos, der sich nicht als Engel, sondern als Mensch inkarniert; und in der esoterischen Grallehre gibt es das Karfreitagsmysterium, durch das die gesamte Natur erlöst wird. Im Islam befiehlt Allah den Engeln, sich vor dem eben geschaffenen Adam niederzuwerfen, und Mohammed spricht: «Ich habe eine Zeit mit Gott; in der genügt mir kein Engel, der in die Nähe von Gottes Gegenwart gebracht wird, und auch kein Propeht, der ausgesandt wird.»[106]

Der Mensch ist ein Symbol des bestehenden Universums: ein Mikrokosmos, der potentiell alle Seinszustände umfaßt, selbst jene, die «über» oder «vor» dem Sein sind.[107] Das menschliche Wesen ist der potentielle Ort für ein Erkennen Allahs, auf keine Vermittlung angewiesen, auch nicht durch den erhabensten Erzengel. Für den Metaphysiker René Guénon (1886–1951)[108] existieren die himmlischen Hierarchien wahrscheinlich als Seinszustände, die von Wesenheiten je nach ihrem Rang eingenommen werden, es besteht aber nach seinen Worten kein Grund, sich mit ihnen oder auch mit den unter-menschlichen Seinszuständen, von denen wir überall umgeben sind, besonders zu befassen. Keiner dieser Zustände ist demnach in irgendeiner Weise absolut oder endgültig; wenn wir die Befreiung erlangen wollen, müssen wir über sie alle hinausgehen.

Im Mittelalter und in der Renaissance galten diese Zustände insgesamt als geordnete Hierarchie, eine «große Kette des Seins», die von der Erde in den Himmel reicht. Unten befinden sich nach dieser Vorstellung die Mineralien und Gesteine, das Pflanzen- und Tierreich; darauf folgen die Elementarwesen, deren höchste die geistigen Wesen der Planetensphären berühren. Über diesen sind die geistigen Wesen der Fixsterne, gefolgt von den Engeln mit ihrer neunfachen Hierarchie. Am unteren Ende der Engelshierarchie befinden sich die Wesen, die mit der Beschaffenheit und Lenkung der materiellen Welt befaßt sind. In der Geschichte des Er zeigt Platon sie uns als Notwendigkeit, die die Spindel des Kosmos auf dem Schoß hält, und deren drei Töchter, die Moiren oder Schicksalsgöttinnen, die die Kreise des Universums drehen und von Vergangenheit, Gegenwart und Zukunft singen.[109] Indem Notwendigkeit die Weltachse hält, schafft sie den Raum, denn die Achse ist eine Linie und somit die erste Entfaltung des ursprünglichen, dimensionslosen Punktes in eine geometrische Figur mit zwei Enden. Das ist die Geburt der Gegensätze, denen unsere Welt «notwendigerweise» unterworfen ist. Ihre Töchter Lachesis, Klotho und Atropos schaffen die Zeit in ihrem dreifachen Aspekt, spinnen damit die Lebensfäden der Sterblichen und schneiden sie ab. Der französische Romantiker François René de Chateaubriand (1768–1848) greift diese Szene in seinem frühen Roman *Les Natchez* auf, modifiziert sie aber für sein Thema, den Aufstieg zweier Heiliger, die der Heiligen Jungfrau eine Bitte vorlegen wollen:

Diese lebendige und unsterbliche goldene Achse sieht all die Welten, die sich mit rhythmischen Kreisen um sie drehen. In

gleichen Abständen thronen an dieser Achse drei ernste Gei-
ster: Der erste ist der Engel der Vergangenheit, der zweite der
Engel der Gegenwart, der dritte der Engel der Zukunft. Es sind
die drei Mächte, die die Zeit auf die Erde fallen lassen, denn die
Zeit dringt weder in den Himmel ein, noch steigt sie von ihm
nieder. Drei niedere Engel, den Fabelwesen der Sirenen an
Schönheit der Stimme ähnlich, sitzen zu Füßen der ersten drei
Engel und singen mit aller Kraft, während der Klang, den die
Drehung der goldenen Weltachse hervorbringt, ihre Hymnen
begleitet. Dieses Konzert schafft die dreifache Stimme der
Zeit, die von Vergangenheit, Gegenwart und Zukunft berichtet und die die Weisen manchmal auf der Erde gehört haben,
wenn sie in der Stille der Nacht ihr Ohr auf ein Grab preß-
ten.[110]

Chateaubriand hat die Doppelfunktion der Weltenschöpfer bei
Platon getrennt, also die Erschaffung und das Singen der Zeit,
vielleicht in der Meinung, daß Musik nur sein kann, wenn es
schon eine zeitliche Abfolge gibt. Andere Autoren zeigen, wie
wir in diesem Kapitel sehen werden, daß er sich irrte, daß es eine
geistige Musik gibt, die den Gesetzen der Zeit nicht unterworfen
ist. Hören wir jedoch weiter Chateaubriands Geschichte der beiden Heiligen, als sie, weit jenseits der Schicksalsgöttinnen, die
himmlischen Gefilde erreichen – geschildert im reinen Geist der
Frühromantik:

Die Gewässer, Bäume und Blumen jener unbekannten Gefilde
haben bis auf die Namen nichts mit unseren gemein; da ist der
Zauber des Grüns, der Einsamkeit, der Frische unserer Wälder, und doch ist er anders; er ist von einer Art, die nicht zu
fassen ist.
Die Musik verstummt nie an diesen Stätten: eine Musik, die
man überall vernimmt, die jedoch nirgends ist; manchmal ist
sie ein leises Rauschen wie von einer Äolsharfe, die der zarte
Atem Zephyrs in einer Frühlingsnacht liebkost; manchmal
glaubt das Ohr des Sterblichen, die Klage einer göttlichen
[Glas-]Harmonika zu hören, deren Schwingungen nichts Irdi-
sches an sich haben und mitten in der Luft zu schweben schei-

nen. Stimmen mit strahlender Tonfülle dringen plötzlich aus der Tiefe der himmlischen Wälder hervor, und wenn der Atem der Geistwesen sich auflöst, scheinen die Melodien ihr Leben ausgehaucht zu haben. Doch schon lebt fern eine Weise verschwommen wieder auf, und man erkennt vielleicht die samtigen Töne eines Horns, von einem Engel gespielt, oder die Hymne eines Seraphs, der die Herrlichkeit Gottes an den Ufern, am Fluß des Lebens besingt.

Nacktes Tageslicht wie das unsere bescheint nie diese Bereiche; auf die mystischen Gefilde sinkt lautlos eine sanfte Helligkeit herab, fast wie Schnee. Sie dringt in alles ein und läßt es im lieblichsten Licht weich erstrahlen, zeigt es dem Auge in vollkommener Schönheit. Der so zarte Äther wäre noch zu stofflich für diese Stätte; die Luft, die man atmet, ist die göttliche Liebe selbst: Luft wie eine Art sichtbarer Melodie, die all die weißen Weiten der Seele zugleich mit Glanz und Harmonie erfüllt.[111]

Chateaubriand will uns also über die Beschreibung von Bildern und Klängen einen Vorgeschmack auf den Himmel geben. Er spricht wie wir von einem «Aufstieg» in die Himmelssphären, die er unvorstellbar weit entfernt nennt, viel weiter als die fernsten Galaxien (die eine Flintenkugel, wie er meint, erst nach einer Million Jahren erreichen würde!). Aber – und das sollte nie vergessen werden – diese Sphären sind freilich auch hier in diesem Zimmer gegenwärtig, «näher als die Halsschlagader», wie es im Islam heißt.

Was Chateaubriand nach besten Kräften und mit dem ganzen Feuereifer der Jugend beschreibt (er war in den Zwanzigern und eben aus Amerika zurückgekehrt), ist eine irdische Landschaft, mit «himmlischen» Augen, im mystischen Zustand gesehen. Etwa zur gleichen Zeit verfaßte William Blake Beschreibungen, die alles andere als erfunden wirken, denn für ihn waren selbst die Straßen Londons so licht, daß er Engel darin sah.

Noch viele andere zeigen, daß man auf der Erde in einem Bewußtseinszustand leben kann, der dem der Engel gleicht, zum Beispiel die Theosophen aller Richtungen. Einige erklären, in jedem Menschen seien die Eigenschaften des «kosmischen Menschen» angelegt, so daß die drei uns vertrauten Bewußtseinszustände – das wache Tagbewußtsein, der traumerfüllte und der traumlose Schlaf – für Erfahrungen in den drei Welten stehen: der Welt der Elementargeister, des Planetarischen oder Astralen und der Engel. In einem Vortrag über die Musik beschreibt Rudolf Steiner prägnant die Verwandlung dieser Zustände, wenn ein hinlängliches Maß an spirituellem Bewußtsein erreicht ist oder eine Initiation stattgefunden hat.[112] Die astrale Welt erlebt der Betreffende laut Steiner als schimmerndes Licht- und Farbenspiel, ja sogar so, als sei er selbst Licht und Farbe; und wer durch die große Ruhe, die große Stille, hindurchgegangen ist, tritt nach dieser Theorie ein in die Welt der Engel, die Devachanwelt (*deva* – im Sanskrit Himmelswesen oder Götter). Diese kündigt sich selbst mit einem Ton an und wird von Eingeweihten vor allem als eine Welt der Töne erlebt, auch wenn das Astrale sie noch durchleuchtet. Chateaubriand hat aufgrund einer offenbar ähnlichen Intuition beschrieben, wie die überirdischen Farben und Formen seiner himmlischen Gefilde von Engelstönen durchwirkt sind.

Pierre Teilhard de Chardin spielt wohl in seinem *Lobgesang des Alls* auf eine Erfahrung dieser Art an, einen Aufstieg durch das Astrale zum Devachanischen, auch wenn ihm diese Begriffe vermutlich fremd waren. Er kostet darin «die starke und ruhige Trunkenheit einer Schau..., deren Kohärenz und Harmonien zu erschöpfen mir nicht gelingt». Er fährt fort: «So beginnen ... die Kräfte meines Seins spontan nach einer unglaublich reichen, einzigen Note zu schwingen, in der ich, mühelos miteinander vereint, die entgegengesetztesten Bestrebungen unterscheide...»[113]

Während sich die antiken und modernen Theoretiker der Planetensphären abmühen, den Kosmos als musikalisch oder harmonisch geordnet zu zeigen, ist für alle, die die höchste Welt beschreiben, deren Harmonie eine Gewißheit, die keines Beweises bedarf. Für den Mystiker Dionysius Areopagita (sechstes Jahrhundert), der als erster über die Hierarchien der Engel schrieb, ist die gesamte Schöpfung Gottes von den Seraphim bis herab zu uns im Zustand der Harmonie.

Auf solche Art ist durch die überwesentliche Harmonie der in Schönheit gestalteten Weltschöpfung dafür vorgesorgt, daß jedes vernunftbegabte Wesen geistig emporgeführt werde, so wie es der heiligen festgefügten Musterordnung entspricht. Da in dieser Ordnung aber auch für jede einzelne Hierarchie die ihr heiliggemäße Stufe vorgesehen ist, begreifen wir, wie jede Hierarchie in eine erste, mittlere und letzte Offenbarungsmacht sich auseinanderentfalten muß. Aber auch jede einzelne dieser Ordnungen hat die Vorsehung wieder ... nach den Verhältnissen des göttlich harmonischen Maßes auseinandergegliedert. Daher sagen auch die Propheten, sogar die göttlichsten Seraphim hätten einer dem anderen zugerufen. Sie wollten uns damit andeuten – wie ich glaube –, daß die obersten Engel ihren nächsten von den Erkenntnissen des Gotteswissens etwas mitteilen.[114]

Der Gesang der Engel ist ihre Gnosis; anders ausgedrückt, was sie wissen, kann nicht gesprochen, sondern nur gesungen werden.

In unserer Zeit halten zwei Mythenschreiber diesen alten Glauben lebendig. In J. R. R. Tolkiens *Das Silmarillion* steht über dem ersten Kapitel «Die Musik der Ainur». Es beschreibt, wie «Eru, der Eine, der ... Ilúvatar heißt», die Ainur («die Heiligen, Sprößlinge seiner Gedanken») eine gewaltige Melodie lehrte. Ilúvatar sprach:

«Aus dem Thema, das ich euch gewiesen, machet nun in Harmonie gemeinsam eine Große Musik. Und weil ich euch mit der Unverlöschlichen Flamme angefacht habe, so zeiget eure Kräfte und führet mir dies Thema aus, ein jeder nach seiner Art und Kunst, wie's ihm beliebt. Ich aber will sitzen und lauschen und froh sein, daß durch euch solche Schönheit zum Liede erwacht.»
Da begannen die Stimmen der Ainur zu erschallen wie Harfen und Lauten, Flöten und Posaunen, Geigen und Orgeln, und sie machten aus Ilúvatars Thema eine große Musik; und ein Klang stieg auf von endlos ineinander spielenden Melodien, harmonisch verwoben, und verlor sich in die Höhen und Tie-

fen jenseits allen Gehörs, und die Räume, wo Ilúvatar wohnt, quollen über, und die Musik und ihr Echo hallten hinaus in die Leere, und sie war nicht mehr leer.[115]

Tolkiens Epos von Schöpfung und Sündenfall – das *Verlorene Paradies* unseres Jahrhunderts – schildert dann die Dissonanzen, die der Böse, Melkor, in die Harmonie trägt, und was daraus wird. Seine Kosmogonie stellt eine Musik in Aussicht: «Eine noch schönere solle vor Ilúvatar nach dem Ende aller Tage erklingen, von den Chören der Ainur und der Kinder Ilúvatars [der Menschheit]. Dann werden die Themen Ilúvatars rechtens gespielt werden...»[116]

Diese Neuschöpfung stellt C. S. Lewis in seinem Roman *The Magicians Nephew* dar, der von der Gründung des Märchenlands Narnia berichtet (offensichtlich das Reich von Hūrqalyā unter einem anderen Namen). Narnia entsteht aus dem Gesang des Löwen Aslan, der im ersten Band der «Chronicles of Narnia», *The Lion, the Witch and the Wardrobe*, von der Hexe getötet wird. Diese Erlöser- und Christusgestalt wird nun ganz im Sinn der Johannes-Theologie mit dem schöpferischen Logos oder Wort Gottes gleichgesetzt, durch das alles geschaffen wurde. Lewis beschreibt diesen Gesang:

Endlich geschah in der Dunkelheit etwas. Eine Stimme hatte zu singen begonnen. Sie war sehr weit entfernt, und Digory konnte kaum feststellen, aus welcher Richtung sie kam. Manchmal schien sie aus allen Richtungen gleichzeitig zu kommen. Manchmal meinte er beinahe, sie käme aus der Erde unter ihnen. Ihre tieferen Töne waren so unergründlich, daß sie die Stimme der Erde selbst sein konnten. Er hörte keine Worte, auch kaum eine Melodie. Aber es war das unvergleichlich schönste Geräusch, das er je gehört hatte. Es war so schön, daß er es fast nicht ertrug. ...

Dann geschahen im selben Augenblick zwei Wunder. Zum einen gesellten sich zu der Stimme noch andere, und zwar so viele, daß sie nicht zu zählen waren. Sie waren in Harmonie mit ihr, doch sehr viel höher: kühle, flirrende, silbrige Stimmen. Das zweite Wunder bestand darin, daß die Schwärze oben auf einmal voll funkelnder Sterne war. ... Bestimmt hätte jeder gemeint, es sind die Sterne selbst, die da singen, und daß es die Erste Stimme war, die tiefe, die sie erscheinen ließ und zum Singen brachte.[117]

Als die Morgensterne gemeinsam gesungen haben, formt Aslans Gesang die Hügel und Täler, läßt darauf die Reiche der Pflanzen, Tiere und Elementargeister entstehen. Schließlich verwandelt sich sein Gesang in Rede, während er gewisse Geschöpfe zu «sprechenden Tieren» macht und ihnen Vernunft und die Freiheit zu sündigen verleiht.

In einer Zeit, die nicht mehr an die schöpferische Kraft des Klanges, an einen musikalischen Kosmos glaubt, müssen solche Vorstellungen durch die Hintertür der phantastischen Literatur ins kollektive Bewußtsein dringen. Scheinbar für Kinder geschrieben, «für Kinder jeden Alters», wie es in Besprechungen gern heißt, handelt es sich um ein wichtiges Genre in einer Zivilisation, einer Zeit, die mehr als jede andere den kindlichen, für diese ewigen Wahrheiten empfänglichen Zustand wiederentdekken muß.

Zweiter Teil:

DAS GROSSE WERK

3. DIE ALCHEMIE DER MUSIK

Zweifellos ist es wundervoll, die geheimnisvollen, verborgenen Harmonien, die Sphärenmusik, den Gesang der Engel gehört zu haben, doch wir, deren Ohren noch an die Erde gekettet sind, möchten diese Musik gern selbst hören, so gut es eben geht, und da helfen uns keine Mystiker und Theoretiker, sondern Komponisten und Musizierende.

Aus den beiden ersten Kapiteln sollte die Rolle der Komponisten und Aufführungskünstler deutlich geworden sein: Sie sind die Alchemisten, die zur Umwandlung der Erde beitragen, indem sie die Materie und die irdischen Seelen durch die Echos der himmlischen Musik zum Mitschwingen bringen. Dadurch werden die irdischen Echos wiederum im Himmel hörbar, und so wird die Kluft zwischen beiden um eine Haaresbreite schmaler. Das vollbringt das große Werk der musikalischen Alchemie, die – wie die eigentliche Alchemie – die Erlösung der gesamten Natur und die erneute Vereinigung des Menschen mit seinem höheren Selbst zum Ziel hat.

Der wahre Komponist kann sich wie der Alchemist bei dieser großen Aufgabe seinen Beruf nicht aussuchen: Er wird berufen und kann sich der Aufforderung nicht widersetzen. Zu den Zeichen einer solchen Berufung gehören zwei Gaben: handwerkliches Können und Gedächtnis. Nicht ohne Grund wurde Mnemosyne, die Göttin des Gedächtnisses, die Mutter der neun Musen genannt. Rudolf Steiner hat genau erklärt, woran sich dieses Gedächtnis erinnert. Im vorigen Kapitel erwähnte ich seine Worte zum Tiefschlaf, zu den Erfahrungen in der Astral- und Devachanwelt, die jeder nachts besucht, außerdem die Tatsache, daß die Eingeweihten diese «Ausflüge» bewußt erleben, während der großen Mehrheit nicht bewußt ist, wo sie war. Es gibt eine Stufe zwischen dem bewußten und dem unbewußten Erleben, und zwar die Erfahrung des inspirierten schöpferischen Künstlers: Er hat vielleicht keine bewußte Erinnerung, wo er sich aufgehalten hat, kann aber trotzdem etwas von dem dort Gesehenen oder Gehörten wiedergeben. In dem Vortrag von 1906 spricht Steiner von der Fähigkeit bestimmter Maler, Farb-Töne und Harmonien hervorzubringen, die «weit über die Wirklichkeit der Farben in der physischen Welt» hinausgehen (er führt vor allem Leonardo da Vinci an), und er fragt: «Wo hat er diese Töne, diese schimmernden Farben gesehen, wo sie erlebt? Das sind die Nachwirkungen der astralen Erlebnisse seiner Nächte. Nur dieses flutende Meer von Licht und Farben, von einer Schönheit, einer strahlenden, schimmernden Tiefe, in dem er während seines Schlafes gelebt, gibt ihm die Möglichkeit, jene Farben, in denen er gelebt, so wieder zu verwerten...»[1] Dann wendet sich Steiner der Musik zu:

Der Musiker hingegen zaubert eine noch höhere Welt, er zaubert die devachanische Welt in die physische hinein. Tatsächlich sind *die Melodien, die Harmonien, die zu uns aus den Werken unserer großen Meister sprechen, richtige Abbilder der devachanischen Welt.* Wenn irgendwo wir einen Schatten, einen Vorgeschmack der devachanischen Welt zu empfangen vermögen, so ist es in den Melodien und Harmonien der Musik, in ihren Wirkungen auf die menschliche Seele.[2]

Aber als sein Ureigenstes, weil Heimatlichstes, empfindet der Mensch das, was der devachanischen Welt angehört. ... *Im Devachanischen ist seine Urheimat,* und die Nachklänge aus dieser Heimatwelt, der geistigen Welt, ertönen ihm in den Harmonien und Melodien der physischen Welt. Sie durchziehen diese niedere Welt mit den Ahnungen eines herrlichen, wunderbaren Daseins; sie durchwühlen sein tiefinnerstes Wesen und durchzittern es mit Schwingungen von reinster Freude, erhabenster Geistigkeit, die ihm diese Welt nicht geben kann.[3] [Hervorhebungen von J.G.]

Das Gedächtnis mit Mnemosyne als Schutzherrin, ist nicht das alltägliche, das sich an das Vergangene erinnert. Es hat vielmehr die Fähigkeit, unsere anderen Seinszustände wieder zu ergreifen: die Erinnerung, woher wir kommen, wer wir wirklich sind und wohin wir gehen. Doch mit dem Gedächtnis allein wird niemand Künstler. Die Mutter der Musen ist Mnemosyne, doch der Musenführer ist Apollo, der Gott der Ordnung und Schönheit, der höchste Bogenschütze und Leierspieler. Traurig steht es um die wohlmeinenden Künstler jeder Gattung, die ihre Erinnerungen ohne seinen Segen zu gestalten versuchen. Sie mögen einer intensiven, ja vielleicht wahren mystischen Erfahrung teilhaftig geworden sein, doch wie ermüdend sind ihre ekstatischen Verse, ihre kosmischen Ausführungen, ihre musikalischen Improvisationen. Sie empfinden diese als genaue Darstellungen unvergeßlicher Verzückungen, doch anderen erscheinen sie aufgeblasen, prätentiös oder ungeschickt. Sie werden nie verstehen, warum die Welt sie nicht hören will.

Andererseits gibt es Menschen, von Apollo reich begabt, deren Gedächtnis schwach ist. Alles fällt ihnen leicht: Sie können malen, was sie wollen, und Worte und Noten fliegen ihnen zu. Aber ihr Tiefschlaf bleibt ungenutzt: Bei der Rückkehr ist ihre Sicht noch von Irdischem getrübt. Sie können den Verstand bezaubern, die Gefühle fesseln und chthonische Dämonen beschwören, doch den unsterblichen Geist werden sie nie bewegen. Diese Künstler werden rasch berühmt; im Gegensatz zu den kosmischen Amateuren verfügen sie über harmonische Mittel und Wege, und in ihren selbstgesetzten Grenzen erreichen sie eine Vollkommenheit wie der meisterliche Handwerker, der mit irdischer Materie arbeitet.

Zur gleichen Zeit, als Rudolf Steiner Vorträge über die Musik hielt, befaßte sich Marcel Proust in seinem Hauptwerk *Auf der Suche nach der verlorenen Zeit* ebenfalls mit diesem Gebiet. In seinem Buch geht es um Zeit und Gedächtnis und um die Beziehungen zwischen ganz äußerlichen, profanen Dingen, zum Beispiel Sexualität oder sozialer Aufstieg im Paris des Fin de siècle, und den verborgenen Strömungen im menschlichen Schicksal und Dasein. Gültig für das gesamte Werk, legt Proust seine philosophische Absicht im ersten Band, *In Swanns Welt*, mehrfach dar, und zwar nirgends so deutlich wie an den Stellen, bei denen es um Musik geht. Ich möchte den zitierten Worten Steiners über die Schätze, die im tiefen Schlaf zu entdecken sind, diese Gedanken Swanns zur Seite stellen:

> Er wußte, daß sogar noch die Vorstellung von dem Klavier den Hintergrund fälschte, auf dem er die Dinge der Musik sich bewegen sah, daß das eigentliche Feld, das dem Musiker offensteht, nicht die Klaviatur mit ihren sieben Tönen ist, sondern ein unendliches Manual, das noch ganz unermessen ist, in dem nur hier und da, durch dichtes unerforschtes Dunkel getrennt, einige von Millionen Klangtasten der Zärtlichkeit, der Leidenschaft, der göttlichen Heiterkeit, aus denen es sich zusammensetzt, verschieden voneinander wie ein Weltall vom anderen, von einigen großen Künstlern entdeckt worden sind, die, indem sie in uns ein Echo des Themas, das sie anschlagen, wecken, uns den Dienst erweisen, daß wir durch sie sehen, welchen Reichtum, welche Fülle der Vielheit uns unbewußt *jene große undurchwanderte, entmutigend ziellose Nacht unserer Seele* birgt, die wir für Leere halten und für Nichts.[4] [Hervorhebung durch J.G.]

Swann wird zu seinen Gedanken angeregt, weil ein kleines Thema in einer Sonate für Geige und Klavier von dem fiktiven Komponisten Vinteuil für ihn sehr wichtig wird. Er hat das Gefühl, das Thema schon sein ganzes Leben wie einen Freund gekannt zu haben; «dennoch aber gehörte es einer Ordnung übernatürlicher Wesen an, die wir niemals gesehen haben und doch mit Entzükken erkennen, wenn es einem Erforscher des Unsichtbaren gelingt, *eines davon einzufangen und es von seiner Götterwelt her einen Augenblick über der unsern erstrahlen zu lassen*».[5] [Hervorhebung durch J.G.] Dieser geheime Zweck der musikalischen Schöpfung und ihrer Aufführung «machte dieses Podium, auf dem eine Seele beschworen wurde, zu einem der edelsten Altäre, auf dem je eine magische Handlung vorgenommen worden ist».[6]

Es gibt nur ein paar wirkliche Künstler, Komponisten oder Dichter, also Menschen, die sich im höchsten Maße an das Reich der Ideen erinnern und dieser Erinnerung meisterlich konkrete Form geben können. Ihnen steht es zu, die Frucht der Götter zu empfangen, die von den Alchemisten das philosophische Ei genannt wird. Zur festgesetzten Zeit werden die göttlichen Kinder geboren und nehmen Körper aus Farbe, Marmor, schwingender Luft an, so daß alle sie wahrnehmen können. Eine Zeitlang erfahren diese Stoffe eine wahre Umwandlung und lassen höhere Wirklichkeiten durchscheinen. Farbe bleibt einige Jahrhunderte erhalten, Marmor und Worte ein paar Jahrtausende. Die musikalischen Geschöpfe entziehen sich leichter: Kaum sind sie geboren, wobei die Mithilfe der Künstler als Hebammen unerläßlich ist (oder um bei der Alchemie zu bleiben, als *soror mystica*), so sind sie auch verschwunden. Immer wieder müssen sie auf den Altären von Podium, Studio und Wohnzimmer zurück auf die Erde beschworen werden. Keine andere Kunst ähnelt so sehr auf ständige Wiederholung angewiesenen religiösen Ritualen, wie es zum Beispiel bei der Messe ist.

Die Musik scheint zwar, äußerlich betrachtet, vorbei zu sein, wenn der letzte Akkord verklungen und die feiernde Gemeinde auseinandergegangen ist, aber das ist gar nicht der Fall. Auf einer feinstofflichen Ebene ist etwas entstanden und bleibt wie eine erlesene Blüte über der heiligen Stätte erhalten. Wir können sie in der Stille spüren, die einer musikalischen Aufführung gewöhnlich folgt. Hellsichtige erklären, sie könnten die Blüte sehen, doch durch Applaus werde sie leicht zerstören. Wir haben nur selten das Vergnügen, ihren Duft im Schweigen zu atmen, vielleicht am ehesten noch zu Hause – wo man allerdings kaum Auftritte ganz großer Interpreten erleben kann. Der französische Schriftsteller Camille Mauclair, der für diese Dinge sehr empfänglich war, beschreibt das Brüllen, Stampfen und Jubeln eines berauschten Publikums als das Knurren wilder Tiere, die sich vor Orpheus versammelt haben.[7] Er läßt es allerdings als das betrübliche, aber notwendige Mittel gelten, mit dem sich die Leute nach der Musikekstase ins gewöhnliche Leben zurückversetzen und die Künstler zwingen, diese ihre «Musik» zur Kenntnis zu nehmen, so daß die Aufführenden wieder zu einfachen Menschen werden. Auf jeden Fall gehen musikalische Schwingungen nie ganz verloren: Sie verteilen sich zwar, schwingen aber ewig durch den Kosmos weiter. Mauclair schreibt in einem Essay über *Occultisme musical* darüber: «Alle unsere Symphonien werden in unbekannten Welten wieder zusammengesetzt, wie auf wunderbaren Phonographen, und wenn auf anderen Planeten auch Musik gemacht wird – was ich glaube –, dann ist es gut möglich, daß uns eines Tages ihre Echos erreichen.»[8] Das ist die moderne Fassung der alten Vorstellung, daß die Musik der Menschen von den Engeln vernommen wird (vgl. das vorige Kapitel), entsprechend der traditionellen Gleichsetzung der Planetensphären mit himmlischen Seinszuständen.

Ein ganzes Buch ließe sich aus all den Äußerungen von Komponisten zusammentragen, aus denen deutlich wird, daß auch sie um die Herkunft ihrer Inspirationen von anderen Ebenen wissen. Besonders bei den Komponisten der Romantik gibt es viele solcher Quellen, zum Beispiel:

Wenn ich komponiere, fühle ich immer, daß ich mir den gleichen Geist aneigne, auf den Jesus so oft hinwies.[9] (Brahms)

Wenn ich mich in inspirierter Stimmung befinde, habe ich bestimmte Zwangsvisionen unter dem Einfluß einer höheren Wesenheit. In solchen Augenblicken spüre ich, daß ich die Quelle der unendlichen und ewigen Kraft, aus der Sie und ich und alle Dinge hervorgehen, erschließe. Die Religion nennt sie Gott.[10] (Richard Strauss)

Ich habe sehr bestimmte Eindrücke bei jenem tranceähnlichen Zustand, der die Voraussetzung für jede wirklich schöpferische Bemühung ist. Ich spüre, daß ich mit dieser schwingenden Kraft eins bin, daß sie allwissend ist und daß ich aus ihr in einem Ausmaß schöpfen kann, das nur von meiner eigenen diesbezüglichen Fähigkeit begrenzt wird.[11] (Wagner, nach den Aufzeichnungen Humperdincks)

[Es gibt] ... noch andere Wege, außer der Beichte und dem Besuch der Messe, um mit Gott zu verkehren. Wenn ich komponiere, spüre ich, daß er mir nahe ist und mein Tun gutheißt.[12] (Puccini)

Mir sind meine schönsten Melodien im Traum eingefallen.[13] (Max Bruch)

Wir Komponisten projizieren das Unendliche, Unbegrenzte in das Endliche, Begrenzte.[14] (Grieg)

Die Zitate stammen aus Gesprächen, die Arthur Abell (1868– nach 1955), ein amerikanischer Musikkritiker, der achtundzwanzig Jahre in Europa verbrachte, mit Komponisten über das Thema Inspiration führte. Brahms befragte er 1896 im Beisein Joseph Joachims, und der Künstler sprach so offen über seine religiösen Überzeugungen, daß er Abell verpflichtete, das Gespräch (das von einem zweisprachigen Stenographen festgehalten wurde) erst fünfzig Jahre nach seinem Tod zu veröffentlichen. Brahms starb im Jahr darauf. Grieg und Strauss stellten ähnliche Bedingungen. Als Abell die Gespräche schließlich 1955 veröffentlichte, waren Stil und Inhalt zu «ernst» und altmodisch; das Buch fand kaum Beachtung. In einer Zeit der Ernüchterung und Sachlichkeit war Inspiration nicht gefragt.

Vielleicht ist sie es jetzt wieder, da die Neuromantik wieder auflebt und die Postmoderne eingesetzt hat. Wenn Karlheinz Stockhausen (geb. 1928) davon spricht, wie alle großen Komponisten vom Stern Sirius zu stammen, befindet er sich in völliger Übereinstimmung mit der hermetischen Überlieferung. Die größte Musik geht demnach nicht nur auf die Musik der Planeten zurück (die sich in uns auf der seelischen oder astralen Ebene spiegelt), sondern stammt aus der achten Sphäre, ja sogar aus einer noch höheren Region: aus dem Reich des reinen Geistes. Wer kann sagen, ob gewisse Komponisten nicht so etwas wie Wesen einer höheren Welt sind, die sich willentlich als Menschen inkarniert haben, um uns zu beschenken? Es kann sein, daß ihr Leben nicht immer den hehrsten Grundsätzen der Moral entspricht, aber es ist auch nicht ihre Aufgabe, moralische Vorbilder abzugeben. Es gibt andere Seelen, die sich vielleicht mit diesem Ziel verkörpert haben. Wir nennen sie Heilige und erwarten von ihnen nicht, daß sie große Künstler sind! Alle Künste hatten ihre *Avatāras*, vor allem in Zeiten gewaltiger Veränderungen wie den letzten tausend Jahren. So plötzliche Phänomene wie die gotische Kathedrale, die vierstimmige Polyphonie des Perotin, die Werke Shakespeares und J. S. Bachs lassen sich kaum allein aus einer irdischen Entwicklungsreihe heraus erklären, wie sehr man auch versuchen mag, sie aus bekannten Gegebenheiten heraus zu begreifen. Da gelingt es nur dem «reinen Narren», den Nebel reduktionistischer Gelehrsamkeit zu durchdringen und das Wunder zu erkennen, das vor aller Augen liegt. Ich kann die Frage nicht beantworten, ob solche Wunder nur durch übermenschliche, auf die Erde herabgestiegene Wesen bewirkt werden oder ob sie auch auf Menschen zurückzuführen sind, die sich so lange bemühten, bis sich ihnen der Himmel öffnete. Die Antwort liegt in den Geheimnissen des früheren Daseins eines jeden Menschen verborgen.

Es gibt drei große Ebenen der musikalischen und künstlerischen Inspiration. Die höchste ist die «avatarische» Ebene, die außer ihrer eigentlichen Bedeutung auch eine historische Funktion hat. Die Werke der entsprechenden Komponisten sind mit den Visionen meditierender Heiliger vergleichbar, auf die die religiösen Bilder zurückgehen. Jeder spätere Komponist sinnt über diese Urwerke nach, befaßt sich ständig mit ihrer Neuinterpretation und Nachahmung, so wie das Bild der Madonna mit dem Jesusknaben, das der heilige Lukas gemalt haben soll, zum Vorbild jeder späteren «Jungfrau mit dem Kind» wurde.

In Zivilisationen, die sich langsam ändern wie die der Antike oder des Ostens, genügt eine einzige Offenbarung, um eine ganze Epoche der Kreativität zu tragen und zu stärken. Die *Avatāras* werden dann als göttliche oder halbgöttliche Verkünder der Weisheit gefeiert: Hermes, der Erfinder der Leier; Jubal, «der Vater aller, die auf Harfe und Orgel spielen» (1. Mose 4,21); Sarasvatī, die indische Göttin der Gelehrsamkeit, die die Vina spielt; der chinesische Kaiser Fo-Hi, der «Entdecker der Musik» und Erfinder der Laute. Neben sie lassen sich die menschlichen, aber fast noch mythischen Begründer historischer Musikepochen stellen, zum Beispiel der griechische Neuerer Timotheos, ein

Zeitgenosse Platons, oder Gregor der Große, dem früher der gesamte Gregorianische Gesang zugeschrieben wurde, oder Ziryāb (achtes, neuntes Jahrhundert), Lautenspieler an den Höfen von Bagdad und Córdoba, dem die schönsten Melodien von den Geistern eingegeben wurden,[15] oder Magister Perotinus von Notre-Dame (um 1200), Schöpfer der ersten vierstimmigen Polyphonie. Jeder drückte der Musik seiner Kultur seinen Stempel auf.

In jeder Kultur außer der des nachmittelalterlichen Westens bestand die Aufgabe des schöpferischen Künstlers darin, mit den Formen zu arbeiten, die jene Meister hinterlassen hatten. Ein Ikonenmaler kopiert immer wieder das beste Bild, das er von der Jungfrau mit dem Kind finden kann, ob er es nun vor sich stehen hat oder innerlich schaut. Die Mönche, die die «Gregorianischen» Gesänge komponierten, lauschten nach innen auf eine Quelle der Musik in ihrer Seele: eine Art mentaler Improvisation, die jeder ausführen kann, der lange genug den Choralgesang gepflegt hat. Das ist bestenfalls eine Inspiration zweiten Grades. Der *spiritus* wird so als der Atem des Archetyps *eingesogen*; hier spielt das Gedächtnis eine Rolle. Dieser Künstler frischt jede Nacht im tiefen Schlaf sein Gedächtnis auf (wie Rudolf Steiner uns erklärt hat), doch wenn er morgens tätig werden will, braucht er die Vorbilder jener, die ihm vorausgingen, deutlichere Visionen hatten und den Stil oder die Beispiele schufen, nach denen er arbeitet. Auf dieser zweiten Stufe ist der Meister, der die Lieder macht, nicht verschieden vom Meister, der die Laute macht, und das kann keinen der beiden herabsetzen: Sie schöpfen immer wieder nach einem offenbarten Vorbild. Die Künste und das Handwerk sind, kurz gesagt, gleichbedeutend. Noch heute verehren wir die Geigen des Handwerkers Stradivari auf unsere Art (ihr Preis ist hoch) nicht weniger als die künstlerischen Werke seiner Zeitgenossen Corelli oder Vivaldi. Stradivari hat die Geige nicht erfunden (wir wissen nicht, wer das tat; sicher eine Offenbarung durch einen Avatāra), war aber fähig, ihre archetypische Form festzuhalten und sie mit einer Meisterschaft, die ans Alchemistische grenzt, in die Materie einfließen zu lassen. Stradivari war ein junger Mann, als Jan Vermeer van Delft ein ähnliches Werk ausführte. Seine *prima materia* war nicht Holz, sondern es waren Farben; sein Gedächtnis hielt keine Form, sondern eine bestimmte Beschaffenheit des Lichts fest. Und auch er war ein Handwerker, der sich an eine alte, anerkannte Überlieferung hielt und diese auf eine transzendente Ebene hob.

Der dritte Grad der Inspiration kann eigentlich nicht mit diesem Wort bezeichnet werden, weil er nicht mehr mit jenem Gedächtnis verbunden ist. Ich habe von ihm schon als schöpferische Kraft gesprochen, die nur vom Ich des Künstlers stammt, von den Formen, die er in seiner Umwelt erblickt, aus seinem Unbewußten (und nicht aus seinem höheren Bewußtsein). Neben dem erwähnten Vermeer ist jetzt ein gutes Beispiel sein Zeitgenosse Jan Steen, der lustige Wirtshausszenen und häusliche Desaster malte. Die Geschichte der Künste im Westen ist zum großen Teil die Geschichte dieser Art von Inspiration – daher ist diese Kunst auch so fesselnd. Doch in einer traditionsgebundenen Kultur ist der Ausdruck der eigenen Persönlichkeit nicht gefragt. Die künstlerische Begabung wird eingesetzt, um einfach die vorbildlichen Werke der Kunst oder des Handwerks nachzuahmen, Muster, die für das notwendige Gedächtnis stehen. Talentierte, aber uninspirierte Künstler können auf ihrem Gebiet ungewöhnliche Virtuosität entfalten. Und sie werden eines Tages sehr wahrscheinlich den zweiten Grad der eigentlichen Inspiration erreichen, die ständige Versenkung in die Vorbilder, die in ihnen das Gedächtnis der Seele geweckt haben.

Das führt uns in unserem Abstieg durch die Hierarchie des Schöpferischen direkt zur Stellung des Publikums. Für die Betrachter oder Empfänger des Kunstwerks sollte die Versenkung in schöne Dinge (frei nach Platon gesprochen[16]) die Erinnerung wecken und bewußtmachen, daß die schönen Dinge ihre Quelle in der intelligiblen Schönheit haben, also in der Schönheit, die nicht sinnlich, sondern nur geistig wahrnehmbar ist. Das ist das höchste Ziel der Kunst wie des Handwerks. Im traditionellen Handwerk wird es mit Hilfe von Symbolen erreicht, zum Beispiel mit den geometrischen Mustern oder Tierformen auf Textilien und Keramiken. In den traditionellen «Künsten» – eigentlich also bei jedem Handwerk im Dienst der Religion – ist die Bedeutung der Symbole offenkundig. Es hängt indes von den Fähigkeiten des Betrachters ab, wie weit er dem Symbol folgen kann. Allemal aber ist das Bemühen dadurch gerechtfertigt, daß das Objekt seiner eigenen Quelle getreu ist. Die einzige musikalische Kunstform dieser Art im Westen ist der Choralgesang.

Ich habe die Künste und ihre Inspiration aus der Perspektive der traditionellen Gesellschaften betrachtet. Den Sonderfall ihrer Entwicklung im neuzeitlichen Westen werde ich im nächsten Kapitel schildern. Da wir jetzt aber die Erfahrungen der Zuhörer untersuchen wollen, muß nicht so genau differenziert werden. Die Menschen sind schließlich, was ihre Bedürfnisse und Wünsche betrifft, nicht so verschieden, welche Weltgegend und Zeit wir uns auch ansehen. Bestimmte Bedürfnisse werden am besten durch die Musik befriedigt, aber da kann es sich um ganz unterschiedliche Arten von Musik handeln. Die erste Einteilung nehme ich nach drei Bereichen des menschlichen Körpers vor: Bauch, Brust und Kopf. Jede entwickelte Kultur kennt Musiken, die auf jeweils eine Ebene zielen. Es gibt die Bauchmusik, die gewöhnlich von starken Rhythmen geprägt ist. Diese vermitteln das Gefühl körperlicher Kraft (im Marsch zum Beispiel) oder wirken sexuell erregend (im Bauchtanz). Dann gibt es die Musik des Herzens und seiner Gefühle, von denen der Liebeskummer stets an erster Stelle gestanden hat, denn neben der Trauer ist er die stärkste Emotion, die wir fühlen können. Drittens haben wir eine Musik, die Gedanken in Bewegung setzt – bei dem, der versteht, was im Komponisten und im Interpreten vor sich geht, und alles mit ruhigem Interesse verfolgt. Die drei Bereiche des Körpers entsprechen den drei makrokosmischen Reichen der Elemente, der Planeten und der Engel, und so sind die gewöhnlichen Musikerlebnisse – wenn auch in bescheidenem Maße – Übungen des Körpers, der Seele und des Geistes.

Dabei kommt es gar nicht so sehr darauf an, wie weit man sich bewußt auf die Musik einläßt. Der Zuhörer ist die meiste Zeit abwesend, entweder zufällig, weil die Gedanken im Konzert zu wandern beginnen, oder absichtlich, weil man die Musik als Hintergrund für eine Tätigkeit wie Lesen, Film-Ansehen, Essen, Arbeiten und so weiter einsetzt. Spezialisten der Muzak (psychologisch gezielte Klangberieselung) und der Filmmusik wissen sehr wohl, daß die Wahl der Hintergrundmusik eine heikle Angelegenheit ist, selbst wenn die Hörer die Klänge nicht bewußt wahrnehmen. Im Film muß die Musik die Stimmung verstärken und zielt so auf den Bauch oder die Ebene der Emotionen. Für andere Zwecke muß sie unaufdringlich sein, Stil und Stimmungswechsel dürfen nicht auffallen. Sie wirkt auf das Unbewußte ein und will den ganzen Menschen harmonisieren, und zwar wortwörtlich, denn konsonante Harmonien und regelmäßige Rhythmen wirken ausgleichend und regulierend auf Körper und Seele. Wenn solche Musik beim Lesen oder anderer geistiger Arbeit als Hintergrund verwendet wird, haben der Empfindungsleib und der physische Körper etwas, auf das sie sich einstimmen können, und so wird das Bewußtsein nicht gestört. Die Tafelmusik wiederum sorgt für seelische Harmonie, weil sie peinliche Lücken im Gespräch überspielt, während ihre Rhythmen der Verdauung zuträglich sind.

Seit Jahrhunderten ist bekannt, daß die Musik den Menschen bei der Arbeit hilft, und je langweiliger oder unangenehmer das Arbeiten ist, desto willkommener sind Klänge. Klassische Autoren führen die Lieder der Galeerensklaven an; heute ist es die Plackerei in den Fabriken, die durch speziell entworfene Muzak erleichtert wird. Beim kleinen Fabrikarbeiter kann leicht Widerwille gegen seinen Job erwachen und Neid auf die, deren Reichtum er mehren soll. Dieses Problem wird durch Muzak schlau gelöst, weil sie auf zwei Ebenen gleichzeitig ansetzt: Dem Unbewußten werden Regelmäßigkeit und Harmonie angeboten, auf die sich Körper und Psyche des Arbeiters ganz natürlich einstimmen können. Dem Bewußtsein liefert die Muzak gewöhnlich romantische Bilder, damit Einbildungskraft oder Phantasie beschäftigt sind. Verwässerte Fassungen beliebter Liebeslieder sind daher die beste Musik für Fabriken; entsprechend geben Romanzen von Filmstars und Prinzessinnen den beliebtesten Lesestoff ab. Sie schaffen eine leicht erotische Stimmung, in der der Arbeitstag rasch und mühelos verstreicht.

Selbst in angenehmeren Umgebungen als Fabriken wird die Musik zum größten Teil eingesetzt, um der Phantasie Nahrung zu geben. Den meisten Konzertbesuchern ist kaum bewußt, daß sie viel eher Zuschauer als Zuhörer sind. Die Musik bewirkt eine Art leichter Synästhesie (der im zweiten Kapitel erwähnte Vorgang, bei dem die Töne direkt in visuelle Eindrücke verwandelt werden) und erzeugt in der Phantasie der Hörer Szenen, Ereignisse, Reisen, Bilder. Bei bestimmter Musik wird durch ein außermusikalisches Programm oder einen Titel das Hören ganz bewußt gesteuert. Die romantische Epoche von Berlioz (*Symphonie fantastique*) bis Debussy (*La Mer* usw.) war die Blütezeit dieser Programmusik; davor war sie lediglich eine Kuriosität (Schlachtenstücke der Renaissance, Kuhnaus *Musicalische Vorstellungen einiger biblischer Historien in sechs Sonaten* usw.), danach eine Peinlichkeit. Doch außerhalb Europas ist sie immer noch die Norm. In der traditionellen Musik des Fernen Ostens sind die meisten Kompositionen anschaulich oder sinnträchtig und beschreiben oft Naturszenen: *Enten im Flug über einem mondbeschienenen See, Die erste Chrysantheme, Schritte im November* usw. Das gilt auch für die chinesische und japanische Dichtung und Malerei, in denen Schilderungen der Naturschönheiten die Seele beruhigen und erfrischen und dem Geist einen philosophischen Inhalt vermitteln sollen.

Ein Titel ist nicht unbedingt nötig, damit der Zuhörer ein Stück im Sinne der Programmusik deutet. Der westliche Mensch zieht es im allgemeinen vor, sich seine eigenen Tongemälde zu machen. Auch spielen außer der Musik selbst noch andere Dinge eine Rolle. In die innere Bildwelt können Gedanken über das Zuhause oder die Arbeit eindringen. Vielleicht wird während des Konzerts entschieden, wie die Küche neu zu streichen ist oder wie mit den Kollegen geredet werden sollte, und trotzdem heißt es hinterher: Ja, es war ein schöner Abend, die Musik war herrlich. Es besteht außerdem die Möglichkeit – auch zusätzlich, da all diese «Hörweisen» gemeinsam auftreten können –, daß sich Aufmerksamkeit und Phantasie auf die Atmosphäre der Umgebung richten, vor allem wenn es sich nicht um den üblichen Konzertsaal handelt, sondern um eine prächtige Kirche oder einen Palast aus dem Rokoko, um eine weihevolle und hallende gotische Kathedrale oder, bei Freiluftveranstaltungen, um die Natur. Oder die anderen Anwesenden erregen das Interesse: ein geliebter Mensch, die Gruppe von Freunden, die Berühmtheit in der nächsten Reihe oder in der Königsloge.

Bezogen auf das musikalische Ereignis selbst, dürfte die Aufmerksamkeit des Zuhörers vor allem auf den oder die Künstler gerichtet sein. Einzelne Menschen, aber auch Gruppen sind von einer so mächtigen Aura umgeben, daß ihre schiere Anwesenheit, ganz unabhängig von der Musik, am eindrucksvollsten ist. Die Leute werden sich diese Künstler anhören (oder eigentlich ansehen und spüren), ganz gleich, was diese singen oder spielen, weil sie um die Intensität eines solchen Erlebens wissen. Auf einer etwas höheren Ebene findet vielleicht eine Begegnung mit der Persönlichkeit des Komponisten statt. Einige große Komponisten sind Helden geworden, beispielhaft für unsere Kultur, und gleichzeitig sind es Individuen, denen man Liebe und Achtung entgegenbringt. Die Menschen identifizieren sich besonders mit jenen, die viel zu leiden hatten, dies aber mit der Musik überwinden konnten. Es gibt genug Fälle von schwächenden Krankheiten, Taubheit, Blindheit, Armut, Einsamkeit, Ablehnung, Wahnsinn oder gesellschaftlich verfemten sexuellen Neigungen. Doch in jedem Fall erwies sich die Musik als stärker und war das heilende Elixier, das aus der dunklen Nacht der Seele gewonnen wurde. Eine andere Gruppe bilden jene, deren schöpferische Leistungen die menschlichen Grenzen sprengen, und hier sprechen wir von den *Avatāras* unter den Komponisten.

Nur wenn wir die Musik ungestört und konzentriert hören – gleichgültig, ob angenehme oder unangenehme geistige Bilder auftauchen –, erreichen wir ein Stadium, das sich mit dem vorhin erwähnten dritten Grad der schöpferischen Kraft vergleichen läßt und ihn ergänzt. Es handelt sich um die schöpferische Kraft, die aus dem Ich des Komponisten stammt, auf sein Können angewiesen ist und somit von seiner psychischen Disposition abhängt. Der Zuhörer nimmt also die Persönlichkeit des Künstlers im guten wie im schlechten in sich auf, weil er auf eine Weise reagiert, die wieder in instinktiv, emotional oder mental eingeteilt werden kann, entsprechend der Körper-, Herz- und Kopfmusik.

Die Körpermusik ist vor allem rhythmisch und regelmäßig und damit dem Wesen des Körperlichen verwandt. Sie läßt sich am besten spüren, wenn wir mit Bewegung und Gestik an ihr teilhaben, ob nun in der perfekten Disziplin des klassischen Balletts, im schwerelosen Wirbel des Walzers oder in den Verrenkungen populärer, wilder Tänze. Der Zuhörer reagiert in jedem Falle, auch wenn dies nicht so deutlich sichtbar ist. So läßt der laute, durchgängige Beat des Rock 'n' Roll Puls- und Atemfrequenz steigen, und der Zuhörer beginnt, ihn mit Händen oder Füßen mitzuklopfen. Bei den feineren Formen der Körpermusik reagiert weniger der physische als der feinstoffliche Leib, genaugenommen der *Linga-Sharīra* oder Ätherleib, der die Willensregungen auf den physischen Körper überträgt. In ihm findet jene Einfühlung statt, die uns beim Betrachten eines Balletts Leichtigkeit und Anmut spüren läßt. Als feinstofflicher Leib kann er Bewegungen ausführen und Eingebungen folgen, die ein untrainierter Mensch auf der physischen Ebene kaum verwirklichen kann. Er tanzt mit den Tänzern, die sich von den normalen Menschen dadurch unterscheiden, daß sie die beiden Körper in Übereinstimmung gebracht haben.

Die Herzmusik erfaßt die Gefühle, die ihren Sitz nicht im physischen oder ätherischen Leib haben (wenn sie auch auf die beiden einwirken können), sondern im *Kāma-Rupa*, im Leib der Leidenschaften und Begierden. An die Stelle der eigenen Alltagsemotionen setzt sie Wünsche aus zweiter Hand, die künstlichen Freuden und Leiden, um die sich die Kunst immer bewegt hat. Da dies im Mittelpunkt der meisten Lehrgebäude einer Musikästhetik steht und das Musikerleben der meisten Menschen darum kreist, brauchen wir hier kaum darauf einzugehen. Wichtig ist nur, ob die entstehenden Gefühle zum Edlen oder zum Niederen führen; ob sie freudig oder traurig sind, ist nebensächlich. Geht es beim Leid um verletztes Ego (das gefühlige Selbstmitleid des Blues) oder um das höhere Selbst, das in ihm verschüttet liegt (die *Matthäus-Passion*)? Geht es bei der Freude um sexuelle Eroberung oder um den Lobgesang, den die fruchtbare Natur ihrem Schöpfer darbringt? Die positive Wirkung der Herzmusik trägt zur Verfeinerung unserer Emotionen bei, indem sie die Gefühle von Menschen offenbart, die uns überlegen sind. Drückt sie die Gefühle von Menschen aus, die unter uns stehen, werden wir diesen ähnlich, wenn wir ihr längere Zeit ausgesetzt sind.

Die Kopfmusik wird im *Kāma-Manas*, im «niederen Geist» wahrgenommen. Hier wird die Musik in Gedanken verwandelt, gewöhnlich visueller Natur, die sich aber beträchtlich von den oben erwähnten müßigen Phantasien unterscheiden. Wir sind hier im Reich des geschulten Musikers, des Kenners, der weiß, worum es geht. Vielleicht wird die Musik erlebt, als sei sie in einem inneren Raum ausgebreitet, die einzelnen Tonhöhen und Strukturen wie in einer Partitur voneinander getrennt. Oft stellt sich das Bild einer Klaviatur ein oder das Gefühl, als liege die Hand am Instrument, und das trägt zum Verständnis bei. Harmonien und Formen lassen sich in der Sprache der musikalischen Analyse in Worte fassen. An die Stelle der Einfühlung tritt der kritische Geist (im eher üblichen Sinne): die Fähigkeit, das Werk oder den Interpreten aufmerksam wahrzunehmen, einzuordnen und einzuschätzen. Hier haben auch die Gedankenverbindungen ihren Platz, die die Musikstücke im historischen Zusammenhang sehen oder in Beziehung zu den anderen Werken des Komponisten setzen. Die Musikwissenschaftler können gewöhnlich nur noch auf dieser Ebene zuhören, und bei manchen Musikarten ist dieses Hören die einzige Möglichkeit.

Die Komponisten haben zu bestimmten Zeiten ihre technischen Fähigkeiten mit Vergnügen dazu eingesetzt, komplizierte musikalische Probleme aufzuwerfen und zu lösen. Natürlich ist ein Komponist in gewissem Umfang immer damit beschäftigt, aber ich meine hier so virtuose Leistungen wie das Rondeau *Ma fin est mon commencement* von Guillaume de Machaut, in dem der zweite melodische Teil der – rückwärts gesungene – erste Teil ist, oder die Tradition des Kanons, die von den niederländischen Komponisten des späten vierzehnten Jahrhunderts bis zu J. S. Bachs *Goldberg-Variationen*, der *Kunst der Fuge* und dem *Musikalischen Opfer* reicht. Den Erfindungsreichtum eines Komponisten nehmen wir dann richtig auf, wenn wir das jeweilige Werk entsprechend würdigen, es also gedanklich so durchdringen, wie er selbst es getan hat. Das gleiche gilt für die Werke der modernen seriellen Komponisten, die offensichtlich vor allem auf gedanklicher Arbeit beruhen. In den fünfziger und sechziger Jahren war es üblich, daß diese Komponisten den Aufbau ihrer Stücke anhand von graphischen Darstellungen, Diagrammen und Tabellen erklärten, damit die wenigen, die ihnen geduldig folgten (meistens andere Komponisten mit ähnlichen Zielsetzungen), die gedankliche Arbeit erfassen konnten. Diese Haltung geht auf die

Entdeckung der komplexen Strukturen zurück, die die Werke der zweiten Wiener Schule (Schönberg, Berg, Webern) bestimmen – eine Entdeckung, die ein richtiges analytisches Gewerbe entstehen ließ.

Dieses Verlangen, verborgene Strukturen aufzudecken, basiert unter anderem auf Albert Schweitzers Erkenntnis am Anfang dieses Jahrhunderts, daß J. S. Bachs Musik voll tiefer Symbolik ist. Nach Eric Sams[17] enthält Schumanns Musik verschlüsselte Botschaften; Bartók und Debussy setzten bewußt den Goldenen Schnitt, die «Göttliche Teilung» ein (das mathematische Verhältnis ϕ oder $1 : 1,618...$), und zwar zweifellos aus philosophischen wie psychologischen Gründen.[18] In anderen Zweigen der Wissenschaft wird ebenfalls nach zahlenmystischen Ordnungen gesucht, so in der Dichtung (bei Dante, Spenser usw.), oder nach geometrischen Systemen in Malerei und Architektur. Die Entdeckung John Michells[19] und anderer, daß es einen sehr alten und überall anzutreffenden Kanon der Maßsysteme gibt, der auf kosmischen Größen beruht und bei allen schöpferischen Tätigkeiten anwendbar ist, läßt die ursprüngliche und beispielhafte Form solcher «Gesetzmäßigkeit» deutlich werden. Damit ist freilich nicht gesagt, daß sich der eigentliche Sinn einer gotischen Kathedrale oder eines Präludiums von Debussy messen läßt. Debussy sagte selbst, sobald das Werk vollendet sei, könne das Baugerüst fallen.

Ein Hören, bei dem sich körperliche, emotionale und gedankliche Reaktionen verbinden, kann eine äußerst fruchtbare und lohnende Erfahrung sein. Sie ist der Gipfel eines Zuhörens «dritten Grades», wobei dem Komponisten die Ehre voller Aufmerksamkeit erwiesen wird; doch die höheren Fähigkeiten des Hörers sind noch gar nicht angesprochen. Ein anderes Modell wird nötig, wenn wir uns den Hörweisen nähern, die sich mit dem oben definierten zweiten Grad der Inspiration vergleichen lassen. So wie die meisten Komponisten diesen Grad der Inspiration nie kennenlernen, wissen auch die meisten Zuhörer nichts von diesen Hörweisen. Bevor ich den schwierigen Versuch unternehme, sie zu erklären, will ich eine Frage des Lesers vorwegnehmen und beantworten: Ich kann mir keine Hörweise vorstellen, die dem ersten Grad der schöpferischen Inspiration entspricht, jenem seltenen Grad des *Avatāra*, denn nach der zweiten Ebene hat das Hören ganz einfach ein Ende. Was dann an seine Stelle tritt, ist seinem Wesen nach mit der mystischen oder philosophischen Meditation verwandt. Eine Verstärkung des Zustands durch Musik ist nicht mehr erforderlich, auch wenn sich die Musik, wie wir im zweiten Kapitel sahen, als Vorspiel gut eignet.

Das neue Modell ist eine Verfeinerung des Schemas Körper – Gefühl – Geist (oder Bauch – Herz – Kopf). Es bezieht sich auf drei der feinstofflichen Zentren des Menschen, die in allen esoterischen Überlieferungen bekannt sind und oft nach dem indischen System als die sieben *Chakras* bezeichnet werden. Uns geht es hier in aufsteigender Folge um: 1. das *Anāhata-Chakra*, das mit dem Herzen des physischen Leibs verbunden ist und häufig das Herz-Zentrum genannt wird, 2. das *Vishuddha-Chakra*, das auch Kehl-Zentrum heißt, 3. das *Ājñā-Chakra* zwischen den Augenbrauen, das sogenannte Dritte Auge.

Wenn wir eine Musik anhören, die vom Grad der Inspiration her geeignet ist, und uns bewußt auf das Herz-Zentrum konzentrieren, können wir eventuell in eine höhere Oktave des Fühlens gelangen, statt auf der Ebene der einfachen Herzmusik stehenzubleiben. Wir fühlen nicht länger die menschlichen Emotionen, die die Herzmusik verkörpert, sondern die Qualitäten des Fühlens, die dieser Verkörperung zugrunde liegen – das Gesicht hinter der Maske. Es sind kosmische Qualitäten des Fühlens, die jenseits von Freud und Leid sind: Sie werden als Ausweiten und Zusammenziehen, Spannung und Lösung erfahren, die sich unaufhörlich abwechseln. Die fünf Sinne bieten uns nichts Vergleichbares, doch in der Astrologie gibt es Entsprechungen. In der westlichen Musik werden sie vor allem von der Harmonie getragen, aber natürlich kennen auch Formen wie der Choralgesang oder die Musik des Orients, die nicht mit Harmonien arbeiten, diese Dimension der Erfahrung. Sie entsteht, weil die einzelnen Töne auf ein Zentrum bezogen sind und Gefühle tragen. Hier müssen natürlich wie immer Sprachgewohnheiten berücksichtigt werden, und da sich die Sprachen unterscheiden, kann man sich normalerweise nicht so einfach vollkommen in Musikstile einfühlen, die man nie erlernt hat. Daher sollte sich der westliche Mensch mit der Harmonie befassen. Alle großen Komponisten waren Meister auf dem Gebiet der Harmonie, doch einige zeigten eine ganz besondere Begabung dafür. Zu ihnen gehören Chopin und Wagner, der über eine breite harmonische Palette verfügt und trotzdem die einfachsten Fortschreitungen tief bedeutsam erscheinen lassen kann. Ein Beispiel sind die Akkorde, mit denen Wagner im dritten Akt des *Siegfried* in der dritten Szene Brünnhilde weckt: e-moll, C-dur, e-moll, d-moll. Was bedeuten diese einfachen Akkorde? Sobald sie analysiert und in Worte gefaßt werden, verlieren sie ihren Zauber. Sie bedeuten noch nicht einmal, daß Brünnhilde erwacht; das wäre die Übersetzung der Musik in die tieferstehende Sprache des Schauspiels. Wie der Kristallpfeiler der im zweiten Kapitel erwähnten keltischen Sage liegt die Bedeutung in ihnen selbst, und wer auf sein Herz hört, braucht keine Erklärung.

Das Kehl-Zentrum (*Vishuddha-Chakra*) wird traditionell in Zusammenhang gebracht mit dem künstlerischen Schaffen und dem Gebrauch der Sprache, dem ursprünglichen schöpferischen Organ bei Göttern und Menschen. So ist es nicht verwunderlich, daß die Melodie der Schlüssel zu dem Zentrum ist. Wenn wir beim Hören mit dem Bewußtsein im Bereich der Kehle sind, wird der Kehlkopf vielleicht sogar lautlos reagieren, als würden wir die Melodie mitsingen, so wie die Ausweitungen des *Anāhata-Chakras* in der Herzgegend zu spüren sind. Wir sollten versuchen, diese Reaktion abzustellen, weil sie leicht bewirkt, daß die Melodie in einem nur gedachten Raum hoher und tiefer Noten objektiviert wird. Außerdem kann die Reaktion zu einem «Mitträllern» entarten. Eine Verräumlichung der Melodie führt leicht dazu, daß man diese verfolgt, was typisch für die Kopfmusik ist. Das läßt sich vermeiden, indem der Zuhörer sie nicht verfolgt, sondern sich mit ihr als goldenem Faden identifiziert, der sich durch das ganze Stück zieht und eine Reise durch die Zeit entstehen läßt. Wieder sollte keine Form in die Melodie hineingedacht werden. Durch diese Hörweise kommt der Hörer der klaren Quelle melodischer Inspiration sehr nahe, auf die der Komponist gelauscht hat und aus der er schöpfen konnte. Erfahrbar wird dabei das Wesen der Zeit.

Schließlich können wir mit dem Bewußtsein zwischen die Augenbrauen gehen, wobei wir freilich, wie bei all diesen Experimenten, die Augen schließen, es sei denn, wir sind in der Meditation bewandert. Wieder betrachten wir die Musik, aber auf dieser höheren Ebene spielt nichts Visuelles mehr mit. Die Schau des Dritten Auges (*Ājñā-Chakra*) ist eher mit Einsicht verwandt. Es handelt sich um eine konzentrierte Aufmerksamkeit, die nicht mehr auswählt und durch die wir mit der Musik verschmelzen können. Dann wird der gewohnte Zustand des vom Ich gefesselten Bewußtseins durch den der Musik ersetzt.

Die totale Versenkung in den Klang läßt in uns den Urzustand des Universums entstehen, der, wie Marius Schneider beredt schildert, nicht visuell oder räumlich, sondern musikalisch und zeitlich ist. Schneider schreibt oft[20] vom fließenden Urwasser, dessen Rauschen nach seinen Worten die erste Erschaffung ist. Erst später leuchtet Licht im Wasserdunkel auf (das Rheingold!) und schafft die erste Dualität: den Unterschied von Licht und Dunkel, analog dann dem von scheinbar gut und scheinbar böse, dazu die erste Schöpfung im Raum, der Dimension des Zusammenkommens, der Trennung und der unausweichlichen Konflikte. Die Musik bleibt in ihrem Sein zumindest potentiell davon unberührt, wie auch der Zustand des Menschen, der ihr gleich geworden ist. Im alten chinesischen *Buch der Sitte* heißt es:

> Wenn man die Musik wirken läßt zur Ordnung der Gesinnung, so wächst eine ruhige, gerade, ehrliche und aufrichtige Gesinnung üppig empor. Wenn eine ruhige, gerade, ehrliche und aufrichtige Gesinnung entsteht, so wird man fröhlich. Durch Fröhlichkeit kommt Friede, durch Friede entsteht Dauer, durch Dauer entsteht himmlisches Wesen, durch himmlisches Wesen entsteht Göttlichkeit. Himmlisches Wesen braucht nicht zu reden und findet doch Glauben, Göttlichkeit braucht nicht zu zürnen und findet doch Scheu. Das ist die Folge der Ordnung der Gesinnung durch die Musik.[21]

Mystiker, Dichter und auch einfache Leute sprechen von jenen seltenen Augenblicken der Selbstvergessenheit, wenn die Wahrnehmung und ihr Objekt eins geworden sind. Die Liebhaber der Natur wie der Kunst sind auf der Suche nach diesem Moment.

Im zweiten Akt von *Tristan und Isolde* zeigt Wagner zwei Liebende, die diesen Augenblick erleben. Da die Freiheit vom Ich – nicht unbedingt die Befreiung vom Körper und seinen Wahrnehmungen – der sehnlichste Wunsch unseres höheren Selbst ist, behalten wir solche Augenblicke, in denen das Ich erloschen ist, als entscheidende Erlebnisse, als Unterpfand der himmlischen Wonne im Gedächtnis. Wenn sie uns zuteil geworden sind, wäre es unklug, sie lediglich als Erinnerung hochzuhalten: Wir sollten sie immer wieder suchen und ergreifen und als Ziel den Zustand des befreiten Weisen oder *Jīvanmukta* im Auge behalten, der sein Ich nicht für einen Augenblick, sondern für immer erlöschen ließ. Wenn wir uns auf diesen Pfad der musikalischen Alchemie begeben und uns wiederholt bewußt auf die Musik und ihr Wesen einlassen, machen wir einen Schritt auf die vollkommene Harmonie des Menschen zu, dessen bleiernes Ich in das reine Gold des Selbst verwandelt worden ist.

4. DIE MUSIK UND DER LAUF DER ZEIT

Wir haben das Werk der Verwandlung durch Musik im einzelnen betrachtet und wollen uns nun mit den Auswirkungen auf die gesamte Menschheit beschäftigen. Da sich diese Untersuchung bisher vor allem auf die westliche Zivilisation konzentriert hat, geht es uns jetzt besonders um die Entwicklung der europäischen Musik während der letzten neunhundert Jahre.

Jede historische Darstellung basiert auf den jeweiligen Hypothesen, mit denen sich der Historiker der Weltgeschichte nähert. Sie bleiben gewöhnlich unausgesprochen, werden manchmal sogar verdrängt, und selbst die Historiker, die sich für Agnostiker halten, gehen schon von einer Annahme aus: daß wir den größeren Zusammenhang und gar den Sinn der Ereignisse weder kennen noch erfassen können. Die Esoteriker kümmern sich genau um das, was die Fachleute mit Verachtung strafen: Sie fühlen sich verpflichtet, die Stellung des Menschen in seinem ganzen hierarchischen und zeitlichen Sein zu bestimmen. Die esoterische Psychologie – und auch Musikwissenschaft – erforscht Bereiche, die für die übliche Wissenschaft nicht existieren, und so gibt es Strömungen in der Geschichte, die wir zunächst in Betracht ziehen müssen, wenn wir die gegenwärtige mißliche Lage und die damit verbundene Musik verstehen wollen.

Die hermetische Lehre besagt, daß jemand, der den Menschen verstanden hat, alles verstehen kann, und das bedeutet in erster Linie Selbsterkenntnis. Wo sonst sollen wir beginnen? In der Lehre heißt es auch «wie oben, so unten» und umgekehrt «zur Vervollkommnung des Einen». Der Blick nach innen ermöglicht die Schau des Ganzen, wobei wir das Unbekannte mit Hilfe des Bekannten erklären.

Wir führen jetzt unsere Analogie mit der Alchemie aus dem letzten Kapitel auf der makrokosmischen Ebene weiter und weisen Gott – womit der Schöpfer und Demiurg gemeint ist, nicht die absolute Gottheit, die mit der Geschichte nichts zu schaffen hat – die Rolle des Alchemisten zu. Die gesamte Menschheit ist dann mit Körper und Seele seine *prima materia*. In dieser rohen ersten Materie liegt der Keim oder Funken göttlichen Lichts verborgen, der sich, wenn er richtig gehegt wird, als Stein der Weisen oder als Tinktur manifestieren kann, fähig, jedes Metall in Gold zu verwandeln. So kann die Menschheit, wenn das Experiment gelingt, die Wandlung der ganzen Erde herbeiführen und sogar noch mehr.

Der Alchemist ist der geduldigste Mensch. Tagaus, tagein bearbeitet er die Substanz, die er so sorgsam gesammelt hat: Er nährt sie, kocht sie, reduziert sie zu trockenem Pulver und belebt dieses neu mit Tau und Auszügen aus frischen Pflanzen. Stets achtet er auf die Stellung der Sterne und Planeten, immer ist er im Gebet. Manchmal muß er ein ganzes Jahr warten, bis die rechte Zeit für eine bestimmte Prozedur gekommen ist, dann wieder muß er die Stunde, die Minute nutzen, damit nicht alles verloren ist.

Diese «Jahre» und «Tage» sind auch auf der höheren Ebene anzutreffen. In dem Zweig der esoterischen Wissenschaft, der die kosmischen Zyklen untersucht, sind sie eine vertraute Vorstellung. Die Griechen und Römer kannten als längstes Zeitmaß das Große Jahr (*magnus annus*), das in etwa einer Periode der Präzession von 25 920 Sonnenjahren entspricht. Die zwölf «Monate» dieses Jahres sind jeweils ungefähr 2 160 Sonnenjahre lang. Wir kennen sie auch als die astrologischen Zeitalter, benannt nach dem jeweiligen Sternbild des Tierkreises, in dem die Sonne zur Tagundnachtgleiche im Frühling aufgeht. Die letzten Zeitalter waren das des Stiers (grob gerechnet viertes und drittes Jahrtausend v. Chr.), das des Widders (zweites und erstes Jahrtausend v. Chr.) und das der Fische (die beiden ersten Jahrtausende n. Chr.), das jetzt in das Zeitalter des Wassermanns übergeht.

Jede Zivilisation, jede Kulturepoche, die auf der Erde erblüht, hat eine gewisse Dauer, dann geht sie unter und verschwindet. Arnold Toynbee beschreibt in seinem großen Werk *Study of*

History, das unter den exoterischen Untersuchungen der Weltgeschichte den esoterischen Modellen am nächsten kommt, diese Abfolge als Hauptrhythmus der Vergangenheit. Doch was sind jene Zivilisationen für Ihn, dem «tausend Zeitalter wie ein Abend verstreichen»? Sie sind sein Tagewerk. Jeden Morgen hat der Alchemist in seinem Laboratorium etwas zu tun. Jeden Abend, wenn das Tagewerk getan ist, senkt sich Vergessenheit herab. An manchen Tagen wiederholt sich einfach, was am Vortag geschah, und das kann monatelang so weitergehen. (Wir denken dabei an die ziemlich statischen Kulturen im alten Ägypten oder in China.) An anderen Tagen bewegt sich alles rascher: Der Inhalt des Destillierkolbens kann sich plötzlich vor den Augen des Alchemisten verwandeln.

Das Werk eines solchen Tages kann den Stoff für immer verändern. Das sind die denkwürdigen Tage, an denen neue Entwicklungsstufen im Großen Werk erreicht werden. Eines Tages, wenn es zu der absolut notwendigen Putrefaktion, der Zersetzung, kommt, wird aus dem Ganzen ein stinkendes Durcheinander. Durch sorgsames Abwaschen und sanftes Kochen wird sich der schreckliche, bedrückende Anblick in etwas glitzernd Weißes wandeln, über dem der «Pfauenschwanz» mit seinem überirdischen Farbenspiel aufleuchten kann und von dem ein süßer Wohlgeruch ausgeht. Können wir uns nicht Zivilisationen und Kulturepochen – Tage im Leben der Menschheit – vorstellen, die diesen Stufen entsprechen?

Es ist deutlich zu sehen, daß unsere jetzige Zivilisation einen der entscheidenden Tage darstellt, an dem das Werk in eine neue Phase eintreten wird, anders ausgedrückt, an dem das Gefäß dem Alchemisten ins Gesicht fliegen wird, weil es längst überhitzt ist. Dann muß er von vorn anfangen, wozu er in seiner unerschöpflichen Geduld sicher bereit ist. Und wenn Platon in seinem Bericht von Atlantis die Wahrheit spricht, hat er das schon einmal erlebt.

In diesem «Jahr» steht die Sache allerdings anders. Wir können nämlich annehmen, daß der Alchemist im vorigen Weltzeitalter, das die Esoteriker Atlantis nennen, nach der recht üblichen Methode arbeitete, die als feuchter Weg bekannt ist, während er jetzt dem sogenannten trockenen Weg folgt. Dieser Weg führt zu einem viel rascheren Prozeß, der – für den Fall des Gelingens – gewaltige Ergebnisse erwarten läßt. Er ist aber äußerst gefährlich, weil der Stoff im hermetischen Gefäß viel höheren Temperaturen ausgesetzt ist als sonst. Aus diesem Grund bedrohen uns nun nicht die Wasser, in denen Atlantis versank, sondern die nicht beherrschbaren Umwandlungen der Elemente in einem nuklearen Feuerball.

Die Wahl des trockenen Weges führte zu einer noch nie dagewesenen Beschleunigung dessen, was sich in den letzten fünfhundert Sonnenjahren (etwa eine Woche der kosmischen Zeitrechnung) ereignet hat. Damit hängt zweifellos auch zusammen, daß der Alchemist schon so lange abwesend zu sein scheint, daß viele Leute ihn für tot halten oder meinen, es habe ihn nie gegeben. Beim trockenen Weg muß der Tiegel nämlich rücksichtslos erhitzt werden, und dem Stoff in ihm können weder Tau noch frische Pflanzen zugeführt werden. Der Alchemist hat anscheinend im siebten Jahrhundert n. Chr. mit der Offenbarung des Islam zum letzten Mal direkt in das Geschehen eingegriffen, und diese Religion hält sich nicht grundlos für die letzte im Zyklus. Nun wartet er die Ereignisse im Kolben ab, die ihm entweder gestatten, das Gefäß triumphierend wieder zu öffnen, oder zeigen werden, daß das gesamte bisherige Werk vernichtet ist. Das hängt zu einem großen Teil vom eigenen Verhalten des Stoffes ab, der nicht vom Alchemisten, sondern von den Sternen und von seinem Grad der Vorbereitung beherrscht wird. Kein Wunder, daß wir uns kaum vorstellen können, wie die Epoche nach dem Jahr 2000 aussehen wird.

Die Zivilisation des Westens unterscheidet sich von allen anderen, und die Esoteriker äußern sich dazu auf zwei Weisen: Entweder sie sind Traditionalisten und betrachten die westliche Zivilisation als etwas Abnormes, um nicht zu sagen als Monstrosität (so René Guénon), die nur am Ende eines dunklen Zyklus (in Indien das *Kali-Yuga*, bei den Griechen das Eiserne Zeitalter) auftreten kann. Oder sie sind Evolutionisten, für die die westliche Erfahrung mit all ihren Verirrungen ein notwendiger Schritt in der Entwicklung der Menschheit ist. Die erste Gruppe beklagt den westlichen Materialismus mit seiner Verweltlichung, den Niedergang der Religionen, den Verlust philosophischer Gewißheit. Die zweite preist das Entstehen des individuellen Bewußtseins, die Befreiung vom Dogma, das globale Bewußtsein. Meine alchemistische Analogie versucht die Spannung zwischen den Gegensätzen zu halten, ohne sich für eine der beiden Seiten zu entscheiden, da ich mir von diesem Zugang mehr Einsichten verspreche als durch eine dualistische Wahl. Die Stufe des Großen Werkes, auf der wir uns befinden, ist – kollektiv gesehen – voller Zersetzung und Dunkelheit, denn der moderne Mensch weiß nichts von seinem wahren Wesen; folglich leidet er und die Erde mit ihm. Er wird aber mit Absicht durch diese Stufe geführt (schließlich regiert eine Göttin das *Kali-Yuga*), damit eines Tages ein neues Goldenes Zeitalter anbricht. Und es wird anders sein als das letzte Goldene Zeitalter.

Wenn wir endlich die westliche Musikgeschichte ansehen, lassen sich mit ihr sowohl die Ansichten der Traditionalisten als auch die der Evolutionisten stützen. Die ersteren weisen darauf hin, daß sich die Musik im Westen im Vergleich zur Musik der übrigen Welt nicht normal entwickelt hat; aber sind wir nicht froh über das «Unnormale», das einen J. S. Bach, Mozart, Beethoven hervorgebracht hat? Und wie viele Menschen freuen sich über den Weg, den die Musik im zwanzigsten Jahrhundert eingeschlagen hat? Wenn wir das Publikum der klassischen Konzerte ansehen, finden wir nur wenige (die volkstümliche Musik ist eine andere Sache). Die meisten Musikliebhaber haben es sich in einem Museum bequem gemacht, das seit etwa 1910 nichts Neues mehr erworben hat. Mag sein, daß etwas ernstlich auf Abwege geraten ist; oder liegt es daran, daß die Menschen insgesamt eine Kunst einfach nicht begreifen, die so schwer verständlich geworden ist?

Wir müssen jetzt erst einmal den Blick auf das Frühmittelalter richten, in dem der Prozeß der kulturellen Beschleunigung noch nicht eingesetzt hatte. In dieser Epoche waren die Musikstile und deren Verwendungen festgelegt; sie bildeten den Rahmen, in dem die Musiker ihr Handwerk ausübten, ohne daß einzelne die Kunst grundlegend zu verändern suchten. Die Musik diente der Andacht, dem Lied, dem Tanz und erfüllte so ihre überlieferten Funktionen. Es gab sie noch nicht um ihrer selbst willen. Natürlich wurden einige Komponisten und Sänger für besser als andere gehalten, so wie bestimmte Töpfer bessere und schönere Keramik herstellten als andere. Mit der Musik war es nicht anders als mit den Töpferwaren, die nicht auf den Kaminsims oder ins Museum gestellt, sondern gebraucht wurden. Wenn es eine Art Kontrapunkt oder Mehrstimmigkeit gab, wie sie anscheinend jede Kultur kannte,[1] war sie eher eine Sache der aufführenden Künstler als der Komponisten. Sobald ein Stück für Choralgesang oder eine Tanzweise dem Gedächtnis eingeprägt waren, konnten sie ausgeschmückt werden durch die Hinzufügung anderer Melodien, die nicht erst niedergeschrieben werden mußten. Die Musik lebte nicht auf dem Pergament, sondern im Gedächtnis: im ausgezeichneten, weiträumigen Gedächtnis der mündlichen Überlieferung. Heute ist daher kaum noch etwas von ihr erhalten.

Solche Umstände brachten damals viele Vorteile mit sich. Der größte bestand vielleicht darin, daß Komponist, Dichter und Sänger oft in einem Menschen vereint waren, wodurch in jeder Phase der Arbeit Platz für die Inspiration blieb, spontan sogar noch während der Aufführung. Diese Einheit war in Resten auch später noch erhalten, zum Beispiel bei den großen Komponisten der Renaissance im Norden – Dufay, Obrecht, Ockeghem, Josquin Desprez –, die alle professionelle Sänger waren, bei Caccini und Dowland um 1600, die ihre eigenen Gedichte schrieben und ihren Gesang selbst auf der Laute begleiteten. Doch als im späteren siebzehnten Jahrhundert der Komponist bezeichnenderweise zum Virtuosen auf den Tasteninstrumenten zu werden begann, ging das «orphische» Erbe verloren, und die Komponisten verhielten sich immer mehr wie der göttliche Alchemist, der sich aus der aktiven Mitwirkung an seinem Werk zurückgezogen hat. Vom Komponisten als Bild des Göttlichen, das mit dem Klang seiner eigenen Stimme schafft, führt der Weg zur Vorstellung des achtzehnten Jahrhunderts, in der Gott der höchste Aufseher eines Universums ist. Dieses wird als Uhrwerk gesehen und hat seine Entsprechung in der komplizierten Mechanik von Orgel, Cembalo oder Klavier. Noch später ist der Komponist oft Dirigent (der Schöpfer als Diktator), oder er gibt seine Partituren heraus, und andere Menschen folgen seinen Anweisungen wie

Beamte, die einem fernen Bürokraten gehorchen. Das wirft ein neues Licht auf die Dichter-Komponisten der Folk- und Rockmusik, die unverschämterweise selbst singen und die einzige Weltklassik unserer Zeit hervorgebracht haben.

In der zweiten Hälfte des zwölften Jahrhunderts entstanden in und um Paris eine neue Architektur und eine neue Musik. Während Abt Suger seine Vorstellungen in der Abteikirche von Saint-Denis, dem ersten gotischen Bau, verwirklichte, stellte in der Sängerschule an der Kathedrale Notre-Dame in Paris Leonin das *Magnus liber organi*, das «Große Organumbuch», zusammen. Es besteht aus zweistimmig polyphonen Choralbearbeitungen für die Gottesdienste des liturgischen Jahres. Vorformen der beiden neuen Stile waren zwar schon früher aufgetaucht, aber sie reichen nicht an die Größe der beiden Projekte heran. Und gegen Ende des Jahrhunderts gab es für jeden der beiden einen Nachfolger, wobei die Neuanfänge sozusagen klassische Formen hatten. Für Sugers Bau von Saint-Denis war der Nachfolger die neue Kathedrale von Chartres (Umbau nach 1194), und für Leonin war es Perotin, der das *Magnus liber organi* bearbeitete und erweiterte. Bei der neuen Kathedrale gelang es, ein Gewölbe zu errichten, so breit und hoch wie nie zuvor, mit Steinwänden, die mit Glasfenstern über eine Gesamtfläche von mehreren tausend Quadratmetern durchbrochen waren. Perotin übertraf das Werk Leonins, indem er drei- und vierstimmige Organa schrieb. Er ging von Choralmelodien aus, erweiterte sie und gab ihnen eine zeitliche Aufgliederung, wie sie noch nie zuvor (und später nur selten) versucht wurde. Er öffnete sie sozusagen der Leuchtkraft seines Kontrapunkts.

Wenn sich Europa wie Indien oder Ägypten verhalten hätte, wäre damals die Entwicklung der Musik und Architektur für mindestens fünfhundert Jahre zum Stillstand gekommen, so daß die eigentliche Bedeutung der neuen Stile hätte herausgearbeitet werden können. Die Entwicklung blieb freilich nicht stehen. Im dreizehnten und frühen vierzehnten Jahrhundert wurde die Motette zum Laboratorium, in dem alle möglichen Experimente mit Rhythmus, Harmonie und Text unternommen wurden. Die Motette ist vielleicht die künstlichste aller musikalischen Gattungen und für uns heute am schwersten zugänglich. Für sie ist typisch, daß sie einen Melodieteil eines Chorals nimmt, die Worte wegläßt und ihm einen regelmäßig wiederkehrenden Rhythmus gibt. Sie fügt dann zwei höhere Stimmen hinzu, die sich etwas rascher bewegen und jeweils ihren eigenen Text haben (die *mots*, die der Motette den Namen gaben). Die Texte können lateinisch und religiös oder französisch und erotisch sein. Beide Formen treten auch gemischt auf und werden gleichzeitig gesungen. Gelegentlich beziehen sie sich auf die Worte des Textes, der ursprünglich zu der verwendeten Choralmelodie gehörte.

Wer eine Motette zum ersten Mal hört, kann die beiden gleichzeitig ablaufenden Gedichte unmöglich entflechten oder die zugrundeliegende rhythmische Struktur wahrnehmen. Wurden diese Stücke für Kenner komponiert, die den Aufbau der Motetten verstehen wollten, während andere adelige Musikfreunde mit den einstimmigen Liedern der Troubadours und Trouvères zufrieden waren? Wir wissen es nicht, wir haben nur die tadellos erhaltenen Handschriften, in denen noch nicht einmal die Fehler verbessert worden sind. Vielleicht behandelte man sie wie Schaustücke, aus denen nie gesungen wurde. Es ist möglich, daß diese Werke wie die avantgardistischen Kompositionen des zwanzigsten Jahrhunderts für andere Komponisten äußerst interessant waren, daß sie also historisch gesehen sehr wichtig sind, aber kaum die große Menge der Musikfreunde erreichten.

Einer dieser Motettenkomponisten, Philippe de Vitry, war sich über die historische Bedeutung seines Werkes im klaren. Mit seiner Abhandlung *Ars nova* (um 1325) steht er am Beginn der bis in die Gegenwart reichenden Reihe von Manifesten, in denen die Schaffung einer «neuen Musik» angekündigt wird. Doch jede neue Musik ruft Verteidiger der alten auf den Plan, und in diesem Fall trat Jacobus von Lüttich für die Tradition ein. Er ist der Autor der umfangreichsten Musikabhandlung des Mittelalters, des *Speculum musicae* (zwischen 1325 und 1350). Jacobus beklagt die damalige Begeisterung für weltliche Lieder, die zu einer Geringschätzung der alten Musik der Notre-Dame-Epoche führe:

Verwenden die Modernen nicht fast ausschließlich Motetten und Chansons, von den Hoquetuspartien abgesehen, die sie in ihre Motetten einfügen? Sie haben viele andere Musikarten aufgegeben, die sie nicht wie die Alten in der richtigen Form verwenden, zum Beispiel rhythmische Organa und solche, die nicht durchgängig rhythmisch sind, und das organum purum und duplum, von denen die wenigsten Modernen wissen, dazu Conductus, die so schön und voller Köstlichkeit sind, und die so kunstvoll und wunderbar sind, wenn sie zwei, drei oder vier Stimmen haben, ebenso die zwei-, drei- und vierstimmigen Hoqueti. Diesen Musikarten widmeten sich die Sänger abwechselnd, sie machten sie zur Grundlage, in ihnen übten sie sich, an ihnen erfreuten sie sich, nicht nur an Motetten und Chansons allein.[2]

Jacobus trat für die geistliche Polyphonie zu einer Zeit ein, als die meisten Komponisten fast ausschließlich mit weltlichen Formen beschäftigt waren. Es ist sicher etwas merkwürdig, daß Francesco Landini, der größte italienische Komponist des Trecento und Organist am Dom zu Florenz, angeblich außer weltlichen Liebesliedern nichts hinterlassen hat und daß Guillaume de Machaut, Priester und Canonicus in Reims, sein ganzes schöpferisches Leben mit dem Dichten und Komponieren höfischer Liebeslyrik zugebracht und außer seiner *Messe de Notre-Dame* nichts zur Liturgie beigetragen haben soll. Vielleicht mußte die Kirche aber einen musikalischen Stil ablehnen, der so abhängig von weltlichen Impulsen war: vom Entzücken der Komponisten über ihre Erfindungsgabe (in den Motetten), von der Darstellung der vergänglichen Welt menschlicher Gefühle (*Chansons* und *Canzone*).

Die forschende Haltung setzte sich am Ende des vierzehnten Jahrhunderts in den manieristischen Schulen Frankreichs und Italiens fort. Das Zusammengehen der beiden Stile faszinierte die Komponisten, und sie machten aus jedem Lied eine übertriebene Studie, die sich mit einem einzigen Aspekt beschäftigte: mit der Chromatik, mit extrem kurzen oder langen Noten, mit der Erkundung ungewöhnlicher Stimmregister, mit Kanons und komplizierten Rhythmen, mit Notenlinien, die einen Kreis oder ein

Herz bilden. Eine manierierte Kunst und die ihr nah verwandte dekadente Kunst sind zum Teil Ausdrucksformen bestimmter erotischer Vorstellungen, die sich auf normalerweise eher nebensächliche Dinge konzentrieren. Diese Formen treten immer am Ende einer Kunstepoche auf, wenn sich die Möglichkeiten der Klassik und der Gefühlsbetontheit erschöpft haben. In unserem Fall spiegelt die manierierte Kunst den geistigen Zustand Europas am Ende des Mittelalters, das dann von der Renaissance und ihrer allgemeinen Wiederentdeckung der Antike abgelöst wurde.

Gab es denn in der Musik eine Renaissance? Im frühen fünfzehnten Jahrhundert gewiß nicht, denn die Erschöpfung, die in Frankreich und Italien um sich griff, fand ihr Gegenmittel in einem neuen Stil der Musik, der aus England kam und *contenance anglois* genannt wurde. Die englische Polyphonie hatte sich im dreizehnten und vierzehnten Jahrhundert ziemlich isoliert entwickelt. Als gemeinsame Wurzel gab es zwar den Stil der Notre-Dame-Epoche, doch die englische Musik befaßte sich mit den Möglichkeiten der Harmonie als solcher, während sie sonst eher als Nebenprodukt gleichzeitig erklingender Melodien entstand. Das fünfzehnte Jahrhundert war vom englischen Klang gefesselt und schwelgte in der reinen Schönheit der Dreiklänge mit großer oder kleiner Terz. Je mehr Stimmen kontrapunktisch zusammengefügt wurden (gelegentlich bis zu vierzig), desto stärker ließ die Musik diese Akkorde erstrahlen. Die Tendenz erreichte in den fünfzig Jahren um den Beginn des sechzehnten Jahrhunderts in der englischen Musik ihren Höhepunkt (die Zeit des *Eton Choirbook*, des John Taverner usw.), und zwar in den vielstimmigen Messen und Antiphonien zu Ehren der Jungfrau. Wenn es eine Musik gibt, die die himmlischen Heerscharen in ihrem unaufhörlichen Gesang abzubilden vermag, dann ist es die, in der jede Stimme vollkommen mit jeder anderen verschmilzt und doch deutlich bleibt, und zwar auf der Grundlage jener Urdreiklänge, aus denen sich jede Harmonie entfaltet.

Die Komponisten auf dem Kontinent vervollkommneten inzwischen die Kunst des imitierenden Kontrapunkts, dessen Funktion darin besteht, die Stimmen nicht nur harmonisch, sondern auch thematisch zusammenzubinden. In einem imitierenden

Stück singen die Stimmen ähnliche Melodien und sind von gleicher Wichtigkeit; das hatte man seit dem Conductus drei Jahrhunderte zuvor nicht mehr gekannt. Der Buddhist und Schriftsteller Marco Pallis (geb. 1896), Mitbegründer des English Consort of Viols, beschreibt die symbolische Bedeutung des Kontrapunkts:

> Kennzeichnend für dieses Universum ist das dreifache Verhängnis von Änderung, Wettkampf und Unbeständigkeit; von einer Welt (oder jeder beliebigen Welt) sprechen heißt, von Kontrast und Gegensatz zu sprechen, denn die Unterscheidung eines Wesens vom anderen bringt unvermeidlich diese Besonderheit hervor; «eine Welt» ist stets das Spiel von Schwarz und Weiß mit allen Nuancen von Grau, oder sagen wir lieber, mit dem veränderlichen Spiel des Spektrums: Was geschieht dann eigentlich genau, wenn sich zwei oder mehr Wesen in derselben Welt entwickeln? Sie nähern sich oder entfernen sich voneinander oder bewegen sich kurze Zeit parallel zueinander (oder eben beinahe, da eine absolut parallele Bahn unmöglich ist), und dadurch kommen die fraglichen Wesen gelegentlich in Berührung miteinander oder stoßen gar zusammen: Was geschieht dann? Wenn das eine Wesen im Vergleich zum anderen eine größere Kraft ausübt, wird es das andere aus seiner Bahn ablenken, bis es wieder frei ist und sich in der eigenen Richtung weiterbewegen kann. Diese neue Richtung wird es einhalten, bis sich ihm wieder etwas entgegenstellt – und vielleicht wird sich diesmal die eigene Kraft als stärker erweisen und das *andere* Wesen aus seinem Lauf ablenken und immer so weiter.
> Das Bild erinnert vor allem an einen *Kontrapunkt*, der in seinem ständigen Wechselspiel von Spannungen und Lösungen jene Einheit zum Ausdruck bringt, aus der alle seine wesentlichen Elemente hervorgegangen sind und die diese bewußt oder unbewußt alle wiedererreichen wollen. Die musikalische Parallele liegt auf der Hand, und das ist auch der Grund, warum kontrapunktische Musik die seltsame Kraft hat, die Seele zu ergreifen.[3]

Den reinsten Ausdruck dieser Symbolik finden wir in der Vokalmusik des späten fünfzehnten und sechzehnten Jahrhunderts, zum Teil in der Instrumentalmusik des siebzehnten Jahrhunderts, vor allem in den englischen Fantasien für Violen und natürlich in den Fugen J. S. Bachs. Die Idee der Polyphonie erreicht im rein imitatorischen Stil ihre klassische Gestalt, und diese Erfindung gehört zu den größten Leistungen der europäischen Kultur.

Ganz gleich, wie wir die Renaissance definieren – als Erneuerung der Gelehrsamkeit, als Wiederaufleben der Antike, als Humanismus und die Entdeckung des Individuums oder als Streben nach Verweltlichung –, in der uns erhaltenen Musik des fünfzehnten und sechzehnten Jahrhunderts wird sie kaum sichtbar. In der Hochrenaissance, bei der wir an Namen wie Leonardo da Vinci, Raffael, Michelangelo, Giorgione, Bramante usw. denken, stehen zwei Ziele im Vordergrund.[4] Zunächst sollte die Kunst der Malerei (die bis dahin mehr dem Handwerk als der schöpferischen Kunst zugerechnet wurde) mit der ehrwürdigeren Dichtung wetteifern und sie sogar in der Fähigkeit übertreffen, Charaktere darzustellen, Geschichten zu erzählen und den ganzen Bereich menschlicher Gefühle abzubilden. Zum zweiten sollte die Kunst der Modernen mit der Antike wetteifern und sie an Schönheit wie seelischer Ausdruckskraft übertreffen. Die bildenden Künste waren um 1500 durch ein Zusammentreffen von Genie, Mäzenatentum und technischen Neuerungen in der Lage, diese Ziele zu verwirklichen. Dafür spricht die allgemeine Einschätzung der Hochrenaissance als Höhepunkt der westlichen Kunst. Mit der Musik verhielt es sich anders: Zwar fehlte es ihr nicht an Genie und Förderung, doch mit ihrem damaligen Stil ließ sich das erste Ziel nicht erreichen, und da man noch zu wenig über die Antike wußte, war auch das zweite nicht zu verfolgen. Der überragende Musiker zur Zeit der Hochrenaissance war Josquin Desprez, dem Leonardo am Hof der Sforza in Mailand begegnet sein könnte. Josquin galt wegen seiner musikalischen Ausdruckskunst und seiner Meisterschaft im Kontrapunkt als unvergleichlich. Doch wie leicht wirkt seine Ausdruckskraft im Vergleich zu den verzerrten Gesichtern in Leonardos *Schlacht von Anghiari* oder dem umfassenden Lehrbuch des Gebärdenspiels, als das man Michelangelos Fresken in der Sixtinischen Kapelle auch ansehen kann! Das soll keine Herabsetzung der Musik sein, sondern nur ein Hinweis darauf, daß die Musik der bildenden Kunst noch nicht gefolgt war, die für die Darstellung der Gefühle schwärmte. Der Stil der imitatorischen Polyphonie, die Josquin in höchstem Maße beherrschte, ist gewiß voller Ausdruck – nur drückt sich in ihm die Intelligenz aus, die über der Emotion steht und tiefer ist als die äußerliche Persönlichkeit. Außerdem hat er nichts mit der Antike zu tun.

Die polyphone Musik ist im wesentlichen eine Kunst der Gotik. Sie entstand gleichzeitig mit den Kathedralen und ist auf ihre Weise ein Abbild der geistigen Erfahrungen, die in die Architektur einflossen. Das neunzehnte Jahrhundert, in seiner Neugotik begleitet von einer Wiederentdeckung der Kirchenmusik Palestrinas und Bachs, war historisch gesehen vielleicht naiv, als es die Architektur um 1200 mit der Musik von 1560 oder 1720 verglich, aber in all der Begeisterung war etwas intuitiv richtig erkannt worden. Wie in der Musik, so setzte zum Beispiel in England die Renaissance in der Architektur mit hundertjähriger Verspätung ein.

Solange die Musik als polyphones Gewebe mehrerer Stimmen aufgefaßt wurde, ließ sich Individuelles nur begrenzt ausdrükken. Wenn die Sänger als Menschen hervortreten sollen, um das Besondere des Individuums darzustellen, müssen sie frei und allein sein, so wie ein Schauspieler frei seinen Text ohne Berücksichtigung des Ensembles deklamieren kann. Solche Musik wurde schon in den humanistischen Kreisen des späten fünfzehnten Jahrhunderts gepflegt, doch ist von ihr nichts erhalten. Marsilio Ficino, Leonardo da Vinci und der ideale Hofmann Castigliones pflegten diesen Gesang, den sie selbst begleiteten. Das beliebteste Instrument war die *lira da braccio*, ein Streichinstrument, auf dem Akkorde zu spielen waren, ein Vorläufer der Violinfamilie. Die klassischen Schutzherren der Musik, Orpheus und Apollo, wurden gern als solche Solosänger dargestellt. Es handelte sich hier vor allem um improvisatorische Musik: eine spontane Darstellung der seelischen Verfassung, die andere dazu bewegen konnte, sich in denselben Zustand zu versetzen. Daher wurde sie nie aufgeschrieben – ein großer Verlust für den Historiker. Außerdem wurden dem Zuhörer vor allem Gedichte vorgeführt, die Emotionen zum Thema hatten. Die Musik ordnete sich unter, verstärkte sicher die Wirkung des Gedichts, war aber auf keinen Fall absolut notwendig. In der polyphonen Musik ist andererseits die Erwartung hauptsächlich auf die Musik selbst gerichtet, die genau das tut, was die Worte nicht können.

Um 1600 erfuhr der humanistische Gesang, dessen Verse mit einfachen Akkorden auf *Lira* oder Laute begleitet wurden, eine geradezu epochemachende Veränderung. Ein vornehmer Florentiner Kreis von gebildeten Dichtern, Musikern und Gelehrten, Camerata genannt, debattierte über Musik und Schauspiel im antiken Griechenland und setzte seine Theorien in die Praxis um, indem er die ersten musikalischen Dramen schuf, die dem antiken Stil so nah wie möglich kommen sollten. Da es aber weder einen Leonardo da Vinci noch einen Richard Wagner gab, der die gesamte Verantwortung für Theorie, Dichtung, Musik, Aufführung und Bühnenbild übernommen hätte, entstanden die Camerata-Opern in gemeinsamer Arbeit. Das Improvisieren wurde eingeschränkt und die Musik schriftlich festgehalten. In dieser Zeit finden wir also die ersten *erhaltenen* Spuren einer Renaissance in der Musik. Sie läßt sich als Auftreten eines Stils definieren, der sich auf antike griechische Vorbilder stützt und die Gefühle einzelner Menschen schildern will. – Der Humanist war zum Opernsolisten geworden.

Im kurzen Frühling der Oper mit seinen Komponisten Peri, Caccini, Cavalieri und dem jungen Monteverdi (*Orfeo*, 1607; *Arianna*, 1608) wurden die drei Elemente Dichtung, Musik und Gesang im Gleichgewicht gehalten, weil die wunderbaren Wirkungen der antiken griechischen Musik das höhere Ziel waren. Wie Robert Donington zeigt,[5] waren die ersten Opern nichts Geringeres als heilige Dramen eines wiedererstandenen Neuplatonismus. Diese Entwicklungen in Italien fielen zeitlich genau mit Strömungen in Frankreich, England und Deutschland zusammen, denen Frances Yates so meisterhaft nachgegangen ist: Dichter- und Musikerakademien, neuplatonische höfische Dramen, die Philosophie der Rosenkreuzer, Hermetik und Alchemie setzten sich gemeinsam für die erhoffte Erneuerung der ganzen Welt ein. Möglich, daß dies alles zu früh kam. Auf jeden Fall waren die meisten Hoffnungen bis zur Mitte des Jahrhunderts zerstoben, und die Oper war kein esoterisches Drama mehr, sondern in jeder bedeutenden Stadt Europas das beliebteste öffentliche Schauspiel. Im Verlaufe der Entwicklung verschob sich der Schwerpunkt vom Philosophischen zum Theatralischen, vom ausdrucksstarken Rezitativ zur melodiösen Arie. Um 1700 fand ganz Europa Gefallen an einer Form der Oper, die ihren Erfolg vor allem der effektvollen Inszenierung und den Stimmen großer Sänger verdankte.

Italienische Opern aus der Zeit zwischen Monteverdi und Mozart sind heutzutage nur selten zu hören, aber eine gewisse Vorstellung von ihren Besonderheiten ist nötig, um die Epoche zu verstehen, in der diese Opern das Musikleben beherrschten. Ihr Hauptthema war die Darstellung der Heldentugenden. Die Geschichten wurden gewöhnlich von römischen Historikern übernommen oder späteren epischen Dichtungen wie Tassos *La Gerusalemme liberata* entlehnt und von den Librettisten so bearbeitet, daß die Helden als übermenschliche Wesen erschienen, die die extremsten Gefühle zeigten. Die Libretti wurden von den Komponisten immer wieder aufs neue vertont; niemanden störte es, die Geschichte der letzten Saison noch einmal zu hören, wenn nur die Musik neu war. Die Charaktere der heroischen Oper erleben die verwickeltsten Abenteuer mit Personenverwechslungen, Verkleidungen, Verrat, Selbstaufopferung, ungerechter Kerkerstrafe, Verführung, Errettung und einer inneren Wandlung, die ein Happy-End möglich macht. Die Schurken werden bis zum letzten Augenblick schwärzer als schwarz vorgeführt, die Helden und Heldinnen strahlend weiß. Wenn wir aus unserer unruhigen Zeit zurückblicken, sehen wir gerührt, daß diesen Opern jeder Selbstzweifel und Zynismus, sogar jegliche Ironie fehlt. Sie sind rein und idealistisch wie die Hollywood-Filme und Broadway-Musicals aus der Zeit zwischen den Weltkriegen. Der Vergleich ist aufschlußreich, weil diese Kunstgattungen nach Entstehungszeit und Stil zwar verschieden sind, aber sehr ähnliche gesellschaftliche und kommerzielle Ziele verfolgen. Die Menschen sind überlebensgroß gezeichnet und führen beispielhaft die Urtugenden und -laster in Handlungen vor, die entgegen aller Wahrscheinlichkeit glücklich enden.

In dieser Zeit löste sich die Instrumentalmusik zum ersten Mal völlig von den Vorbildern der Vokalmusik, vom Tanz und von der Verwendung als Untermalung. Heute denken wir in diesem Zusammenhang hauptsächlich an J. S. Bach, aber damals war er eher eine Randfigur. Der wichtigste Komponist war Arcangelo Corelli (1653–1713), denn er rief die klassische Strömung ins Leben, die in der reinen Instrumentalmusik ungebrochen über Händel und die Familie Bach zu Haydn, Mozart, Beethoven, Schubert, Schumann, Mendelssohn, Chopin, Brahms und noch weiter geführt hat. In dieser Musik erkennen sowohl Komponist als auch Zuhörer bestimmte innere Gesetze der Form und der Tonalität an, die auf nichts Fremdes, außerhalb Liegendes zurückgreifen. Es geht um die Darstellung der reinen Intelligenz.

Corelli verwirklichte diese Ideale wie kein Komponist vor oder nach ihm. Er schrieb nur Instrumentalmusik, während alle anderen Zeitgenossen Opern schufen. Er komponierte nur für Streichinstrumente und Continuo (d. h. Cembalo, Laute oder Orgel), und sein Werk ist äußerst klar gegliedert: Opus 1, 2, 3 und 4 umfassen je zwölf Triosonaten, Opus 5 besteht aus zwölf Violinsonaten und Opus 6 aus zwölf Concerti grossi. Das ist alles. Corelli hatte aber als erster mit seiner Instrumentalmusik international Erfolg und erkannte die kommerziellen Möglichkeiten, die in der Drucklegung seiner Musik lagen. Seine Sonaten und Concerti erschienen in unzähligen Ausgaben und Bearbeitungen: Jeder Geiger in Europa kannte sie. Weniger bedeutende Komponisten ahmten seinen Stil nach, so gut sie konnten, während andere, zum Beispiel Vivaldi, Händel und J. S. Bach, von ihm lernten, um dann bewußt den eigenen Weg zu gehen.

Siegmund Levarie und Ernst Levy nennen in ihrem bemerkenswerten Buch *Musical Morphology: a Discourse and a Dictionary* diese rein instrumentale Musik *musica musicans* und definieren sie als «Musik, die durch immanente Gesetze der musikalischen Struktur und die Grammatik der musikalischen Sprache bestimmt ist», im Gegensatz zur *musica musicata*, die «der Darstellung der Leidenschaften» dient.[6] Bei diesen «Gesetzen» handelt es sich um die natürlichen Gesetze der Harmonie im umfassenderen Sinne, während die «Grammatik» – wie in jeder Sprache – eine Übereinkunft ist, auf welche Weise die Elemente Melodie, Rhythmus und Harmonie innerhalb des Rahmens eingesetzt werden, der Form und Tonalität bestimmt. Die «Dialekte», die sich im Verlauf der Epoche herausbilden, unterscheiden sich nur geringfügig voneinander (wie oft hat sich vor Schubert die erste Modulation in einer Dur-Tonart woanders hinbewegt als zur Dominante?). Was die Tonalität betrifft, erzählen alle klassischen Bewegungen dieselbe Geschichte: Die Ausgangstonart wird verlassen, andere Tonarten werden erkundet, dann erfolgt die Rückkehr. Diese archetypische Geschichte wird nie langweilig, ob wir sie in ihrer einfachsten Form des zweiteiligen Tanzes (Menuett, Walzer usw.) hören oder in der epischen Vielschichtigkeit, die ein Satz einer Symphonie von Beethoven oder Brahms aufweist.

Alle musikalischen Gattungen und Formen, auf die wir bis jetzt Rückschau gehalten haben, sind symbolisch und allegorisch zu deuten. In der frühen Polyphonie spiegelt sich das Ideal der mittelalterlichen hierarchischen Welt, in der jedes Wesen entweder hier auf Erden oder in anderen Welten seinen Platz hat. Die imitierende Polyphonie erlaubt mehr Beweglichkeit, mehr Austausch zwischen den Ebenen; die Hierarchie beginnt sich aufzulösen und zu verwandeln (nur wurden die gesellschaftlichen Probleme im sechzehnten Jahrhundert nicht so glücklich gelöst wie die musikalischen). Mit dem Entstehen der Oper tritt der einzelne in den Vordergrund und stellt auf der Bühne ein dramatisches Schauspiel der Leidenschaften dar, während der Sinn des Lebens nicht mehr in einer auf das Jenseits gerichteten Erlösung, sondern in der Erforschung der Gefühle und der Ausbildung heroischer Tugendhaftigkeit gesehen wird. Die Reisen des reinen Instrumentalstils durch die Tonarten sind auf eine subtile Weise Allegorien der Möglichkeiten, die jedem offenstehen, der eine gegebene Welt auf seine einmalige, persönliche Art erkunden will. Die tonale Form gleicht einem Destillierkolben, in dem die Selbstverwandlung stattfindet. Zur Zeit Corellis war sie eher starr und festgelegt, wurde aber zur Zeit der Revolutionen von 1776 und 1789 immer wagemutiger, widersprüchlicher und individualistischer. Im Spätwerk Beethovens eignet sich das Gefäß nicht mehr für die Experimente und wird folglich zerbrochen, auch wenn es anderen weiterhin nützlich erscheint.

Die neue Auffassung, die den einzelnen als Erforscher neuer Welten und Barometer der Leidenschaften sah, hatte ihren wichtigsten Wortführer in Jean-Jacques Rousseau (1712–1778). Der Ideenkonflikt zwischen Rousseau und dem Komponisten Jean-Philippe Rameau (1683–1764) gewährt uns einen guten Einblick in Strömungen, die weit über die Zeit der beiden hinauswirkten.[7] Bei dem Streit ging es – in Kurzform – um folgende Frage: Liegt das Wesentliche der Musik in der Harmonie oder in der Melodie? Der Musiktheoretiker Rameau, der die moderne Harmonielehre begründete, schrieb 1742 dazu:

> Wie fruchtbar ist diese Erscheinung! Aus ihr ergeben sich von selbst so viele Folgerungen. Liegt es nicht nahe, in einer Erscheinung, die so einzigartig und überreich ist, so vernünftig, wenn mir das Wort hier gestattet sei, das Grundprinzip der gesamten Kunst zu sehen, oder wenigstens das aller bildenden Künste?
> Spricht nicht eigentlich die Vernunft für die Annahme, daß *die Natur, die in ihren allgemeinen Gesetzen so einfach ist, vielleicht nur ein einziges Prinzip für alle Dinge kennt*, die sich darin anscheinend gleichen, daß sie dieselben Gefühle in uns wachrufen, so wie es die Bestimmung der Kunst ist, uns das Gefühl der Schönheit zu vermitteln?[8] [Hervorhebung durch J.G.]

Der begabte Musikliebhaber Rousseau, begeistert von der melodiösen italienischen Oper, kann der Harmonie nicht diese Vorrangstellung in der Musik zuerkennen. 1755 verfaßt Rousseau eine Erwiderung auf Rameaus Kritik an seinem Artikel in der *Encyclopédie* und weist darauf hin, daß eine von der Melodie getrennte Harmonie im alten Griechenland nicht denkbar gewesen sei und daß den zeitgenössischen Sängern von Volksliedern ein natürliches Gefühl für Harmonien fehle.[9] «Mit welchem Recht gibt sich die Harmonie, die sich selbst auf keine natürliche Grundlage stützen kann, als die Grundlage der Melodie aus, die vor zweitausend Jahren Wunder bewirkte, bevor noch die Rede von Harmonie und Akkorden war?»[10] Diese «allgemeinen Gesetze», die Rameau geltend macht, stellen für Rousseau nichts als eine unhaltbare Auswahl aus der Vielfalt der Obertöne dar, die mit jedem Ton verknüpft und zum größten Teil dissonant sind.[11] Er kommt zu dem Schluß, daß «die Harmonie nicht in den Verhältnissen zwischen Schwingungen besteht, sondern im Zusammentreffen der Klänge, die aus ihnen entstehen, und wenn diese fehlen, wie wollen ihnen da alle Proportionen der Welt ein Dasein verleihen, das sie gar nicht haben?»[12]

Lionel Gossman bemerkt dazu: «Rousseaus Zurückweisung des Primats der Harmonie läuft auf eine Ablehnung der ganzen Weltanschauung hinaus, die der Primat der Harmonie mit sich brachte. Und Rousseau macht wirklich eine Trennung zwischen Kosmos und Mensch, dem er eine eigene Geschichte, eigene Gesetze zuerkennt.»[13] Wir können die Sache hier nicht auf sich beruhen lassen. Ein Standpunkt, bei dem klar ist, welche Stellung der Mensch in einem harmonischen Kosmos einnimmt, führt zu entgegengesetzten Ansichten. Laut Albert Steffen, einem der bedeutendsten Schüler Rudolf Steiners, wird die Melodie auf die Erde herabgezogen, sobald sie (wie von Rameau) so aufgefaßt wird, daß sie zwangsläufig einen «Fundamentalbaß» mit sich bringt, der auf einem einzigen Instrument ausgeführt werden kann. Bis dahin war der Ton – der für Steffen untrennbar mit der Melodie verbunden ist – etwas Kosmisches, dem übernatürlichen Bereich zugehörig, der die wahre Heimat des Menschen ist. Bei Steffen heißt es:

Rameaus Entdeckung, der *Fundamentalbass* (basse fondamentale), entfernt die Musik vom Menschen. Die darauf beruhende Akkordlehre emanzipiert sich in der Folge von der lebendigen Stimme und läßt die Melodie untergehen. Der Ton verliert so die «Stimmung». Seine Herkunft aus dem Geistig-Seelischen, das von der Natur her mit dem Menschen verbunden ist (aber nicht so ohne weiteres mit dem Instrument), entschwindet. Er wird abstrakter erfaßt. Was ihm vorangeht, sein unhörbares Leben, das da ist, bevor er physisch erklingt, wird kaum mehr empfunden. Er hat keine Genesis, keinen Zusammenhang mit dem Kosmos, keine Göttlichkeit mehr. Die Sphärenmelodie ist eine Phrase geworden.[14]

Steffen, für den Rameau «progressiver» ist als Rousseau, räumt jedoch ein, daß diese Entwicklung zwangsläufig mit dem Prozeß verbunden ist, durch den die Sinne des Menschen aus ihrem archaisch geistigen, hellsichtigen Zustand befreit werden müssen. «Jenes Erwachen der Bewußtseinsseele im fünfzehnten Jahrhundert ist, musikalisch aufgefaßt, wie ein seelisches Erdbeben anzuhören, und der Fundamentalbaß das Echo davon.»[15] Und er zitiert Rudolf Steiners Ausspruch: «Der Akkord ist der Leichnam der Melodie.»[16]

Wenn wir den Meinungsstreit noch einmal im Licht jener großen Epoche reiner Instrumentalmusik betrachten und uns fragen, was wir in einem Konzert von Bach oder einer Sonate von Schubert hören können, so heißt die Antwort wohl: nicht unbedingt die Strukturen der Harmonien und Tonarten – die verstehen sich von selbst –, sondern viel eher eine endlose Melodie. Das ganze Werk ist eine Melodie, in der die Folge der Phrasen und Themen auf einer höheren Ebene so vollkommen wie die der einzelnen Töne ist, die die Melodie bilden. Jeder kann harmonische Fortschreitungen und Modulationen im klassischen Stil ausarbeiten, aber ohne Talent zur Melodie bleiben sie leblose Formen. Deshalb bringen wir den Studenten zwar bei, wie man mehrstimmig und kontrapunktisch schreibt, was sich wie die Mathematik lernen läßt, wir machen aber nie den Versuch, Melodie zu lehren, die ein Geschenk der Götter ist. Das analytische System Heinrich Schenkers (1868–1935) fußt auf einer richtigen Erkenntnis und sucht in klassischen Werken nach melodieähnlichen «Urlinien». Es kann aber unmöglich erklären, warum bei Mozart ein bestimmtes zweites Thema so perfekt zum ersten paßt. Das kann keine intellektuelle Analyse, weil die Beziehung zwischen den beiden Themen ihre Wurzel nicht im Verstand hat. Theoretiker der Harmonielehre wie Rameau haben sicher recht, wenn sie die Regeln der westlichen Tonalität als Erscheinung verstehen, die auf die Naturgesetze der Zahl in der Musik zurückgehen, während Rousseau mit gleichem Recht den alten Springquell der Melodie verteidigt, ohne den die Musik nicht wäre. Wie Rameau zeigt, muß es in der Kunst Proportionen und Harmonie (im umfassenderen Sinn) geben, worauf wir erwidern können, daß nur die Musik mit Hilfe der Melodie (ebenfalls in einem umfassenderen Sinn) fähig ist, das Wesen der Zeit zu formen und umzuformen.

Wie schon mehrfach beschrieben, findet in den klassischen Werken die Umformung der Zeit in einem Gefäß, einer Form statt, die in ihren Proportionen, ihrer Folge der Ereignisse überschaubar ist. Die Überraschungen sind etwa von der Art, wie wir sie auf einer Gesellschaftsreise mit bekanntem Ziel erwarten. Doch was ist, wenn wir uns mit verbundenen Augen auf den Weg machen und nicht wissen, wohin die Reise geht? Die Situation läßt sich mit den ungewöhnlichen Formen vergleichen, die nicht überschaubar sind. Sie werden im Verlauf des neunzehnten Jahrhunderts häufiger.

Beethoven ist in seinem Spätwerk ein Führer, der uns Neuland zeigt. Die letzten Klaviersonaten und Quartette sind Reisen in Bereiche, die die Musik vor ihm nicht kannte. Inzwischen sind uns diese Orte vertraut, so wie es heute zum Beispiel in Petra oder an den Niagarafällen von Touristen wimmelt, an Orten, die früher nur von kühnen Forschern zu erreichen waren. Sie haben die Grenzen unserer Welt erweitert. Jetzt taucht allerdings eine wesentliche Frage auf, die allen zu stellen ist, die auf diese Weise komponieren, das heißt, die Werke schaffen wollen, wie sie noch nie dagewesen sind, nämlich: «Bist du wirklich dort gewesen, oder erfindest du hier etwas?»

Von den vielen modernen Partituren scheinen nur wenige auf eine Offenbarung zurückzugehen, die mit dem inneren Ohr gehört wurde, sondern eher auf das geschickte, erfinderische Talent des Ich. Es handelt sich nicht um Entdeckungen, sondern um Erfindungen, die zum dritten Grad der Inspiration gehören, wie im letzten Kapitel beschrieben (S. 120). Wenn ihre Komponisten ein paar hundert Jahre früher gelebt und in einem überlieferten Stil gearbeitet hätten, der nicht bei jeder Gelegenheit Staunen erregen will, hätten sie vielleicht – wie viele Kleinmeister der Vergangenheit – hervorragende Werke geschaffen. Damit konnten sie sich nicht zufrieden geben, und ihre Zeit hätte sie auch nicht in Frieden gelassen. Das Rad der Zeit läßt sich nicht zurückdrehen, und versunken ist die Welt der musikalischen Klassik, in deren günstiger Umgebung Beethoven sein Frühwerk schrieb. Gestalten wie Rousseau, Goethe und auch Beethoven zeigen, daß sich der einzelne auf neue Art befreit und die Menschheit auf eine Initiation zugeht, in deren Folge die Macht der Masse, die eine günstige Umgebung schafft und kontrolliert, nur abnehmen kann. Die Versuche der avantgardistischen Künstler, um jeden Preis neu und originell zu sein, gehen in diese Richtung: Sie sind Pioniere, die ihre selbstgewollte Trennung von den Massen mit Neurosen bezahlen, aber immerhin den Weg der Individuation betreten haben.

Es ist eine der Hoffnungen der Moderne – öffentlich verkündet wurde sie zum ersten Mal in der Französischen Revolution –, daß die gesellschaftliche Hierarchie überwunden wird und mit ihr die Möglichkeit, daß ein Mann den anderen (und die Frau) unterdrückt. Das gehört offenkundig zum Programm des großen Alchemisten, da Anfänge dieser Bewegung schon im Mittelalter zu finden sind. Auf den vorangegangenen Stufen seines Werks ließ er die vier Elemente sich getrennt voneinander entwickeln, und zwar in Gestalt der vier Kasten, eingeführt von den frühesten Gesetzgebern Indiens und dort immer aufrechterhalten. Seit kurzer Zeit ist allerdings allen das Kämpfen um den Platz an der Spitze gestattet, so wie die Elemente im alchemistischen Gefäß miteinander ringen.

Die westliche Zivilisation kannte anfänglich eine Kastenordnung, die der indischen genau entsprach. Zuerst kamen die Geistlichen und Orden, den Brahmanen vergleichbar (auch wenn die Kastenzugehörigkeit nicht erblich war), die sich um Gottesdienst, Gelehrsamkeit und Erziehung kümmerten. Zweitens gab es den Adel, der den *Kshatriyas* entspricht und die gesamte weltliche Hierarchie vom König bis hinab zu den Gutsherren umfaßte, Männer, die weder Handel treiben noch körperlich arbeiten mußten, die das Recht hatten, ein Schwert zu tragen, und die Pflicht, ihr Land zu verteidigen. Drittens gab es die Kaufleute und selbständigen Handwerker der Zünfte (die *Vaishyas* im indischen System), die sich ihren Lebensunterhalt durch Handel und Können verdienten. Schließlich folgte die Klasse der Bauern oder Leibeigenen (in Indien die *Shūdras*), die von ihrer körperlichen Arbeit lebten.

In Europa ist seit dem Mittelalter jede Kaste der Reihe nach an die Macht gekommen, wodurch sich die indischen Prophezeiungen erfüllt haben, daß die Gesellschaftsordnung in diesem Zeitalter zusammenbrechen wird und alle Unterschiede verwischt werden. Allerdings können jene Religionen daraus Hoffnung schöpfen, die wie Buddhismus, Christentum und Islam gegen Kastenunterschiede sind. Dem Ansatz nach erwarten diese Religionen wenigstens einen Zustand, in dem jeder aus sich selbst heraus und direkt mit Gott verbunden sein wird. Die ganze Menschheit wird dann brüderlich vereint sein.

Übertragen wir diese historische Struktur auf die Musik des Westens. Offenkundig spiegeln sich in der Polyphonie, die im Dienst der Kirche entstand und von ihr gepflegt wurde, die Werte der ersten Kaste. Die polyphone Epoche vom neunten bis ins sechzehnte Jahrhundert ist eine Zeit, in der die Kirche über die Musik herrschte, was gelegentlich bis zu einem Verbot der Musik führte. Als die Kirche, durch das Schisma schon geschwächt, nach der Reformation ihre Macht an die weltlichen Herrscher verlor und an die zweite Stelle rückte, wandte sich die Malerei Themen des klassischen Altertums, dem Porträt und der Darstellung schöner Körper zu. Die Musik erreichte erst etwas später mit der Erfindung der Oper ihre «edle» Form, in der dieselben drei Themenkreise auftauchen, nun in der Darstellung individueller Gefühle und in Liebesverwicklungen. Die Oper war nicht nur für den Adel da, so wie die Kirche nicht nur für die Geistlichen da ist, aber es waren doch königliche und adlige Mäzene, die zunächst die Theater unterhielten, das Geld beschafften und den Stil vorschrieben. Diese Kunst der zweiten Kaste erreichte ihren Höhepunkt in Frankreich zur Zeit Ludwigs XIV.

Während vor der Französischen Revolution ein erfolgreicher Kaufmann sich nur noch ein Schwert umzugürten brauchte, um wie ein Adliger auszusehen, trugen nach der Revolution selbst Fürsten die schwarze Alltagskleidung der Händler, und die Offiziere blieben die einzigen *Kshatriyas*, denen die Kaste noch anzusehen war. Die Oper überlebte wie die Kirchenmusik, doch beide konnten die persönlichen Bedürfnisse des inzwischen wohlhabend gewordenen Bürgers nicht erfüllen, der sich ein Klavier leisten konnte und dessen Frau die Muße hatte, es spielen zu lernen. Abstraktes Denken fällt dem Menschen der dritten Kaste nicht leicht, dessen Pflicht darin besteht, die Welt der Wirtschaft in Gang zu halten. Er hat es gern, wenn seine Gemälde etwas darstellen, und so hat er auch eine Vorliebe für Genremalerei (die im gesellschaftlich fortschrittlichen Holland entstand). Ebenso schätzt er eine Musik, die in dem wurzelt, was er als die Wirklichkeit ansieht. So eignen sich für ihn am besten Lieder und kleine Instrumentalstücke, die eine Geschichte erzählen. In größerem Rahmen gefallen ihm Tondichtungen, und selbst bei rein symphonischen Werken denkt er sich seine Geschichten dazu. (Berlioz und Wagner erfüllen dem Bürger diesen Wunsch, indem sie Beethovens Symphonik in eine schrecklich gewählte Sprache übersetzen.) Wir sollten diese Welt der bürgerlichen Musikliebhaber nicht unterschätzen, die Moritz von Schwind in seinen Bildern von Schubert und dessen Freundeskreis so deutlich dargestellt hat. Sie waren sicher Biedermeier-Menschen, doch welche Heiterkeit, welcher Zauber wohnt im Biedermeier von Kompositionen wie *Die schöne Müllerin* oder in Schumanns *Kinderszenen*!

Jede Kaste hat ihre charakteristischen Tugenden, die zusammen mit den etwas auffälligeren Fehlern sichtbar werden, wenn die Menschen die Gelegenheit ergreifen, selbständig und selbstbewußt zu werden. Die Ideale des Priesters sind das Heilige und die Frömmigkeit, die des Kriegers sind Mut und Barmherzigkeit, für den Kaufmann sind es Ehrlichkeit und Freigebigkeit, für den Bauern ist das Ideal der Fleiß. Wer die Selbstverwirklichung erstrebt, muß alle vier Haltungen ausbilden, und so hatte unsere Zivilisation im größeren Rahmen der kollektiven Entwicklung Gelegenheit, ihre Dinge der Reihe nach im Sinn dieser Ideale zu regeln. Eine wesentliche Funktion der Kunst – man könnte fast von ihrem Hauptzweck sprechen – besteht in einer Unterweisung, die diese Tugenden in idealisierter Form vorführt. Über heilige Ideale und edle Größe haben wir genug gesagt. Die bürgerlichen Tugenden sind am besten in der Schlichtheit und Direktheit des Charakterstücks und der heiteren Handlung der Komischen Oper zu sehen. In den besten Beispielen leuchtet – wie in den guten Genreszenen von Vermeer bis van Gogh – etwas Erhabenes auf, und das alltägliche Leben läßt die ewig gegenwärtige Mitte der Dinge durchschimmern: Man muß keine Kathedralen bauen, keine Kreuzzüge veranstalten, denn die Vollkommenheit ist hier und jetzt.

Die reine Instrumentalmusik «klassischer» Prägung gehört allerdings keiner Kaste, wenn auch so gut wie alle ihre Komponisten bürgerlicher Herkunft waren. Dem engen kirchlichen Geist ist sie zu weltlich, dem extrovertierten Krieger zu intellektuell, dem Kaufmann zu abstrakt, und so läßt diese Musik die Grenzen der Kasten wirklich hinter sich. Ihre Anhänger können Abbés und Erzherzöge, Bankiers und Barbiere sein, doch sie begegnen einander als Gleichgestellte, weil sich alle, die ein tieferes Verständnis der Musik gewonnen haben, instinktiv als zusammengehörig empfinden. In der Instrumentalmusik spiegeln sich die besten Bestrebungen einer Epoche, die als erste die Ideale Freiheit, Gleichheit und Brüderlichkeit aufstellte, selbst wenn sie nur recht unvollkommen verwirklicht wurden.

Um die Zeit der Revolutionen von 1848 begann die vierte Kaste ihren Aufstieg zur Macht, der allerdings mit einem so unbarmherzigen Schicksal verknüpft war, wie es die Geschichte bis dahin noch nicht gesehen hatte. Denn inzwischen waren durch die Industrielle Revolution völlig neue Arbeitsbedingungen geschaffen worden, die mit dem Erdboden und den uralten Bräuchen der Bauern nichts mehr zu tun hatten. Das Leben der Bauern hat, wenn diese nicht von den anderen Kasten unterdrückt werden, eine eigene Schönheit und Reinheit, die noch durch ein Naturbewußtsein und die Kenntnis der kosmischen Rhythmen vertieft werden und in althergebrachten Festen, Künsten und Bräuchen ihren Ausdruck finden. Dem Industriearbeiter ist dies alles genommen. Wie Karl Marx richtig feststellte, hat für den Proletarier seine Arbeit keinen Sinn außer dem, ihn am Leben zu erhalten, damit er den Reichtum seines Arbeitgebers mehrt. Selbst wenn die Produktionsmittel in seine Hände übergehen, wird er doch durch die Art seiner Arbeit – sie ist unschön, monoton und ohne Bezug zum Kosmos – jeder menschlichen wie spirituellen Wirklichkeit entfremdet. Und die proletarische Musik, die jeder hören kann, wenn er das nächstbeste Radio anschaltet, spiegelt diesen Zustand wider. Sie unterscheidet sich grundlegend von der reichen und schönen Volksmusik Europas, die viele eng mit dem Vaterland verbundene Komponisten inspirierte, zum Beispiel Liszt, Bartók und Kodály in Ungarn, Smetana, Dvořák und Janáček in der Tschechoslowakei, Grieg in Norwegen, Sibelius in Finnland, de Falla in Spanien, Holst und Vaughan Williams in England und fast jeden russischen Komponisten von Glinka bis in die Gegenwart. Vielleicht hätte das die volkstümliche Musik unserer Zeit sein können, doch das neue Proletariat hört sie sich nicht an. Da ihm eine überlieferte Kunst und das Brauchtum einer Kaste fehlen, ist es seit seiner Entstehung von Zynikern betrogen worden, die es mit geistlosen und seelenlosen Kleinigkeiten abspeisen, von der Banalität des Varietés bis zu der von Radio One.

Platon findet deutliche Worte für die Wirkung, die von schlechter Kunst auf die Masse ausgeht: «[die] unter Abbildern des Schlechten auferzogen, wie auf einer schlechten Weide, Tag für Tag von dem vielen immer wieder ein bißchen pflücken und genießen und so in ihrer Seele unvermerkt ein großes Übel anhäufen».[17] Doch wenn wir irgendeine Kunst für wirklich schlecht erklären wollen, müssen wir genau auf ihr Wesen eingehen, allein schon deshalb, weil bereits der kleinste Hinweis auf platonische Zensur gewöhnlich das Mißfallen moderner «Intellektueller» erregt. Das Schlechte hat in diesem Fall zum einen mit der seichten, schiefen Weltanschauung zu tun, die in den Texten vieler populärer Songs zum Ausdruck kommt und überhaupt durch die Massenmedien verbreitet wird; zum anderen liegt es in der Musik selbst, obwohl sich das die meisten Leute kaum vorstellen können. Wieso, fragen sie vielleicht, soll reine Musik schädlich sein?

Wenn wir alles ausklammern, was wir im ersten Kapitel über die außerordentliche Macht von Musik und Klang gesagt haben, bleibt die Frage, wie «rein» diese Musik ist. Die meiste populäre Musik wird vom regelmäßigen Beat der Perkussionsinstrumente getragen, der genaugenommen weder Musik noch Klang ist, sondern eher Geräusch. In der westlichen klassischen Musik nimmt die Perkussion keinen großen Raum ein, während sie in anderen Musikkulturen eine sehr wichtige Rolle spielt. Allerdings hat sie dort oft Klangcharakter, verwendet Instrumente wie gestimmte

Trommeln und wird rhythmisch sehr subtil eingesetzt, wie die erstaunlichen Muster zeigen, die afrikanische und indische Trommler ausführen. Hier wird der Beat nie gedankenlos wiederholt, wie es im amerikanischen Jazz leider oft geschieht, der sich zu weit von seinen afrikanischen Wurzeln entfernt hat. Der hämmernde Beat des Rock und das ebenso regelmäßige Ticken, das die meiste «leichte» Musik begleitet, verankern die Musik im Körper, der mit kleinsten Zuckungen im Innern antwortet und sich auch äußerlich zu bewegen anfängt. Fabrikarbeiter müssen lernen, den gleichmäßigen Lärm ihrer Maschinen nicht in sich eindringen zu lassen, doch dieser allgegenwärtige Beat dringt unterschwellig in Menschen ein, die sich nicht nur mit Lärm abfinden, sondern musikalische Klänge auch nur aufnehmen können, wenn ein Beat sie begleitet. Wie der übermäßige Salz- und Zuckergehalt in der üblichen Nahrung stumpft der Beat die Wahrnehmung der Geschmacksnuancen ab – in der Musik ist kein Raum mehr, die Feinheiten der Melodik und Harmonik zu empfinden. Und nichts ist der Kultur der inneren Stille abträglicher; sie ist der denkbar beste Hintergrund für jede Tätigkeit, auf sie macht die Ruhe aufmerksam, die über jeder wahren Musik schwebt. In Rockkonzerten erreicht die Fetischisierung des Beat einen Lärmpegel, der bei einer ganzen Generation zu Hörschäden geführt hat. Er treibt seine Fühler – von Hörern kann man kaum noch sprechen – in eine tranceartige Teilhabe, die eine Travestie der höheren Hörweisen ist, wie wir sie im letzten Kapitel beschrieben haben.

Schlecht an der populären Musik wie an der Massenkultur im allgemeinen ist auch, daß sie süchtig machen kann, wodurch dem einzelnen oft schon in der Kindheit die Möglichkeit genommen wird, sich für etwas zu entscheiden und anderes abzulehnen. Wir brauchen nur an die Fernsehsucht der Kinder und Erwachsenen zu denken, an die Gewohnheit, zu Hause und bei der Arbeit ständig Musik im Hintergrund laufen zu lassen. Wer sich immer der Banalität und Seichtigkeit unechter Gefühle aussetzt, erreicht einen Grad der Betäubung, der beim Zahnarzt angenehm sein mag, aber eher zu dem Vieh paßt, von dem Platon spricht, als zum Menschen.

Schließlich müssen wir nach den Bildern fragen, auf die sich populäre Songs und ihre Sänger stützen, und die – wieder vor allem den jungen Menschen – als Vorbilder hingestellt werden. Die Melodien des Choralgesangs und der polyphonen Musik ließen Menschen wie Engel singen. In der Oper singen Übermenschen. Liedersänger klingen wie Lyriker. Und wie ist es mit den Melodien der Popmusik? Ich suche die Skala des Radios nach zufälligen Beispielen für den heutigen Geschmack ab und höre einige Huren, zwei Hermaphroditen in Not, einen Schläger und ein paar weinerliche Werktätige. In mein Haus würde ich sie nicht einlassen: Wer möchte eigentlich solche Stimmen, die uns dem Einfluß finsterer Gefühle aussetzen, in sich aufnehmen?

Sogar das hat seine positiven Seiten. Diese Hinwendung zum Ausgestoßenen, zum Außenseiter und Lasterhaften, zur Härte und Gewalt im Leben findet sich schon vor etwa hundert Jahren in der «schöngeistigen» Kunst. Den Typen können wir bei Baudelaire oder Beardsley begegnen. Hier haben wir es nämlich mit dem Stoff der alchemistischen *Nigredo* zu tun: mit der Putrefaktion oder Zersetzung, der Reise durch das Inferno, wo wir jede Sünde des Menschen anschauen müssen, damit das Werk und in ihm die Reinigung fortschreiten können, bis das Paradies wiedergewonnen ist. Wenn die Popkultur dieses Negative zur Schau stellt und bewundern läßt, können wir sie als proletarische Version dessen betrachten, was Mario Praz die «romantische Agonie» nennt. Sie ermöglicht es der Masse, indirekt Bereiche kennenzulernen, die von einigen Künstlern und Schriftstellern in der Epoche von de Sade bis zu den Surrealisten genauestens erforscht wurden.

Der Zustand der Zersetzung muß akzeptiert werden, auch wenn dabei die Gefahr besteht, daß die Erforschung der Unterwelt zum Verlust der Seele führt, so wie es Orpheus nicht gelang, Eurydike aus dem Hades zu retten. Die Rockmusiker, die durch Drogen, Alkohol oder Selbstmord umgekommen sind, gleichen der Sagengestalt des Sängers, der von Mänaden zerrissen wurde – oder all den Dichtern und Künstlern, die auf einer höheren Ebene an den Spannungen zerbrechen, die aus dem Gegensatz zwischen Kunst und Alltag entstehen. Sadismus, Masochismus und Homosexualität, Drogen und Alkohol, die Faszination des Vulgären, ja des Satanismus sind nichts Neues. Und wer die geistige Erneuerung sucht, wird diesen Phänomenen auf dem Weg irgendwann begegnen.

Die Popmusik spiegelt in noch einem Aspekt auf positive Weise die Suche, auf die sich heute alle begeben können, nicht nur die Eingeweihten. Es geht um den Hinweis auf das Zeitalter des Wassermanns, in dem das verborgene Wissen der gesamten Menschheit zugänglich werden soll. Die Rockmusik der sechziger und frühen siebziger Jahre war voller Idealismus und setzte sich nach Kräften für die damals aufkommenden Bewegungen des New Age ein: für die Friedensbewegung, für mehr Umweltbewußtsein, für die Öffnung zum Orient, für Bewußtseinserweiterung und das Verlangen, frei von einer starren Obrigkeit zu sein. Erst als die Beatles sich eine Weile für die «Transzendentale Meditation» des Maharishi Mahesh Yogi interessierten, wurde die Meditation als solche im Westen allgemein bekannt und auch anerkannt. Natürlich hatte in der Vergangenheit jeder Krieg seine Lieder, doch mit dem Vietnam-Krieg kamen zum erstenmal Lieder auf, die nicht mehr den Nationalismus und die mit ihm verbundene Kriegsmaschinerie verherrlichten, sondern auf ansteckende Weise gegen ihn waren. Dabei sprechen wir hier noch nicht einmal von den damaligen Texten und der Musik, in denen sich wirklich ein Bewußtsein äußerte, das sich – wie an anderer Stelle gezeigt – der geistigen Suche öffnete.[18]

Heute liegt Neues in der Luft: In den USA steht *We are the World* ganz oben in den Hitparaden, und in England führt *Pie Jesu* die Listen an. Während der Weltenschöpfer noch einmal den Druck auf die Erde erhöht, findet die populäre Kultur vielleicht eine bessere Antwort als den Nihilismus des Punk-Rock oder die Beruhigungsmittel der Generation auf dem Ego-Trip.

In der Welt der modernen «klassischen» Musik tritt noch deutlicher zutage, wie gewaltsam und schnell sich die westliche Kultur entwickelte, wobei in der Musik Dinge möglich wurden, die noch nie versucht worden waren. Im zwanzigsten Jahrhundert wurden alle nur möglichen Tonleitern erkundet, darunter auch solche, die eine Prüfung des gesamten Tonsystems mit seinen Stimmungen erforderlich machten (darum bemühten sich zum Beispiel Debussy, Hába, Bartók, Partch, Messiaen), und alle möglichen rhythmischen Muster wurden verwertet (Strawinsky, wieder Bartók, Carter, Nancarrow, Lutosławski). Alle Strukturen und Aufführungsmöglichkeiten – wie auch ihr völliges Weglassen – wurden versucht (Satie, Cage, Stockhausen, Cardew, Xenakis). Im Verlauf der Geschichte wurden immer kleinere Intervalle (und ihre Umkehrungen) als konsonant aufgefaßt, mußten also nicht in eine reinere Konsonanz aufgelöst werden, und so sind jetzt die harmonischen Möglichkeiten der temperierten chromatischen Tonleiter in ihrem ganzen Umfang erfaßt, gipfelnd in der Atonalität mit oder ohne Reihenstruktur (Schönberg, Webern, Babbitt). Die Auffassung, daß jeder Ton musikalisch von Leben erfüllt sein kann, führte logischerweise dazu, daß auch Geräusche (Antheil, Varèse, Pierre Henry) und schließlich die Stille in die Musik hereingenommen wurden (Cage, Feldman). Und man muß nicht unbedingt «absolut modern» sein: Man kann sich im Sinn der Renaissance von einer vergangenen Epoche inspirieren lassen (Strawinsky, Hindemith, Rochberg, del Tredici). Oder man schlägt Brücken zu anderer Musik, zur Popmusik oder zu orientalischen Musikkulturen (Cowell, Hovhaness, Bedford, Reich, Glass).

Gegen Ende der fünfziger Jahre war das meiste schon versucht und bis zur letzten Konsequenz geführt worden, so daß Neuerungen kaum noch denkbar schienen. Nun lagen aber die vielfältigsten musikalischen Möglichkeiten bereit – eine wahre neue *prima materia* –, und für die Komponisten gab es im Gegensatz zur Vergangenheit nicht die geringsten Beschränkungen. Wir haben hier das musikalische Rohmaterial des neuen Zeitalters, das fleißig zusammengetragen und verbreitet worden ist und von jedem Komponisten verwendet werden kann, so gut er es versteht. Beim geistigen Erbe der gesamten Welt verhält es sich ähnlich: Es steht jetzt zum ersten Mal jedem offen, der lesen kann.

Während in der Vergangenheit sowohl den Komponisten als auch denen, die sich der Religion zuwandten, stilistische Grenzen gesetzt waren – im einen Fall durch Symphonieorchester und Sonatenform, im anderen durch die katholische Kirche –, muß nun jeder zunächst einmal den eigenen Stil oder Weg aus den vielen verfügbaren Möglichkeiten heraussuchen (auf dem sogenannten musikalischen oder spirituellen Supermarkt). Was die Komponisten betrifft, müssen sie sich entscheiden, ob sie Elektronik verwenden wollen oder nicht, ob sie mit Reihen, dem Zufall oder historischen Formen und noch einem weiteren Dutzend elementarer Dinge arbeiten möchten. Sobald die Entscheidungen getroffen sind, kommt es nur noch darauf an, ob das Material gut oder schlecht verwendet wird.

Wenn der Komponist zu den sehr wenigen gehört, die wirklich zu ihrer Kunst berufen und mit der entsprechenden Inspiration begabt sind, werden diese Entscheidungen aus einem inneren Zwang heraus geschehen. So sagte Strawinsky über sein *Le sacre du printemps*: «Ich hörte und schrieb nieder, was ich hörte. Ich bin das Gefäß, durch das *Le sacre* floß.»[19] In einem solchen Fall ist der neue Stil keine Erfindung des Ich, sondern die Offenbarung eines Archetyps aus dem kollektiven Unbewußten. Ein solches Werk läßt sich an seinen Früchten erkennen. Die Gewalt von *Le sacre du printemps* hat sich wie die der Opern Wagners oder der Symphonien Beethovens mit der Zeit nicht verflüchtigt, sondern erfaßt mehr und mehr Menschen. Von vielen anderen Kompositionen Strawinskys läßt sich das nicht sagen (und er selbst erhob auch gar nicht diesen Anspruch); dabei waren eher sein persönliches Unbewußtes oder einfach sein begabtes Ich am Werk. Das ist keine Kritik, zumal für die initiatischen Rituale eines Zeitalters nur eine Handvoll Werke als Gefäße nötig sind.

Was man auch von der Musik der maßgeblichen Komponisten des zwanzigsten Jahrhunderts und ihrer Wirkung halten mag, ihre Leben waren ohne Ausnahme vorbildlich in bezug auf Aufrichtigkeit und Menschlichkeit. Viele waren religiös, neigten zur Mystik (Webern, Messiaen, Stockhausen, Maxwell Davies), während andere sich wirklich für die Esoterik interessierten (Debussy, Satie, Skrjabin, Schönberg). Viele der anderen noch lebenden oder jüngst verstorbenen Komponisten, über deren historische Bedeutung sich noch nichts sagen läßt, wurden ebenfalls von der Mode erfaßt, Mystisches oder Esoterisches in ihr Werk hereinzunehmen. Solche indirekten Bezugnahmen sind zwar keine Garantie für eine profunde oder angemessene Musik, zeigen aber wie die entsprechenden Erscheinungen in der populären Musik, daß einfühlsam auf die Zeitläufte reagiert wird.

Einer der großen lebenden Komponisten, Elliott Carter (geb. 1908), sagte 1983 bei der Verleihung der Edward-MacDowell-Medaille:

Ich habe das Gefühl, daß irgendwo hinter mir diese schattenhaften Sachen sind, die Kompositionen, die in gewisser Weise mit mir eigentlich nichts zu tun haben. Sie haben die Medaille wirklich verdient, nicht ich. Sie sind auf merkwürdige Art lebendig; ich kann nicht genau sagen, ob ich sie erfunden habe. Diese merkwürdigen Wesen drangen allmählich in mich ein und bestanden nach und nach irgendwie darauf, aufgeschrieben zu werden auf ihre merkwürdige und ungewöhnliche Weise, mit der manche Leute Schwierigkeiten haben, während andere sie höchst aufregend finden. Ich war einfach einer, der sie niederschrieb, weil sie mir sagten, sie müßten so gemacht werden, und sie waren reichlich anstrengend, schwierig und stellten manchmal hohe Anforderungen. Und gelegentlich machten sie Sachen, die ich noch nie gemacht hatte; sie brachten mich dazu, Dinge zu tun, die mich beunruhigten und ärgerten und manchmal aufregten – und gelegentlich verwirrten sie mich auch.[20]

Carters Worte gleichen auf erstaunliche Art den Berichten von Menschen, die sich jungianischen und anderen Analysen unterzogen haben und sich den Energien des Unbewußten in personifizierter Gestalt gegenübersahen. Möglicherweise ist eine Menge moderne Musik als Teil eines individuellen Heilungsprozesses entstanden, in dessen Verlauf psychische Komplexe in ihrer Klanggestalt erforscht und abgelegt wurden. Das verleiht ihr eine ähnliche Rolle, wie sie auch die moderne Literatur und Malerei kennt, die beide viel offener bekenntnishaft und kathartisch sind. Das würde auch den Zwang zum Häßlichen und Mißtönenden erklären (mißtönend von den harmonikalen Gesetzen unserer Gehördisposition aus betrachtet)[21], einer der auffälligsten Züge der modernen Musik, der viele Menschen beunruhigt. Dabei handelt es sich um die musikalischen Erscheinungsformen der Dämonen im Innern, die in jeder Analyse heraufbeschworen werden und denen man sich stellen muß. Und wenn wir bedenken, daß die Inhalte der Musik mehr aus dem persönlichen und nicht so sehr aus dem kollektiven Unbewußten stammen, läßt sich auch erklären, warum sich bei den modernen Komponisten das Pfingstwunder, daß zu jedem Menschen in seiner Sprache gesprochen wird, so selten ereignet – das Wunder, das die großen Stimmen der Vergangenheit leichter bewirken konnten.

Die Künstler unserer Zeit sind das Nervensystem einer Zivilisation im Wandel. Sie sind den Spannungen ausgesetzt und zeigen diese, damit die Welt aus ihnen lernt. In der modernen Kunst werden die gegensätzlichsten Impulse, äußerste Erniedrigung und reinste Spiritualität, sichtbar, und das oft in ein und demselben Menschen. Auch hier ist Baudelaire der Vorläufer des modernen Künstlers, der an das Kreuz der Extreme geschlagen und so das Urbild des modernen Menschen ist. In der Welt der Musik ließe sich mit ihm vielleicht Arnold Schönberg vergleichen, in Wien als Jude geboren und daher gezwungen, sich intensiv mit der geistigen Unruhe unserer Zeit und dem Bösen in der Politik auseinanderzusetzen. Einerseits verlangte ihn nach den Höhen eines swedenborgischen Himmels (*Séraphîta*[22]), in dem man sich frei in jeder Dimension bewegen kann – eine der symbolischen Bedeutungen der atonalen Musik, die sich von der Anziehungskraft der Tonalität befreit hat; andererseits reizte ihn die abstoßende Dekadenz der Gedichte, die er im *Pierrot lunaire* vertonte, schwankend zwischen Nihilismus und Wehmut. In seinem religiösen Leben war er den widersprüchlichen Strömungen von Judentum, Christentum und modernem Agnostizismus ausgesetzt. Als Komponist fand er schließlich in der Zwölftontechnik einen Rettungsanker, der ihm vielleicht dasselbe an Sicherheit bot wie Freud die Sexualtheorie in der Psychologie, gewissermaßen als Schutz vor den Kräften einer musikalischen oder psychischen Auflösung. Sie ermöglichte ihm, das musikalische Chaos, das ihn zu überwältigen drohte, mit Hilfe der Theorie in den Griff zu bekommen. So konnte er zum Beispiel den Schrecken in *Ein Überlebender aus Warschau* mit Hilfe einer äußerst strengen und klaren Struktur vertonen, wodurch er sich von Emotionen befreite, die fast zu stark waren und die geistige Gesundheit gefährdeten. Im Gegensatz zur großen Musik der Vergangenheit weist Schönbergs Musik keine große Einheitlichkeit der Mittel und Wege auf. Einerseits finden wir in ihr den starken Ordnungssinn, der immer noch Doktoranden mit Themen für Dissertationen versorgt, und andererseits den emotionalen Inhalt, der in feinfühligen Zuhörern Übelkeit zu erregen vermag.

Für Schönbergs Schüler und Freund Anton Webern nahmen die zwölf Töne und die aus ihnen abgeleitete Reihentechnik eine ganz andere Bedeutung an, über die sich auch Schönberg hätte im klaren sein können, wenn seine historische Situation und seine Gefühlswelt es erlaubt hätten. In Weberns Stücken ist die Welt der Reihen ein musikalisches Abbild des Pleroma, der göttlichen Fülle, in der jede Möglichkeit in vollkommener Ordnung existiert. Seit dem antiken China symbolisieren die zwölf chromatischen Halbtöne die musikalische Fülle, aus der das Material je nach den Erfordernissen des Modus oder der Tonart ausgewählt wird. Doch in Weberns Zwölftonmusik befinden sich die Töne noch in ihrem Urzustand vor der Auswahl zu Fünf- oder Siebentonskalen. Symbolisch gesehen handelt es sich um die Musik der achten Sphäre, um den Bereich des zwölfgeteilten Tierkreises, bevor noch der Abstieg entlang den Planetenskalen erfolgt ist. Sie liegt noch vor der Manifestation im Materiellen, wo die Töne in der Ordnung der Obertonreihe unausweichlich eine Hierarchie bilden. Aus diesem Grund ist auch die Idee, die hinter Weberns Zwölftonmusik steht, insgesamt befriedigender als die Musik selbst. Wenn sie aufgeführt wird, ist ihr die Kürze abträglich, die sich jeder normalen Konzertsituation widersetzt: Wie kann man ein Streichquartett von Webern, das fünf Minuten dauert, nach einem dreißigminütigen von Beethoven aufführen und erwarten, daß das Publikum die beiden als gleichwertig begreift, auch wenn sie es im Reich der Ideen sein mögen?

Als in den fünfziger Jahren Weberns Musik erst eigentlich entdeckt wurde, entwickelten einige Komponisten das Prinzip der Reihe weiter und wendeten es auch auf Dauer, Tonhöhen, Lautstärken, Klangfarben und anderes an. Milton Babbitt (geb. 1916), der der Idee am treuesten geblieben ist, weil er als erster für sie eintrat, ist der Ansicht, daß eine rein serielle Musik immer nur sehr wenige Menschen interessieren wird. «*Who cares if you listen?*» (Wen kümmert es, ob Sie zuhören?) ist einer seiner

Artikel überschrieben. Wer jedoch in diese Musik eingedrungen ist, erfährt eine große Befriedigung, vergleichbar mit der, die höhere Mathematik gewährt; die Wahrnehmung der vielfältigsten Ordnungen, des in sich völlig logischen Aufbaus dieser Musik vermittelt dem reinen Intellekt von neuem das Gefühl des Wunderbaren, den Zauber des funkelnden Tones. In Babbitts Kompositionen ist das Ziel eines musikalischen Mikrokosmos erreicht: Er ist in sich vollständig und im Gleichgewicht, seine kleinsten Einzelheiten sind erklärbar, und er gehorcht einer Eigengesetzlichkeit. Von seinen Artikeln her gesehen scheint Babbitt ein Komponist zu sein, der gar nichts mit der Mystik zu tun hat, und trotzdem hat er Texte vertont, wie zum Beispiel Gerard Manley Hopkins' *That Nature is a Heraclitean Fire* (Diese Natur ist ein heraklitisches Feuer), dessen Schlußzeilen lauten:

> I am all at once what Christ is, since he was what I am, and
>   This Jack, joke, poor potsherd, patch, matchwood, immortal
>   diamond,
> Is immortal diamond.[23]
> (Ich bin zugleich alles, was Christus ist, weil er war, was ich
>   bin, und
> Dieser Kerl, Kasper, jämmerliche Scherbe, Fleck, Kleinholz,
>   unsterblicher Diamant,
> Ist unsterblicher Diamant.)

Die vollkommene, kristallklare Ordnung der Musik, mit der Babbitt das Gedicht vertont, läßt wirklich an eine alchemistische Umwandlung denken, die in das potentielle Chaos der Atonalität (die «jämmerlichen Scherben» einer einst ganzen Kunst?) eingreift. Im selben Jahr (1955) sprach Strawinsky von «blitzenden Diamanten»[24], als er die serielle Musik Weberns mit ihren vielen Facetten und Spiegelungen, ihrer Miniaturhaftigkeit, ihrer lupenreinen Schönheit und Unzugänglichkeit beschrieb.

In der rauschhaften Atmosphäre der Nachkriegsavantgarde, die ihren Mittelpunkt in den fünfziger Jahren in den Darmstädter Ferienkursen fand, wurden die Anhänger des totalen seriellen Denkens (zu denen damals auch Pierre Boulez und Karlheinz Stockhausen gehörten) durch eine Haltung herausgefordert, die ihrem Verlangen nach Exaktheit und Bestimmbarkeit völlig zuwiderlief: durch die des John Cage (geb. 1912). Schon seit Jahren hatte Cage mit seiner Musik dem aufführenden Künstler die Freiheit gelassen, spontan Entscheidungen zu treffen; er überließ dabei viel dem Zufall, setzte Würfeln und andere Methoden ein, die ganz bewußt eine Bestimmung durch den Komponisten ausschlossen. Während einige Musiker einen unüberbrückbaren Gegensatz der Denkweisen empfanden, integrierten Boulez und Stockhausen geschickt die beiden Pole in ihre Werke. Sie ließen Raum für spontane Entscheidungen, machten die Klänge des Werks vom Zufall abhängig, wollten aber nicht eine Sekunde zugeben, das Prinzip der totalen Bestimmbarkeit aufgegeben zu haben. Cage hatte damals ganz andere Beweggründe. Ihn hatten östliches und gnostisches Denken und vor allem der Zen-Buddhismus beeinflußt; er vermied es bewußt, einen Klang den anderen vorzuziehen, und erreichte so eine Offenheit für alles, was an Klang oder Schall entsteht. Ebenso lehrt der Buddhismus, daß alles Leiden aus dem Begehren und Bevorzugen einer Sache entsteht und daß die Befreiung durch Nicht-Anhaften zu erreichen ist. Wenn ein Ton «unangenehm» oder nichts als ein Geräusch ist, dann ist das eben so. Gautama Buddha konnte in den weißen Zähnen eines verwesenden, sich zersetzenden Hundes Schönheit sehen! Wer so denkt, dem haben die Klänge, die uns im Alltag sowohl in der zivilisierten Welt wie in der Natur umgeben, genauso viel zu bieten wie die Symphonien, die sich jemand auf der Suche nach Erleuchtung anhört, vielleicht sogar mehr, da der Geist und das Begehren durch diese Art Musik vermutlich leichter zur Ruhe kommen. Die Musikphilosophie des John Cage führt letztlich über jedes Bedürfnis nach Musik hinaus. Als er sein berühmtes schweigendes Stück 4′ 33″ komponiert (proponiert?) hatte, war seine Arbeit getan. Aber wie ein Baum Jahr für Jahr immer wieder Blüten hervorbringt, komponiert Cage weiter Musik, möglicherweise einfach aus Gewohnheit. Schließlich lebt der Zen-Meister nach der Erleuchtung weiter im Körper, genießt seinen Tee, auch wenn er nicht mehr der Illusion verfällt, sie hätten irgendeinen besonderen Wert.

Was die Vertreter der Nachkriegsavantgarde über alle ideologischen Unterschiede hinaus verband, war der Ton. Wir können auch von Klangfarbe, Tonqualität und reinem Klang sprechen – es geht um die Dimension der Musik, die während der jahrhundertelangen Erkundung von Harmonie, Melodie und Rhythmus ziemlich vernachlässigt worden war. Deshalb scheint es auch in der Musik der Avantgarde – zum großen Leidwesen des herkömmlich geschulten Ohrs – keine zusammenhängende Melodie, keine Harmoniesprache, keinen durchgängigen Rhythmus zu geben; in ihr folgt ein Klang dem anderen. Und genau diese Fremdartigkeit der Klänge, die auf neuen Zusammenstellungen von Instrumenten, neuen Spielweisen und elektronischen Geräuschen beruht, erheischt Aufmerksamkeit. Vieles lenkt freilich einfach von der mißlichen Lage des Komponisten ab, der ohne diese Klänge nicht viel zu sagen hätte; immerhin konzentriert sich jetzt das Hören auf das Rohmaterial der Musik, das früher schlicht als selbstverständlich vorausgesetzt wurde. (Gleichzeitig wird das Farbmaterial auf der Leinwand ein Thema der Künstler, wie auch Gedichte entstehen, in denen sich die Dichter fragen, was Worte eigentlich sind.) Als Wagner im Vorspiel zum *Rheingold* zum erstenmal einen einzigen Ton untersuchte und acht Minuten lang zeigte, wie dieser sich aus den Obertönen, deren zunehmender Dichte und der Anzahl der Schwingungen zusammensetzt, war der erste Schritt in eine neue Richtung getan: Der Zuhörer kann in einen einzigen Ton eindringen und ihn als eigenständigen, von seinen Nachbarn unabhängigen Mikrokosmos erkunden. Die Komponisten der fünfziger Jahre schufen keine Melodien und Harmonien, sondern «Klangobjekte», in die sich die Zuhörer versenken können.

Stockhausen spricht in vielen Schriften davon, wie sich seine Musik von einer Ordnung, die sich auf den Ton oder den einzelnen Punkt in der Musik bezieht («Punktuelle Musik») – die Haltung Weberns –, über ein Komponieren mit «Gruppen» von Tönen (ausgeführt in *Gruppen für drei Orchester*, 1955–57) zur Vorstellung des musikalischen «Moments», zur «Momentform» bewegt hat (*Momente*, 1962–64). Darin spiegelt sich ohne Zweifel die Entwicklung seines meditativen Hörens, das in seinen späteren Werken noch viel weiter geführt wird. In der Idee des

Moments haben wir das, was ich Klangobjekt der Versenkung nennen möchte: das musikalische Gebilde in seiner Ganzheit, das (jeden Augenblick) als ein Ganzes wahrgenommen wird, ohne daß der Eindruck eines zeitlichen Ablaufs entsteht. Jeder Moment ist ein Blick in die Klangwelt, in der die Zeit von ganz anderer Art als hier unten ist, wo sie unerbittlich vergeht und nur in eine Richtung fließt. Wenn wir uns in diese zeitlosen Momente, die musikalischen Geschöpfe versenken, geraten wir vielleicht in einen anderen Bewußtseinszustand. In ihm wird nicht geurteilt, weil alles, was ist (in unserem Fall die Klänge), gleiche Daseinsberechtigung hat. Es besteht keine Erwartung, sich irgendwohin zu bewegen, höchstens tiefer in den Zustand hinein. Alle Verbindungen zwischen den Momenten, alle Höhepunkte, alle formalen Aufbauten werden irrelevant.

Schließlich entsteht das Bedürfnis – und Stockhausens Werke zeigen, daß ihm das selbst bewußt wurde –, den Moment auf den Umfang des ganzen Stückes auszudehnen. Statt des etwas abgehackten, ständig sich ändernden Vorführens der Klangobjekte – was typisch für die fünfziger und sechziger Jahre ist – sehen wir in jüngster Zeit eine Hinwendung zur Dauer, Wiederholung, quasi Bewegungslosigkeit, zu längeren Zeitmaßen. Und mit ihr kommt es zur Wiederentdeckung der natürlichen harmonikalen Eigenschaften des Tones. Stockhausen tat den Schritt mit seiner Komposition *Stimmung für sechs Sänger* (1968), die auf der Erscheinung der Obertonreihe beruht. So tauchen unsere alten Freunde, die Quinten, Quarten und Dreiklänge, wieder auf, die unter der totalitären Herrschaft der Atonalität ins Exil geschickt worden waren.

Niemand, der mit elektronischer oder vom Computer erzeugter Musik arbeitet, kann sich der Faszination des Phänomens Ton entziehen – eine eigene, unerschöpfliche Welt. Wenn die Obertonreihe allein für sich erklingt, übt sie eine seltsame Macht auf die menschliche Seele aus. (Vielleicht schätzten die Romantiker den Klang der Äolsharfe so sehr, weil sie das einzige Instrument war, das die Obertonreihe erklingen ließ.) Die Möglichkeiten der Obertonreihe sind noch längst nicht ausgeschöpft, da diese mehr ist als nur der Schlüssel zur Musik. Stockhausen führt mit seinem Werk *Stimmung* dem Westen vor, was mongolische und tibetische Sänger schon lange wußten: daß die menschliche Stimme nicht einfach nur Töne hervorbringt, sondern ein ganzes Spektrum von Obertönen, die mit Hilfe der Vokale einzeln verstärkt werden können. David Hykes, Gründer des Harmonic Choire und der Harmonic Research Society, hat den Grundgedanken noch weiter verfeinert. Er nimmt die Akustik der mittelalterlichen Abteikirche von Le Thoronet zu Hilfe, damit sich das Bukett der Obertöne über allem Gesungenen oder Gesagten besonders gut entfalten kann.[25] So schlägt er den Bogen zu den kluniazensischen Mönchen, die ihre Kirche nach musikalischen Proportionen erbauten, um ihren Choralgesang zu steigern und mit den verborgenen Dimensionen des Tones in Berührung zu kommen.

Während der letzten Jahrzehnte sind Melodie, Harmonie und Rhythmus zwar hinter den Ton zurückgetreten, aber unbedingt notwendig für die Musik geblieben; gleichzeitig hat sich dem Trio aus Theoretiker, Komponist und ausführendem Künstler ein neuer Partner zugesellt: Der Zuhörer wird jetzt zum unbedingt notwendigen Teilnehmer. Sein Handeln ist vielleicht das wesentliche Ziel, nicht mehr so sehr die Darstellung der Gefühlswelt des Komponisten oder die Virtuosität des Künstlers. Möglicherweise haben wir schon das Ende der Epoche jener großen Komponisten erlebt, die dann eben nur fünfhundert Jahre gedauert hat. Die Musik kann auch ohne sie leben, wie sie es ja fast überall auf der Welt tut. Die Zuhörer oder Sänger können die höchsten Ebenen, auf die die Musik führt, genauso gut durch Choralgesang oder Volksmusik erreichen wie durch die gewaltige Maschinerie in Bayreuth oder durch eine große Symphonie.

Die neue Wertschätzung des Zuhörers und des Hörens an sich ermutigt ohne Ausnahme jeden, nach besten Kräften an der Musik teilzunehmen, so wie es der Strom des früher streng gehüteten Wissens dem einzelnen heute ermöglicht, frei von kirchlichen Dogmen und Fesseln auf die geistige Suche zu gehen. Das scheint ganz typisch für unsere Zeit zu sein. Indem sich jeder der Herausforderung stellt, verwandelt sich die Menschheit, die gegenwärtig im Schmelztiegel einer möglichen Umbildung kocht, Atom für Atom in die Tinktur. Und wenn es so ist, daß jeder Mensch durch die Musik zu einer Vertiefung der Selbsterkenntnis geführt wird, dann möge im – freilich kleinen – Rahmen dieses Buches die Harmonie der Welt – der Wille Gottes – auf Erden so erklingen wie im Himmel.

Dritter Teil:

DIE SPHÄRENMUSIK

DER KOSMOLOGISCHE RAHMEN

Seit der alte Himmel in den Augen des modernen Rationalismus nicht mehr stimmt, wird die Sphärenmusik zwar noch erwähnt, zu hören ist sie jedoch nicht mehr. Das hat seinen Grund unter anderem darin, daß diese Sphären vielfach nicht mehr anerkannt werden. Wir müssen hier die Kosmologie zu rekonstruieren beginnen, die den Sphären ein Dasein einräumt, und wir finden sie im geozentrischen System, wie es vor der wissenschaftlichen Revolution gültig war. Nach dieser Anschauung steht die Erde ohne Bewegung in der Mitte der Dinge und wird von acht konzentrischen Sphären umkreist, die die Himmelskörper tragen. Entweder stellte man sich die Sphären als feste Schalen aus kristallischem Äther vor, härter als Diamant und durchscheinender als die Luft,[1] oder man geht von den geometrischen Örtern der Planetenbahnen aus. Die äußerste Sphäre, die das gesamte mit irdischen Sinnen wahrnehmbare Universum begrenzt, ist die sternentragende Bahn. Sie «ist eingelegt mit Scheiben lichten Goldes»[2] – den Fixsternen – und saust in vierundzwanzig Stunden von Osten nach Westen einmal um die Erde. Sie trägt das gesamte Planetensystem mit sich, was leicht zu sehen ist, wenn man bei Tag den Lauf der Sonne und bei Nacht den des Mondes verfolgt. Gleichzeitig drehen sich die Sphären der sieben Wandelsterne – der Planeten Mond, Merkur, Venus, Sonne, Mars, Jupiter und Saturn – langsamer in gegenläufiger Richtung von Westen nach Osten durch den Tierkreis. Jeder Planet hat seine eigene Geschwindigkeit: Der Mond legt die Reise durch den Tierkreis in einem Monat zurück, die Sonne in einem Jahr, und der Saturn braucht fast dreißig Jahre.

Die antiken Astronomen, die die Planetenbewegungen aufmerksam studierten, sahen sich von der immer komplizierter werdenden Aufgabe herausgefordert, für die Phänomene plausible Erklärungen zu finden, die den Schein wahrten. Die Beobachtungen wurden nämlich immer präziser und ließen ständig mehr Unregelmäßigkeiten erkennen, die einleuchtend begründet werden mußten. (Die Wissenschaftler befinden sich heute in einer ganz ähnlichen Lage.) Spätantike, Islam, europäisches und byzantinisches Mittelalter übernahmen die aristotelische Vorstellung, daß sich am Himmelsgewölbe alles in vollkommenen Kreisen bewegen muß – ein Dogma, das auf immer mehr Epizyklen, auf ein System sich überlagernder Kreisbewegungen angewiesen war, um Rückläufigkeiten, Nutationen und anderes erklären zu können.

Kopernikus' Vorschlag, die Sonne hypothetisch in die Mitte zu setzen, hatte seinen Grund auch darin, daß so klarere Verhältnisse geschaffen wurden und die Berechnung der Planetenstände weniger Mühe bereitete. Diese Kompliziertheiten gehören zur Geschichte der beobachtenden Astronomie. Der musikalische Kosmos ist im Gegensatz dazu astronomisch einfach und philosophisch gesehen idealistisch (was er in seiner Funktion als Urbild der Dinge auch zu sein hat): Er stellt eine Art Geometrie der musikalischen Sprache dar. Sobald sich aber der Klang aus diesem Kosmos herauskristallisiert, herrscht Komplexität.

Wir müssen nun die Fäden dieses strittigen Stoffes entwirren. Der Weg zum Verständnis liegt hierbei – wie überall in diesem Buch – im Aufsuchen eines angemessenen Standpunkts, von dem aus jede Theorie abzuwägen ist. Ohne die Bereitschaft, andere Haltungen einzunehmen und geistig offen zu sein für die verschiedenartigsten und manchmal widersprüchlichen Daseinsebenen, wird jede Untersuchung der Theorien über Planeten- und Tierkreistöne auf eine wissenschaftliche Betrachtungsweise eingeschränkt, die ihren Stoff für historisch aufschlußreich hält, ihm aber seine innere Wahrheit abspricht.

PLANETENSKALEN VOM TYP A

Wenn wir uns mit der Sphärenmusik befassen, stellt sich sofort die Frage, wie diese mit der irdischen Musik verknüpft sein kann. Die einfachste Antwort ist, daß den Sphären, die ja wie die Sprossen einer Leiter von der Erde zum Himmel aufsteigen, bestimmte Tonhöhen entsprechen, die in ihrer Gesamtheit eine Skala ergeben (vom lateinischen *scala* = Leiter, wie in der deutschen Bezeichnung Tonleiter). Platon beschreibt sie in der «Geschichte des Er» (*Der Staat*, X, 617 b) als acht Wirbel oder Kreise, die sich um die Erde drehen, wobei auf jedem eine Sirene steht, die ihren bestimmten Ton singt, und alle klingen in einer einzigen Harmonie zusammen.

Die Vorstellung, die hinter den Tonleitern von Beispiel 1³ und den Skalen vom Typ A steckt, soll auf die Schule des Pythagoras zurückgehen: daß nämlich die Planetensphären Abstände (Intervalle) aufweisen, entsprechend jenen Saitenteilungen, die eine Tonleiter ergeben. Nach den griechischen Autoren berechnete Pythagoras die Entfernung zwischen Erde und Mond und kam auf 126 000 Stadien,[4] die er mit dem Ganztonintervall gleichsetzte. Die übrige Skala mit ihren Tönen, Halbtönen usw. gibt dann die relativen Abstände der anderen Sphären an. Die von Plinius dem Älteren angeführte Skala ist die chromatische Form (Genus) des griechischen dorischen Modus. Sie setzt sich aus zwei durch einen Ganzton getrennten, chromatischen Tetrachorden (die beiden Gruppen zu je vier Tönen, mit eckigen Klammern bezeichnet) und einem unten angefügten Ton zusammen.

Censorinus und Theon von Smyrna setzen den Ton der Fixsterne jedoch tiefer, damit er genau eine Oktave zum Erdton bildet. Theodore Reinach[5] versuchte, diese Abweichung sinnvoll zu erklären. Er entdeckte in der Abhandlung des Aristides Quintilianus[6] (etwa 300 n. Chr.) zwei «alte» Formen von Tonleitern, die zwar nicht mit Planeten in Verbindung gebracht wurden, die Aristides jedoch den enharmonischen Genus des dorischen und phrygischen Modus nennt:

«dorisch»   D E E+ F A H H+ C E
«phrygisch»   D E E+ F A H H+ C D
              (+ = Viertelton höher)

Reinach weist darauf hin, daß chromatischer und enharmonischer Genus in der griechischen Notation nicht unterschieden werden können und daß die späteren Autoren, die unsere einzigen Quellen sind, die alten Skalen vielleicht irrtümlich in das chromatische Genus übertragen haben, wobei sie den beiden inneren Tönen der Tetrachorde die chromatischen Werte gaben. Das würde zu den zwei Skalen D E F F♯ A H C C♯ E und D E F F♯ A H C C♯ D führen, die genau jenen bei Plinius und Censorinus entsprechen. Reinach erklärt das mit dem Hinweis, daß die Theo-

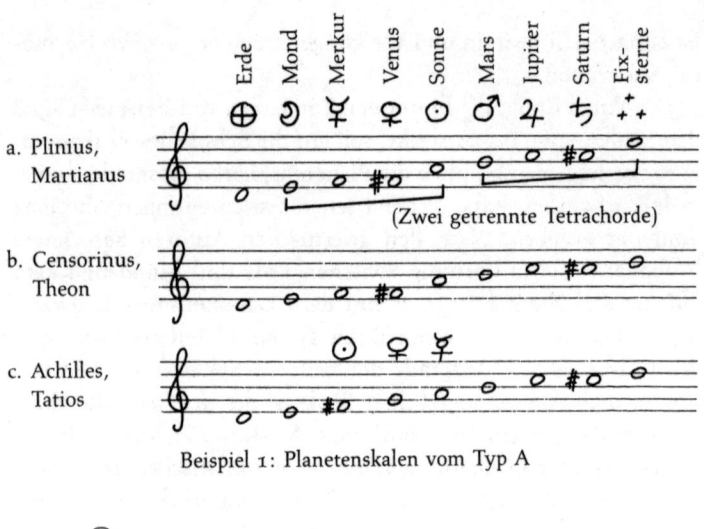

Beispiel 1: Planetenskalen vom Typ A

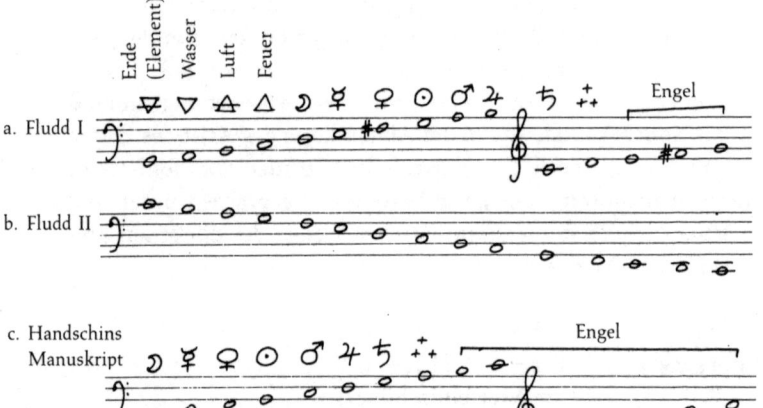

Beispiel 2: Planetenskalen vom Typ A, zwei Oktaven

retiker Griechenlands das enharmonische Genus als das wichtigste ansahen. Zur Zeit der lateinischen Autoren war es aber schon
wegen seiner Kompliziertheit durch das einfachere chromatische
ersetzt worden.

Ob wir nun diese Annahme gelten lassen oder nicht, mit Typ A
wird grundsätzlich ein Tonleitersystem auf den Himmel proji-

ziert, das auf der neunsaitigen Lyra beruht, und die konnte in diesen Tonarten und -geschlechtern gestimmt werden. Hier handelt es sich um den Versuch, den Himmel mit einem irdischen Tonsystem in Übereinstimmung zu bringen, während die Erklärung umgekehrt vorgeht und behauptet, das irdische System sei eine Folge der himmlischen Ordnung. So wird sich diese, wenn sich im Lauf der Zeitalter das Tonsystem ändert, ebenfalls wandeln.

Die längeren Skalen in Beispiel 2[7] fügen unterhalb und oberhalb der Planeten Töne an, die für die niederen Sphären der vier Elemente (Erde, Wasser, Luft, Feuer) und die höheren, geistigen der Engel stehen. Wir werden sie im Abschnitt 11 zusammen mit weiteren Skalen dieses Typs genauer betrachten. Zur Illustration und Erklärung der Skalen setzten sowohl der anonyme Autor des zwölften Jahrhunderts, den Jacques Handschin[8] anführt, als auch der Hermetiker Robert Fludd (17. Jahrhundert) die Töne der Reihe nach an die Saite eines Monochords, eines Instruments, mit dessen Hilfe die theoretischen Grundlagen der Harmonik demonstriert wurden. Die ganze Saite läßt den Grundton, den tiefsten Ton erklingen. Wenn sie durch einen Steg in der Mitte geteilt wird, hören wir den Grundton eine Oktave höher; teilt der Steg ein Drittel der ganzen Länge ab, erklingt die reine Quint und so weiter. Alle Töne lassen sich als Teile der ganzen Saite berechnen. Die Saite des Monochords kann ebenso ein Symbol des himmlischen Maßstabes sein, der die Abstände zwischen den Sphären bestimmt. So kann sie dazu benutzt werden, die Abstände direkt in Intervallproportionen umzusetzen. Fludd hat sie allerdings gewiß nicht als astronomisch richtig angesehen. Er nimmt das Instrument als Symbol für die harmonischen Verhältnisse zwischen den verschiedenen Sphären oder Seinsebenen.

MODERNE SYSTEME:
TITIUS-BODE UND GOLDSCHMIDT

Schließlich sah es so aus, als ob hinter den Planetenabständen doch ein rationales, mathematisches System zu finden sei. 1772 hatten nämlich die beiden Astronomen Johann Daniel Titius und

Johann Elert Bode etwas entdeckt, was heute unter dem Namen Titius-Bodesche Reihe bekannt ist:[10] Wenn man 4 als mittlere Entfernung des Merkur von der Sonne nimmt und die Reihe 3×1, 3×2, 3×4, 3×8 usw. addiert, ergeben sich Werte, die recht gut mit den tatsächlichen mittleren Entfernungen der Planeten von der Sonne übereinstimmen, wenn man sie in astronomischen Einheiten angibt. (Die astronomische Einheit ist die mittlere Entfernung Erde–Sonne.)

Planet	Entfernung nach Titius-Bode			Tatsächliche mittlere Entfernung	Ton (ungefähr)
Merkur	4+	0 =	4	0,387	c'''''
Venus	4+	3 =	7	0,723	des''''
Erde	4+	6 =	10	1,000	g'''
Mars	4+	12 =	16	1,524	c'''
*Ceres (Asteroid)	4+	24 =	28	2,77	des''
Jupiter	4+	48 =	52	5,203	es'
Saturn	4+	96 =	100	9,539	e
*Uranus	4+	192 =	196	19,182	E+
*Neptun	4+	384 =	388	30,055	A,
*Pluto	4+	768 =	772	39,5	E,,

* 1772 noch unbekannt

Als Uranus und die Asteroiden am vorausberechneten Ort entdeckt wurden, fand das Gesetz einige Beachtung. Die Reihe schien bei Neptun zu versagen, doch dann zeigte sich, daß Pluto die Entfernung aufwies, die nach Uranus als nächste kommen sollte. Die Astronomen sind sich unschlüssig, ob es sich hier um ein Naturgesetz oder ein Kuriosum handelt. Wenn die Zahlen der Titius-Bodeschen Reihe in Tonhöhen übertragen werden (wobei hier die höchste Note des Klaviers dem Merkur zugeordnet wird), stellen sie eine fortschreitende Näherung an die reine Oktave dar. So gesehen ist das göttliche Monochord allerdings nicht ganz genau harmonisch.

Zu Beginn des zwanzigsten Jahrhunderts wurde ein weiterer Versuch unternommen, die Entfernungen der Planeten harmonikal zu deuten, und zwar von Victor Goldschmidt, einem bedeutenden Kristallographen, der ein dreizehnbändiges Werk über die Formen der Kristalle verfaßt hat. Auf seiner Suche nach dem Gesetz der Kristallbildung stieß er auf eine für alle Fälle geltende Regel: Mathematisch gesehen setzt sie die Flächenentwicklung von Kristallen in Beziehung zu einer Reihe von Knotenpunkten, vergleichbar mit jenen, die bei einer Saite oder Luftsäule die Obertöne zum Erklingen bringen. In diesem «Komplikationsgesetz» fand Goldschmidt auch die Antwort auf die Frage, warum die Planeten, als sie sich aus dem glühenden Gasball der jungen Sonne herausbildeten, die uns heute bekannten Abstände einnahmen.

Goldschmidt nimmt bei seinem Verfahren[11] als Knotenpunkte des Sonnensystems die mittleren Entfernungen der Planeten von der Sonne und drückt sie in einfachen Verhältnissen aus, wobei er aber als seine astronomische Einheit mit dem Wert 1 nicht die Entfernung der Erde, sondern die des Jupiter wählt. Seine Werte sind nicht unbedingt exakt, sondern vielmehr «ideal» (vgl. die Werte der Titius-Bodeschen Reihe oben). Seine Suche gilt der Norm, die hinter den Erscheinungen verborgen ist, sich jedoch nie exakt manifestiert,[12] so wie es den Durchschnittsmenschen einfach nicht gibt, oder wie wir, weil uns die temperierte Stimmung wichtig ist, über winzige Unreinheiten der Intervalle hinweghören.

Da sich die inneren und äußeren Planeten beträchtlich voneinander unterscheiden, faßt sie Goldschmidt als zwei getrennte Systeme auf, die nicht zur gleichen Zeit entstanden sind.

1. *Fünf große, leichte, schnell rotierende äußere Planeten*

Sonne	Jupiter	Saturn	Uranus	Neptun	Pluto	Universum
0	1	2	4	6	8	∞

2. *Vier kleine, dichte, langsamer rotierende innere Planeten*

Sonne	Merkur	Venus	Erde	Mars	Jupiter
0	1/13	1/7	1/5	1/3	1

Goldschmidt will solche Zahlenreihen mit Hilfe seines Verfahrens auf einen Ausschnitt der Ober- und Untertonreihe reduzieren, die von 1 in beide Richtungen zum unendlich Großen und Kleinen hin verläuft. Jetzt werden die Zahlen als Schwingungsverhältnisse aufgefaßt und mit Tonhöhen gleichgesetzt:

$$\frac{1}{\infty} \; (= 0) \ldots \; 1/4 \quad 1/3 \quad 1/2 \quad 1 \quad 2 \quad 3 \quad 4 \ldots \infty$$

| | | C | F | c | c′ | c″ | g″ | c‴ |

Goldschmidts Werte für die äußeren Planeten müssen einfach durch 2 geteilt werden, damit sie sich in diese Reihe einfügen:

Sonne	Jupiter	Saturn	Uranus	Neptun	Pluto	Universum
0	1/2	1	2	3	4	∞
	c	c′	c″	g″	c‴	

Die oben angegebenen Werte für die inneren Planeten müssen jedoch erst in eine Reihe mit den Grenzwerten 0 und ∞ transformiert werden. Goldschmidt nimmt dazu eine Formel, die er schon in seinem Werk über die Kristalle angewendet hat und Transformationsformel nennt.[13] Sie führt zu einer neuen Wertreihe, die nur mit 6 multipliziert werden muß, damit wieder ein Ausschnitt aus der Ober- und Untertonreihe entsteht:

Sonne	Merkur	Venus	Erde	Mars	Jupiter
0	1/12	1/6	1/4	1/2	∞
0	1/2	1	3/2	3	∞
	c	c′	g′	g″	

Durch eine einfache Folge von Rechenvorgängen gelingt es Goldschmidt, die Entfernungen der Planeten in eine Reihe harmonischer Oktaven und Quinten zu verwandeln.

Handelt es sich hier bloß um ein raffiniertes mathematisches Spiel? Der Verdacht liegt nahe, doch erhalten wir stets ähnliche Ergebnisse, wenn die astronomischen Werte von einem pythagoräischen Standpunkt aus untersucht werden: Die kosmische Harmonie läßt sich immer deutlich erkennen. Ein ausführliches Beispiel wird uns im Abschnitt über Kepler begegnen. Aus Platzgründen kann hier das vergleichbare System von Thomas Michael Schmidt, der bedeutsame Harmonien aus den Umlaufzeiten der Planeten gewinnt, nur erwähnt werden, ebenso das von Rodney Collin, der von den Konjunktionen ausgeht, oder das von W. Kaiser, das auf den mittleren Entfernungen von der Sonne beruht, das von «Azbel» (Emile Chizat), der die Zahlen der Titius-Bodeschen Reihe in einen reinen Zusammenklang überführt, oder das von Alexandre Dénéréaz, der mit Goldenen Schnitten der Planetenentfernungen arbeitet.[14] Beim Versuch, den seltsamen Tatbestand zu begreifen, fallen uns bestimmte Zusammenhänge ein. Zunächst denken wir an C. G. Jung, der bei seinen astrologischen Forschungen entdeckte, daß diejenigen unter seinen Helfern, die schon an die Astrologie glaubten, mehr Belege und Beweise fanden, als die, die noch nicht überzeugt waren, obwohl die beiden Gruppen mit demselben absolut «objektiven» Material arbeiteten und es nicht deuteten.[15] Zum zweiten weiß die moderne Physik, das das Ergebnis eines Experiments von den Erwartungen des Experimentators abhängig ist, wie das klassische Beispiel der Welleneigenschaften und Teilchenaspekte des Lichts zeigt. Drittens gibt es die im ersten Kapitel kurz erklärte mentalistische Lehre, die besagt, daß jeder von uns sein eigenes Universum projiziert, das freilich gewissen allgemeinen Gesetzen unterworfen ist. Wer auch immer die Existenz einer kosmischen Harmonie für möglich hält, kann zeigen, daß sein Kosmos harmonisch ist. Die Vielzahl der Methoden, die dabei angewendet wurden, deutet darauf hin, daß die grundlegende Harmonie des Sonnensystems – gewissermaßen das Ding an sich – ein Ausmaß hat und harmonikal so vielschichtig ist, daß sie mit einer einzigen Methode nie vollständig erfaßt werden kann. Wenn wir sie in ihrer Ganzheit verstehen wollen, denken wir am besten an ein großes Werk der Musik und stellen uns vor, wie unterschiedlich es analysiert werden kann, wobei keine Untersuchung je das Ganze erfaßt.

PLANETENSKALEN VOM TYP B

Typ B der Planetenskalen hat im Gegensatz zu Typ A nichts mit astronomischen Entfernungen zu tun. Die Töne werden vielmehr durch die Bewegungen der Planeten hervorgebracht. Die einzelnen Tonhöhen hängen von den unterschiedlichen Geschwindigkeiten der Planeten ab. Cicero stellt es in *Scipios Traum* klar dar:

> Daher bewegt sich jene äußerste sternentragende Bahn des Himmels, deren Umdrehung schneller ist, mit einem hohen und aufgeregten Ton, die des Mondes aber und unterste mit dem tiefsten. Denn die Erde als neunte und unbeweglich bleibend hängt immer an einem Sitz, die Mitte des Weltalls einnehmend. Jene acht Bahnen aber, von denen zwei, Merkur und Venus, sich mit gleicher Geschwindigkeit bewegen, bewirken sieben durch Zwischenräume unterschiedene Töne, wobei diese Zahl, möchte man fast sagen, der Schlüssel zum Universum ist.[16]

Die Erde bleibt in allen Skalen dieses Typs stumm, da sie an ihrer Stelle bleibt und Klang nur durch Bewegung entsteht. Macrobius, der den *Kommentar zu Scipios Traum* schrieb (im Mittelalter einer der Grundpfeiler der Bildung), unterließ es, zu Ciceros Stelle Tonhöhen anzugeben, während Boethius für die meisten Sphären Töne vorschlug (vgl. Beispiel 3).[17] Da Boethius wie alle anderen Theoretiker, die sich mit dem Typ B beschäftigten, eine diatonische Skala verwendete, ging er sicher nicht von der Annahme aus, hier würden astronomische Werte in Musik umgesetzt (was beim Typ A gelegentlich vorausgesetzt wird). Während die Entfernungen der Planeten voneinander jahrhundertelang umstritten waren, bestand nie der geringste Zweifel, wie lange sie für ihre Reise um den Tierkreis brauchen. Es ist deutlich zu sehen, daß ihre Umlaufzeiten vom Mond mit seinen 28 Tagen bis zum Saturn, bei dem sie fast 30 Jahre dauert, keine einfache diatonische Tonleiter ergeben können. Alle Skalen vom Typ B sind also symbolischer Natur.

Die Anordnungen vom Typ B beruhen zweifellos auf der Rangfolge der Geschwindigkeiten, die allerdings mehrdeutig ist und mindestens zwei Betrachtungsweisen zuläßt. Für Cicero geht es um die Geschwindigkeit relativ zur Erde. Da die Fixsterne pro Tag eine Umdrehung vollführen, sind sie die schnellsten,

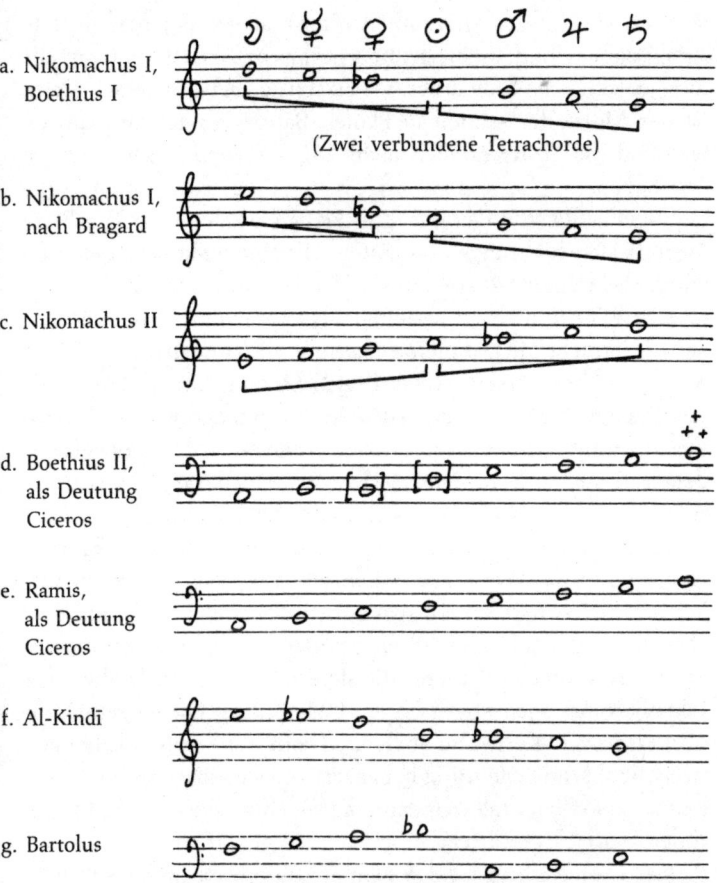

a. Nikomachus I,
   Boethius I

(Zwei verbundene Tetrachorde)

b. Nikomachus I,
   nach Bragard

c. Nikomachus II

d. Boethius II,
   als Deutung
   Ciceros

e. Ramis,
   als Deutung
   Ciceros

f. Al-Kindī

g. Bartolus

Beispiel 3: Planetenskalen vom Typ B

während alle Planeten um größere oder kleinere Beträge zurück-
bleiben. Der Mond ist der langsamste, weil er in nur 28 Tagen
einen ganzen Zyklus hinter dem Tierkreis zurückbleibt, während
Saturn der schnellste ist. Andererseits lassen sich die Planetenge-
schwindigkeiten relativ zum Tierkreis berechnen, und die Tonleiter nimmt den umgekehrten Verlauf, wie uns die arabischen
Quellen zeigen, zum Beispiel Al-Kindī und der Ikhwān al-Ṣa-

fā'.[18] Diese Auffassungen finden wir vor allem bei jenen, die wie Anaximander und andere frühe griechische Astronomen annahmen, daß sich die Erde dreht, die Fixsterne aber stillstehen. Dann ist der Mond der schnellste Planet, Saturn ist der langsamste, während die Fixsterne sich nicht bewegen und folglich keinen Ton haben.

Nikomachus von Gerasa[19] gibt Planetenskalen vom Typ B an, die in beiden Richtungen verlaufen. (Er gibt eigentlich sogar drei an, doch in einer Skala werden einfach Venus und Merkur vertauscht.) Die Tonleitern bestehen aus zwei in einem Ton verbundenen Tetrachorden, die eine Septime umspannen (mit eckigen Klammern bezeichnet). Roger Bragard schlug eine Verbesserung vor, die davon ausgeht, daß zur Zeit des Pythagoras – und Nikomachus trägt auch pythagoräische Lehren vor – die zwei verbundenen Tetrachorde in der griechischen Musiktheorie schon getrennt waren.[20] Nikomachus schreibt die Neuerung als treuer Bewunderer des Pythagoras fälschlich diesem selbst zu.[21] Bragard interpretiert die Worte des Nikomachus so, daß zwei getrennte Tetrachorde nötig werden, von denen einer nicht vollständig ist (Beispiel 3 b). Dadurch wird die Symbolik abgeschwächt, die nur Sinn hat, wenn den Planeten die sieben Töne der Skala ohne jede Oktavierung zugeordnet werden. Das allein ist Grund genug, die Verbesserung in Frage zu stellen.[22] Denn wenn diese Skalen keine symbolische Bedeutung haben, taugen sie nicht viel, und es ist kaum vorstellbar, daß sich dann die Gelehrten des Altertums mit ihnen beschäftigt hätten.

Typ A und Typ B weisen gemeinsam ein wichtiges symbolisches Element auf: Die Mese (a'), der zentrale Ton des griechischen Systems, wird nämlich gewöhnlich der Sonne zugeordnet, obwohl eigentlich alle Autoren der beiden Modelle zumindest exoterisch das geozentrische Modell voraussetzen. In Robert Fludds Tonleitern, die zwei Oktaven durchlaufen, drückt sich die besondere Funktion der Sonne aus: Sie wird in seiner Philosophie als Gottes Tabernakel im Kosmos aufgefaßt, denn sie sitzt am entscheidenden Punkt seiner Monochordsaite, in der Mitte, und so erklingt auf jeder Seite eine Oktave (vgl. Beispiel 2). Die vielen kosmischen Tonleitern Fludds[23] können auf- oder absteigen, eine, zwei oder drei Oktaven durchlaufen – die Sonne wird stets in die Mitte gesetzt. Außerdem zeigt die Skala immer die Dur-Tonart, die in seiner Zeit die Norm war, so wie es früher ihre Umkehrung war, das griechische Dorisch.

PLANETEN, TÖNE UND DIE WOCHENTAGE

Die diatonische Reihenfolge der Töne, auf der der dorische Modus und die Dur-Tonart beruhen, ist durch Quint- und Quartbeziehungen gekennzeichnet, durch die elementarsten Intervalle, wenn wir von der Oktave absehen, die ja kein neuer Ton ist. Eine Folge von sechs reinen Quinten oder Quarten führt abwärts wie aufwärts zu den sieben Tönen einer diatonischen Skala:

H E A D G C F (Quarten nach oben oder Quinten nach unten)
F C G D A E H (Quinten nach oben oder Quarten nach unten)

Nach Dio Cassius[24] (2.–3. Jahrhundert n. Chr.) machten sich die alten Ägypter diese Folge von Quinten oder Quarten zunutze, um die Tonleiter der sieben Planeten den Wochentagen zuzuordnen. Dio wird gewöhnlich so interpretiert, daß er die Skala des Beispiels 4 a im Sinn hat (der Form nach identisch mit Beispiel 3 a), da er die Anweisung gibt, mit Saturn zu beginnen und immer zwei Planeten zu überspringen (wobei wir nach rechts zurückkehren, wenn wir den Mond links erreicht haben). Die Wochentage und ihre Planetenherrscher sind dann mit folgenden Tönen verbunden:

Samstag	Sonntag	Montag	Dienstag	Mittwoch	Donnerstag	Freitag
♄	☉	☽	♂	☿	♃	♀
H	E	A	D	G	C	F

Dio Cassius wird von den wenigen, die sich mit dieser Stelle auseinandergesetzt haben, zum größten Teil in dieser Weise verstanden. Zu ihnen gehören der Abbé Roussier, Fabre d'Olivet, Edmond Bailly, Ernest Britt und die Henschels.[25]

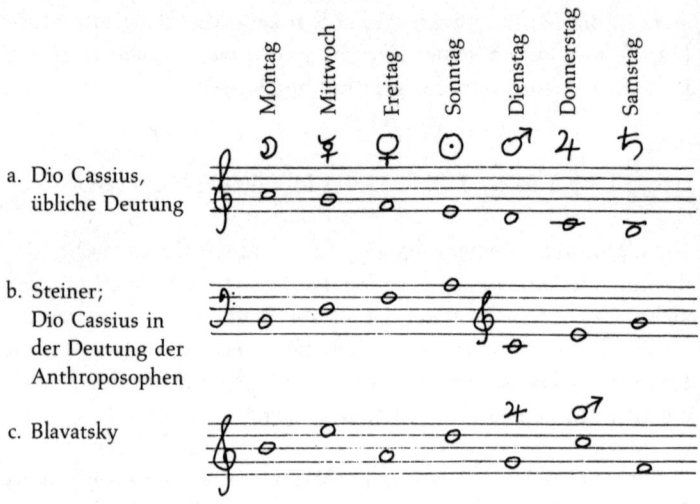

Beispiel 4: Skalen vom Typ B mit Zuordnung der Wochentage

Britt leitet aus diesen Tönen die Planetenherrscher für die griechischen Modi (*tonoi*) ab. Er nimmt die ältere Form der Modi, die sich aus zwei verbundenen Tetrachorden zusammensetzen. Die Tetrachorde treffen sich in einem Zentralton, der die Funktion der «Finalis» oder des Grundtons hat. Der dorische Modus nimmt seinen Ehrenplatz in der griechischen Theorie und in Platons Philosophie zu Recht ein, weil er der einzige ist, der die kosmische Ordnung mit der Sonne in der Mitte wiedergibt. Hier ist Britts Tabelle:[26]

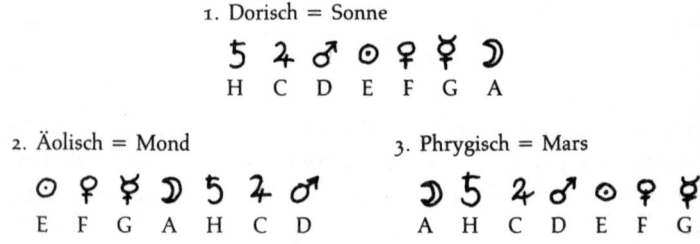

188

4. Ionisch = Merkur

♂ ☉ ♀ ☿ ☽ ♄ ♃
D E F G A H C

5. Lydisch = Jupiter

☿ ☽ ♄ ♃ ♂ ☉ ♀
G A H C D E F

6. Hypolydisch = Venus

♃ ♂ ☉ ♀ ☿ ☽ ♄
C D E F G A H

7. Mixolydisch = Saturn

♀ ☿ ☽ ♄ ♃ ♂ ☉
F G A H C D E

Britt sagt von sich zwar nur, er sei ein Anhänger des polnischen Philosophen Jean-Marie Hoëné-Wronski (1776–1853), er scheint aber auch ein Theosoph zu sein, der die neu entdeckten Lehren der östlichen Religionen mit den alten Überlieferungen des Westens verbinden will. Er geht also noch weiter und stellt einen Zusammenhang zwischen den Planetentönen und der siebenfachen Konstitution des Menschen her, «wie sie von der indischen Theosophie gelehrt wird».[27] Dabei werden die Töne in einer ebenso bedeutsamen Folge angeordnet, und zwar in drei verbundenen Dreiklängen:

D	Ātman	Seele	⎫
H	Buddhi	Leben	⎬ des geistigen Körpers
G	Manas	Materie	⎭
E	Kāma-Rūpa	Seele ⎫	
C	Linga-Sharīra	Leben ⎬ des Astralkörpers	
A	Prāna	Materie ⎭	
F	Sthūla-Sharīra		

Wem Britt in seiner Theosophie folgte, ist nicht klar, auf keinen Fall aber H. P. Blavatsky (1831–1891), die östliche und westliche Esoterik miteinander verschmolz und die Theosophische Gesellschaft gründete. In den Aufzeichnungen, die nach ihrem Tod als dritter Band der *Geheimlehre* veröffentlicht wurden, ist nämlich eine andere Anordnung zu finden.[28] In ihrer Deutung des Dio vertauscht sie erst einmal Mars und Jupiter, um die sieben Planeten, wie sie sagt, in «die richtige Reihenfolge zu bringen, die sich aus den Farben des Sonnenspektrums und den entsprechenden

Planetenherrschern ergibt».[29] Die Tonleiter folgt also dem sicht-baren Spektrum, wobei der tiefste Ton C der langsamsten Schwingung des Lichts, dem Rot, entspricht:

Rot	Orange	Gelb	Grün	Blau	Indigo	Violett
♂	☉	☿	♄	♃	♀	☽
Dienstag	Sonntag	Mittwoch	Samstag	Donnerstag	Freitag	Montag
C	D	E	F	G	A	H

Bei den Entsprechungen, die Blavatsky zur Konstitution des Menschen angibt (wobei sie einräumt, daß es sich hier lediglich um eine «exoterische» Darstellung handelt), ordnet sie Ātman keinen Ton zu, weil der höchste Geist alle anderen Prinzipien enthält. Am anderen Ende der Tonleiter läßt sie den physischen Körper (Sthūla-Sharīra) weg. Hier Blavatskys Anordnung:

    Ātman
H Linga-Sharīra oder Chāyā (Schatten oder Doppelgänger)
A Manas (höherer Intellekt oder menschliche Seele)
G Aurische Hülle
F Kāma-Manas (niederer Intellekt oder tierische Seele)
E Buddhi (spirituelle Seele, Vehikel des Ātman)
D Prāna oder Jīva (Lebensprinzip)
C Kāma-Rūpa (Sitz des tierischen Lebens)

Als Rudolf Steiner noch Leiter der deutschen Sektion der Theo-sophischen Gesellschaft war, gab er in einer unveröffentlichten Stellungnahme vom 17. März 1908 eine andere Anordnung für die «Kosmische Skala» an.[30] Die Wochentage ergeben eine Ton-leiter, die Planeten eine Folge von Terzen (vgl. Beispiel 4 b):

Sonntag	Montag	Dienstag	Mittwoch	Donnerstag	Freitag	Samstag
☉	☽	♂	☿	♃	♀	♄
A	H	C	D	E	F	G

Die anthroposophischen Autoren nehmen natürlich diese Anordnung. Hermann Pfrogner[31] hat Dio Cassius sehr klug neu interpretiert und kommt zum selben Ergebnis, während Anny von Lange[32] ausführlich beschreibt, wie die sieben Modi und ihre Umkehrungen die Planetengötter widerspiegeln, indem diese die ihnen entsprechenden Gefühle auslösen und geheimnisvolle Dinge bewirken. Die sieben Modi und ihre Herrscher sind jetzt hauptsächlich durch die Stellung der beiden Zäsuren gekennzeichnet, die Anny von Lange zwischen F/G und H/C sieht:

Marsskala
CDEF GAH C

Merkurskala
DEF GAH CD

Jupiterskala
EF GAH CDE

Venusskala
F GAH CDEF

Saturnskala
GAH CDEF G

Sonnenskala
AH CDEF GA

Mondskala
H CDEF GAH

Anny von Langes Darstellung birgt eine Fülle weitreichender und tiefer Gedanken, die sie folgerichtig aus ihrer Glaubenswelt heraus entwickelt. Zu den Modi schreibt sie:

Es ist nun für jedes Studium und jedes Gebiet musikalischer Praxis von großer Wichtigkeit, die Tagesarbeit jeweils mit dem ihm zugeordneten Tone zu beginnen. Man knüpft damit sich selbst und die Musik unmittelbar an die Kräfteströme des Kosmos an. Man öffnet diesen sozusagen ein Tor leiblich, seelisch und geistig.[33]

Dieser für das zwanzigste Jahrhundert recht extreme Hinweis unterscheidet sich in seiner Absicht kaum von der musikalischen Magie eines Ficino, der sich mit den Symbolen der Planeten umgab, Hymnen in den zugeordneten Modi sang und ihre Energien rief;[34] er ähnelt auch dem Brauch der Pythagoräer, jeden Tag mit einem Lied zu beginnen und zu heiligen. Der Unterschied ist nur, daß damals viele Modi zur Verfügung standen –

die Griechen kannten außerdem noch drei Genera oder Tongeschlechter, diatonisch, chromatisch und enharmonisch, die jeden
Modus noch weiter bestimmten – während die Musik seit 1600
zum größten Teil nur zwei gelten ließ, den A-Modus als Moll
und den C-Modus als Dur. Wo finden wir ein mixolydisches
Lied, um den Montagmorgen zu beginnen? Offenbar müssen wir
uns eigene Lieder schaffen.

Bevor die acht Kirchentonarten schließlich auf das moderne
Dur und Moll zusammengeschmolzen waren, gab es in der Re-
naissance letzte verzweifelte Versuche, Ethos und wunderbare
Wirkungen wiederzuerlangen, die die Antike den Modi zuge-
schrieben hatte. Die Modi hatten zwar die griechischen Bezeich-
nungen behalten, ihren Charakter jedoch verändert. Die dorische
Oktavgattung, die in Griechenland abwechselnd E D C H A G F E
(diatonisch), E Cis C H A Fis F E (chromatisch) oder E C H+ H A
F E+ E (enharmonisch) lauten konnte, bestand nun einfach aus D
E F G A H C D. Ramis de Pareja brachte die Kirchentonarten in
Zusammenhang mit den acht Tönen der Planetenskala, die er
Cicero entnommen hatte (Beispiel 3 e) und beschrieb ihr Ethos
mit knappen Worten:[35]

I	Dorisch D–D	Sonne, «den Schlaf vertrei-bend»
II	Hypodorisch A–A (Finalis D)	Mond, «den Schlaf herbeiführ-rend»
III	Phrygisch E–E	Mars, «jähzornig und reizbar»
IV	Hypophrygisch H–H (Finalis E)	Merkur, «der Modus der Schmeichler»
V	Lydisch F–F	Jupiter, «ewige Freude»
VI	Hypolydisch C–C (Finalis F)	Venus, «wohltätig, doch auch weiblich»
VII	Mixolydisch G–G	Saturn, «zur Melancholie nei-gend»
VIII	Hypermixolydisch A–A (Finalis A)	Sternenhimmel, «von Natur aus schön und lieblich, frei von aller Eigenart und für jeden Gebrauch passend»

Abraham Bartolus,[36] ein unbekannter Theoretiker des frühen siebzehnten Jahrhunderts, dachte eindeutig an Tonarten und nicht an Modi, als er seine Planetenskalen aufstellte (Beispiel 3 g), denn bei ihm ist B als Planetenton und Grundton einer Skala eingefügt. Die Tonhöhen sind in der Lautentabulatur angegeben, wobei ich nicht weiß, nach welchen Gesichtspunkten Bartolus vorging. Nach seinen Worten ist der C-Modus des Mars die Tonart des Militärs (zu seiner Zeit waren die Trompeten in C), erstaunlich selten aber sei in B, der Tonart der Sonne, komponiert worden; er kenne nur zwei Beispiele für eine Musik in dieser Tonart. Er war von der Richtigkeit seines Systems so überzeugt, daß er behauptete, man könne die herrschenden Planeten im Horoskop eines Menschen bestimmen, wenn man wisse, welche Tonarten er besonders möge.

Ciceros Feststellung, die Zahl Sieben scheine sozusagen der Schlüssel zum Universum zu sein, ist für uns der Schlüssel zum Verständnis aller Planetenskalen vom Typ B mit ihren sieben Tönen. Es würde zu weit führen, hier einen Lobgesang auf die Sieben einzufügen, wie das Macrobius in seinem Kommentar zu *Scipios Traum* auf einem guten Dutzend Seiten tut. Der Hinweis genügt wohl, daß diese Zahl überall in der esoterischen Wissenschaft einen Ehrenplatz einnimmt. Ob es sich um das System der sieben chaldäischen Planeten handelt, das immer noch zur Grundlage der Astrologie gehört, um die sieben Metalle der Alchemie, die sieben Chakras (feinstofflichen Zentren im Körper) im Yoga, die sieben Himmel des Islam oder um die sieben Strahlen, Planeten, Runden und Wurzelrassen der Theosophie – der Sieben begegnen wir immer, wenn der Mensch eine verborgene Struktur der Zeit oder des Raums zu ergründen sucht.

Nun gibt es sieben sichtbare, sich selbständig bewegende Himmelskörper (griechisch *planētes*, «Wanderer») und dazu die Tatsache, daß eine Aneinanderreihung von sieben Quinten die diatonische Tonleiter bildet, ohne zu Tönen zu führen, die einem andersartigen, chromatischen System angehören. Wer mit dem Denken in Symbolen vertraut ist, wird darin keinen Zufall sehen. Er wird noch viel weniger geneigt sein, die Sieben als eine Erfindung der archaischen Menschheit aufzufassen, die aus lauter Ehrfurcht vor den sieben Planeten diese Zahl auf alles andere übertragen hätte. Nein, die Tonleiter der Musik wie die sichtbaren Planeten werden in ihrer jeweiligen Sphäre als Manifestationen einer viel ursprünglicheren, archetypischen Siebenzahl gesehen. Überraschend wäre nur, wenn es sich nicht so verhielte, wenn zum Beispiel die Skalen überall auf der Welt acht oder elf Töne pro Oktave hätten. Wer also den Tönen der Skala Eigenschaften der Planeten zuordnet, erkennt in dieser Siebenheit ein wesentliches Gesetz des Universums: ein Gesetz, das in allen in sich geschlossenen Systemen (wie im letzten Absatz erwähnt) zur Geltung kommt. Trotzdem wirken die Schlüsse, die aus dieser Entsprechung gezogen werden, gelegentlich ein wenig naiv, wenn zum Beispiel einem Modus aufgrund des Planeten, der ihn beherrschen soll, bestimmte Gefühlseigenschaften zugeschrieben werden. Ganz abgesehen von den unterschiedlichen Ansichten der Sachverständigen, welcher Ton zu welchem Planeten gehört, zeigen uns drei Jahrhunderte westlicher Musik deutlich, daß es möglich ist, jede Gefühlseigenschaft der «Planeten» mit nur zwei Modi, nämlich in Dur und Moll, einigermaßen auszudrücken. Im Zusammenhang mit den Tierkreiszeichen und den zwölf Tönen der chromatischen Skala werden wir noch einmal zu dem Problem der Entsprechungen zurückkehren.

PLANETENSKALEN VOM TYP C

Die Planetenskalen dieses Typs (Beispiel 5) sind keine Tonleitern im üblichen Sinn, sondern das Grundmaterial, aus dem Skalen gebildet werden. Das griechische System (5 h) zeigt bestimmte feste Töne, die unverändert bleiben, ganz gleich, ob der Raum der Quarte im diatonischen, chromatischen oder enharmonischen Genus gefüllt wird. Platon beschreibt in seinem pythagoräischen Dialog *Timäus*, wie die Weltseele in Schritten geschaffen wird, und bei einem[38] ist eine Reihe von Intervallen angegeben (5 j), die an jene festen Töne erinnern. Wir können vielleicht davon ausgehen, daß Typ C auf eine pythagoräische oder zumindest neupythagoräische Quelle zurückgeht. Nach Plutarchs Abhandlung *Über die Erschaffung der Seele im Timäus* stehen die Töne, aus denen sich die Tetrachorde zusammensetzen, im selben

Verhältnis zueinander wie die Abstände zwischen den Planeten.[39] Im unvollständigen letzten Kapitel der *Harmonielehre* des Ptolemäus[40] ist ein ähnliches System beschrieben, während eine Inschrift im ägyptischen Kanopus,[41] die die mathematischen Gesetze des Ptolemäus festhält, dieser Anordnung für die Elemente Erde und Wasser den tiefen Ton *Proslambanomenos* («zugefügter Ton»), für die Fixsterne den hohen Ton *Hyperhyperbolaeon* («über dem höchsten») anfügt, wobei die Intervalle in Verhältniszahlen ausgedrückt sind. Die gleiche Skala ist in einige mittelalterliche Handschriften übernommen worden. Der Philologe Carl von Jan[42] verbesserte die Skala aus Kanopus, indem er die Zahlen als Angaben von Saitenlängen auffaßte, die Zahl 8 als bloß theoretischen Ausgangspunkt sah und den unschönen Bruch 21⅓ tilgte. Anatolius[43] (3. Jahrhundert) nimmt die Zahlen ebenfalls als Saitenlängen, kehrt sie aber nicht um, sondern läßt die Tonleiter andersherum laufen.

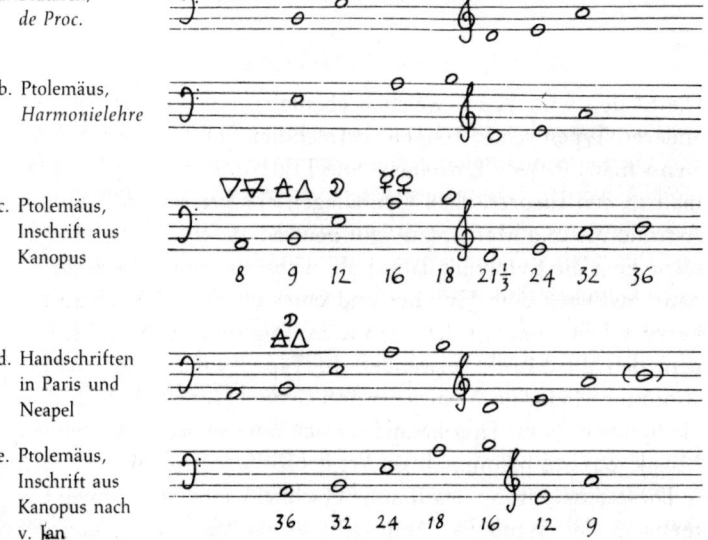

a. Plutarch, de Proc.

b. Ptolemäus, Harmonielehre

c. Ptolemäus, Inschrift aus Kanopus

8 9 12 16 18 21⅓ 24 32 36

d. Handschriften in Paris und Neapel

e. Ptolemäus, Inschrift aus Kanopus nach v. Jan

36 32 24 18 16 12 9

f. Anatolius

8 9 12 16 18 21⅔ 24 34 36

g. Ikhwān al-Ṣafā'

8 9 12 13 16 18 21½ 24 27⁴⁄₇ 32

╋ = etwas höher   ⌄ = etwas tiefer

h. Feststehende
Töne des
griechischen
Systems

hypate mese   die zeugmenon
synemmenon   hyperbolaeon

j. Platon,
Timäus

27 9 8   4 3 2   1

Beispiel 5: Planetenskalen vom Typ C

Die Skalen vom Typ C weichen ebenfalls, wie wir das von den anderen Typen schon kennen, beträchtlich voneinander ab, und wenn man für jede Einzelheit eine Erklärung finden will, muß man in den theoretischen Grundlagen der griechischen Musik, Astronomie und Mathematik gut bewandert sein. In der Hauptsache zielt die Symbolik darauf ab, nicht nur einen Zusammenhang zwischen dem Himmel und einer einzigen Oktavgattung herzustellen, sondern den gesamten Tonraum zu berücksichtigen, den die Musik verwendet. In Typ C wird weder ein bestimmter Modus noch eines der drei Genera (Tongeschlechter) an die Spitze gestellt: Hier handelt es sich um das nackte Gerüst der Musik, das auf mannigfaltige Art gefüllt werden kann.

Diese Ausweitung des Raums erschließt eine völlig neue Dimension der Symbolik: Nun geht es um die Harmonien der

Sphären und ihre Verhältnisse zueinander. Die Erklärungen in der *Harmonielehre* des Ptolemäus sind zwar knapp und vom Text her verderbt, lassen aber erkennen, daß eine Entsprechung zwischen den Konsonanzen der Musik und den Verträglichkeiten der Planeten in der Astrologie angenommen wird. Die Einflüsse von Saturn und Mars werden zum Beispiel als schädlich für die der Sonne gesehen, während sich die Wirkung Jupiters mit der der Sonne verträgt. So steht hier der Saturnton A im Verhältnis der dissonanten Septime zum Sonnenton H, der Marston D liegt eine kleine Terz darüber (für die Griechen eine Dissonanz), während der Jupiterton E eine reine Quarte bildet.

Die Deutung des Anatolius, der die Zahlen als Saitenlängen auffaßt, führt uns zu dem Gedanken zurück, der hinter dem Typ A steht: daß nämlich die Planetenabstände verschlüsselt in den Schwingungsverhältnissen der Musik enthalten sind. Ein islamisches Werk des zehnten Jahrhunderts, das weitgehend auf antiken Quellen basiert, geht in aller Deutlichkeit auf diesen Punkt ein. Die *Abhandlung über Musik* der Ikhwān al-Ṣafā'[44] (Lautere Brüder) führt mit folgenden Worten eine vollständige Reihe von Tonzahlen für zehn Sphären ein (Erde und Luft werden auch als Sphären gesehen):

Zum Thema der Eigenschaften der Zahl 8 haben die Mathematiker-Philosophen die Theorie aufgestellt, daß zwischen den Durchmessern der himmlischen Sphären und denen der Erde und Luft ein harmonisches Verhältnis besteht. Der Beweis dafür: wenn wir für den Durchmesser der Erde 8 setzen, für den der Luft 9, für den Durchmesser der Mondsphäre 12 [es folgen die restlichen Zahlen] . . . verhalten sich die Durchmesser von Erde und Mond wie 3 : 2 . . . [es folgen die übrigen konsonanten Verhältnisse]. Was Merkur, Mars und Saturn betrifft, so haben sie kein [harmonisches] Verhältnis. Deshalb werden diese Himmelskörper Übel genannt.[45]

Die unheilvolle Eigenschaft findet also ihre naturwissenschaftliche Erklärung in den unharmonischen Abständen, die diese Planeten einnehmen.

SYSTEME MIT BEWEGLICHEN TÖNEN:
ERIUGENA, ANSELMI

Wir lernen das Thema von einer neuen Seite kennen. Dem Denken, das zu Skalen vom Typ A, B und selbst C führt, haftet eine gewisse Starrheit an, wird doch in diesen Tonleitern versucht, die Erscheinungen einer schon bestehenden Vorstellung über das Tonsystem der Musik anzupassen. Eine andere Methode wendet sich direkt den Erscheinungen zu, damit diese selbst ihre Ordnung offenbaren. Wer aus dieser Haltung heraus Fragen stellt, gibt zu, daß er die Antwort, wie die Ordnung des Universums aussieht, noch nicht kennt. Gleichzeitig kommt die Hoffnung zum Ausdruck, daß es eine Ordnung gibt, denn schließlich ist der Kosmos ja das Werk der göttlichen Vernunft. Man ist bereit, die musikalischen Vorstellungen zu überdenken und den Standpunkt je nach Bedarf zu verschieben. Dann werden zum Beispiel nicht mehr die Geschwindigkeiten, sondern die Abstände ins Auge gefaßt. Am erstaunlichsten ist dabei, daß alle, die sich dem Thema mit dieser Haltung nähern, genau jene musikalischen Gesetze bestätigt finden, die schlichtere, aber nicht weniger intuitive Gemüter am Himmel zu sehen meinen, nur daß die Gesetze jetzt vollkommen mit den Erscheinungen übereinstimmen und sie nicht mehr bloß wegerklären. Hier erfassen wir mit einem Blick das Ziel der theoretischen Wissenschaft, die das Universum als Werk einer geistigen Kraft erkennen läßt. Allerdings hat die Wissenschaft das Ziel noch lange nicht erreicht.

Ein Mann erkannte im Mittelalter das Problem, doch aus Mangel an astronomischen Daten konnte er seine Theorien nicht sehr weit entwickeln. Der irische Mönch Johannes Scottus Eriugena (9. Jahrhundert) hatte den Mut, eine eigene Kosmologie auszuarbeiten, in der die Planeten nicht länger an konzentrische Sphären um die Erde gebunden waren (vgl. Abbildung Seite 199).

Zugleich war er vom Glauben durchdrungen, Konsonanz und Dissonanz seien die wahren bewegenden Kräfte des Universums. Als er in seiner Kosmologie nach den möglichen Harmonien suchte, zog er sowohl Typ A wie B in Betracht (allerdings wird nicht deutlich, ob er sich immer bewußt war, daß damit ein Wechsel der Standpunkte verknüpft war). Eriugena greift die

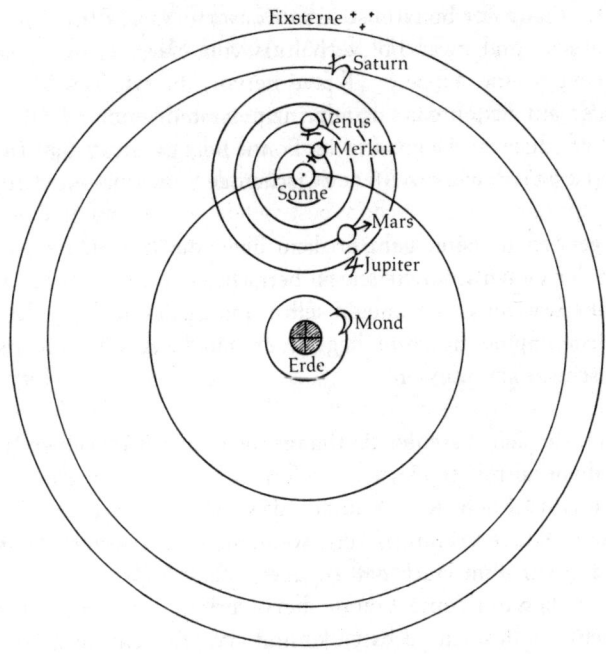

Der Kosmos nach Johannes Scottus Eriugena

Frage der Planetenabstände und ihrer Harmonien einige Male auf.[46] Die reifste Fassung seiner Theorie finden wir in einem nur wenig bekannten Kommentar zu Martianus Capella, und zwar in nur einer einzigen Handschrift seines Kommentars.[47]

Eriugena geht bei der Betrachtung der Planetenharmonien zunächst von der Geschwindigkeit aus. Seine Tonleiter der Geschwindigkeiten ist bezeichnenderweise ein Kompromiß, der beide Varianten (Mond schnell und Mond langsam) berücksichtigt, auf die wir oben im Zusammenhang mit Typ B eingegangen sind. Er achtet nicht auf den Unterschied zwischen dem Umlauf, der relativ zur Erde, und dem, der relativ zu den Fixsternen gemessen wird, und läßt die Fixsternsphäre die schnellste sein. Ihr folgen Mond, Merkur usw. bis zum Saturn, der das langsamste Gestirn ist. Die Sonne befindet sich wie immer in der Mitte, und das ganze System umspannt zwei Oktaven.

Der Klang der Sphäre ist so in Konsonanz mit dem Klang des Saturn, und zwar im Verhältnis von vier zu eins, und sie bringen eine doppelte Oktave hervor, die wie bei der Orgel oder auf Saiten das Grundprinzip darstellt und das Allervortrefflichste ist. Der Klang der Sonne liegt zwischen Saturn und der Sphäre, wie die *Mese* zwischen den zwei Saiten.[48]

Einige Zeilen später geht er dazu über, die relativen Abstände statt der Geschwindigkeiten zu betrachten. Und da er den Blick auf die wandelnden Planeten selbst und nicht auf ihre unveränderlichen Sphären richtet, begreift er, daß die Abstände beträchtlich schwanken müssen.

Wie du siehst, stehen die Klänge nicht immer im selben Intervallverhältnis, sondern verändern sich je nach der Höhe ihrer Umlaufbahnen. Kein Wunder, daß die Sonne mit dem Saturn eine Oktave erklingen läßt, wenn sie in der größten Entfernung von ihm läuft, daß sie aber, sobald sie sich ihm zu nähern beginnt, eine Quinte hervorbringt, und eine Quarte, wenn sie ihm am nächsten kommt. Wir führen den Gedanken weiter, und du hast sicher nichts dagegen, wenn wir sagen, daß der Mars manchmal einen Ton, dann wieder einen Halbton von der Sonne entfernt ist ... So kann angenommen werden, daß durch die acht himmlischen Klänge alle musikalischen Konsonanzen hervorgebracht werden können. Dabei denke ich nicht nur an die drei Genera (diatonisch, chromatisch und enharmonisch), sondern auch an andere, die weit über den menschlichen Verstand hinausgehen.[49]

Eriugenas Beschäftigung mit den Sphärenharmonien läßt eine für seine Zeit sehr ungewöhnliche Gedankenfrische und geistige Beweglichkeit erkennen. Im letzten Satz wird die Haltung besonders deutlich, von der ich oben sprach: die Bereitschaft, Dinge wahrzunehmen, die nicht so ordentlich in die Schubladen der Systematiker passen. Erst sechshundert Jahre später wurde wieder so unabhängig und originell gedacht, wobei inzwischen durch die Entwicklung der irdischen Musik völlig andere Möglichkeiten denkbar geworden waren, vor allem Kontrapunkt und vielschichtige Harmonien. Giorgio Anselmi aus Parma, der sein Werk 1434, zur Zeit der höchsten Blüte der Polyphonie verfaßte, sah die Planeten nicht mehr an langweilige, gleichbleibende Töne gefesselt, sondern konnte sich vorstellen, daß jeder sein eigenes Lied kontrapunktisch zu den anderen singt. Anselmi war Astrologe und Arzt und interessierte sich für die Musiktheorie. Sein Buch über die Musik, das bis 1961 ungedruckt blieb, schildert die Zyklen und Epizyklen der Planeten; Engel wachen über sie und beteiligen sich an dem kosmischen Spiel, das absichtslos ist und außer der reinen Daseinsfreude kein Ziel kennt. «Spielerisch» Musik machen ist vielleicht der einfachste Weg, wenn wir uns dies zu eigen machen wollen. Anselmi schreibt:

Eine einzelne Sphäre bringt nicht immer dieselbe Harmonie hervor, sondern auch die vielen *Phthongoi, Limmata, Dieses* und *Kommata* [die Mikrointervalle der griechischen Theorie], und wir müssen uns die Seligen Geistwesen nicht nur mit dem Klang der eigenen Sphären, sondern auch mit jenen der benachbarten vorstellen: Jetzt gehen sie im Lied voran, dann folgen sie wieder, streben voran oder begleiten nur und führen in wunderbarer Harmonie ein immer anmutigeres Spiel aus.[50]

Er legt die relativen Intervalle der Planeten – die als angenäherte Ortskurven mit ihren Epizyklen usw. zu sehen sind – wie folgt fest:

Mond (höchster Ton)
Merkur, Venus, Sonne   } 3 Oktaven
Mars   } Duodezime
Jupiter   } 2 Oktaven
Saturn   } Dezime
Fixsterne (tiefster Ton)

Diese Verhältnisse sind aus den Umlaufzeiten um die Erde zu errechnen: Die dreißig Jahre des Saturn verhalten sich zu den zwölf des Jupiter wie 5 : 2, eine Oktave plus eine Terz und so weiter. Dieses System aus der Zeit der Frührenaissance wurde also wie die Systeme der modernen Forscher empirisch gefunden, das heißt, es ging von den Ergebnissen wissenschaftlicher Beobachtung aus und versuchte, die Harmonie zu entdecken, die sich in ihnen spiegelt. Bei diesem Vorgehen muß man nur darauf gefaßt sein, daß die Erkenntnisse möglicherweise die Grenzen der gegenwärtig üblichen Musik sprengen, wie das bei Anselmi der Fall war: In einer Zeit, als die Musik nicht über drei Oktaven hinausging, kam er auf acht Oktaven.

KEPLERS PLANETENMUSIK

Diese Grundsätze konnte in vollem Umfang nur ein Mensch anwenden, der auf einmalige Weise bildliche Vorstellungskraft, mathematisches Können und philosophisches Denken in sich vereinigte und in einer Zeit lebte, in der die astronomische Beobachtung die Möglichkeiten des Arbeitens mit bloßem Auge voll ausschöpfte. Johannes Kepler (1571–1630) erfüllte diese Bedingungen. Am Ende seiner Laufbahn hatte er sowohl das Problem unserer Tonleitern vom Typ A gelöst (Welches Gesetz gilt für die Abstände der Planeten?) als auch das des Typs B (Welches Gesetz gilt für ihre Geschwindigkeiten?). Die Lösung des ersten Problems war geometrisch, die des zweiten musikalisch, und das dritte Keplersche Gesetz der Planetenbewegung (daß sich die Quadrate der Umlaufzeiten der Planeten wie die Kuben ihrer mittleren Entfernung von der Sonne verhalten) stellt die Verbindung zwischen beiden her. Er hatte sich schon früh entschlossen, das kopernikanische System zu übernehmen, und war gerade dreiundzwanzig, als er sich mit der Frage beschäftigte, warum es nur sechs Planeten (statt der überlieferten Siebenheit) gibt und wodurch ihre Abstände von der Sonne bestimmt sind. Er erkannte intuitiv, daß der Schlüssel zum Geheimnis des Sonnensystems in den fünf regelmäßigen oder platonischen Körpern lag.[51] Den sechs Bahnen von Merkur, Venus, Erde, Mars, Jupiter und Saturn schrieb er dann die fünf Körper in der Reihenfolge Oktaeder, Ikosaeder, Dodekaeder, Tetraeder und Würfel zu, und siehe da – so hatte nicht nur die Sechszahl der Planeten eine Erklärung gefunden, sondern die Zahlenverhältnisse der regelmäßigen Körper entsprachen in etwa auch jenen, die Kopernikus für die

Planeten angab. Bei Max Caspar heißt es dazu: «Das Ergebnis löste in ihm einen Strom von Tränen aus. Er wunderte sich, daß gerade er, der doch ein sündiger Mensch sei, diese Offenbarung empfangen habe, zumal er doch bei der ganzen Sache nicht eigentlich als Astronom habe auftreten wollen, sondern alles nur zu seiner geistigen Ergötzung unternommen habe.»[52]

Er fühlte sich nun berufen und arbeitete Tag und Nacht, um seine Vision durch Berechnungen genauer zu prüfen. Er sah sein ganzes Lebenswerk mit dieser Offenbarung verknüpft, die ihm einen Blick auf die göttliche Weisheit im Schöpfungswerk gestattet hatte. Kepler rechnete jahrelang auf der Grundlage der Zahlen weiter, die Tycho Brahe durch seine Beobachtungen gefunden hatte, aber sie paßten nicht mit der Genauigkeit zu den regelmäßigen Körpern, die von der göttlichen Weisheit doch sicher zu erwarten war. Es mußte noch ein anderer Faktor beteiligt sein. Die Schwierigkeiten bei der Berechnung der Marsbahn führten zur überwältigenden Erkenntnis, daß die Planetenbahnen keine vollkommenen Kreise, noch nicht einmal die verwickelten Gebilde aus Beikreisen sind, mit denen die Astronomen von Ptolemäus bis Kopernikus die Kreisgestalt des Himmels hatten retten wollen, sondern Ellipsen beschreiben, wobei sich die Sonne in einem der zwei Brennpunkte befindet. Räumlich betrachtet bilden diese Ellipsen (mit ihren größeren und kleineren Entfernungen von der Sonne) eine Art Kissen zwischen jedem Paar der platonischen Körper. Zeitlich gesehen sind sie die Erklärung für die sich ändernden Geschwindigkeiten der Planeten, die schneller werden, wenn sie sich der Sonne nähern. Immerhin mußte noch eine vernunftmäßige Erklärung gefunden werden, warum es Ellipsen in eben dieser Form waren, und dazu zog Kepler die musikalische Harmonie heran. Er verglich bei jedem Planeten die Winkelgeschwindigkeiten an Perihel (Sonnennähe) und Aphel (Sonnenferne) und drückte das Verhältnis als musikalisches Intervall aus. Beispiel 6 zeigt die Planetenlieder, wie er sie sich vorstellte.[53] Aufgrund der begrenzten Möglichkeiten der Notenschrift im 17. Jahrhundert konnte er allerdings weder die Glissandi noch den gesamten Tonumfang (etwa der des Klaviers) bezeichnen, was wir hier getan haben. Die beiden Punkte sind aber in seiner Beschreibung klar dargestellt.

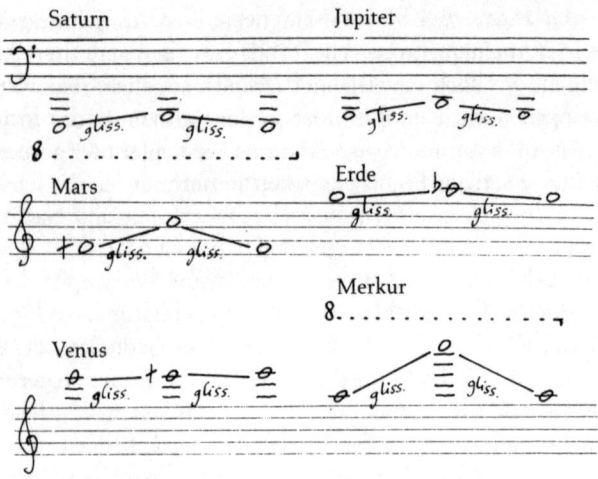

Beispiel 6: Keplers Planetenlieder

Das war aber nicht alles. Kepler hatte Neuland betreten, weil er die Sphärenharmonie nicht wie alle seine Vorgänger auf die Erde, sondern auf die Sonne bezog. Diese Harmonie erklingt demnach nicht mehr allein für unsere Erde, sondern ist das Lied, das der Kosmos seiner Mitte, seinem Herrn, dem solaren Logos singt. Wie bei Eriugena verfügen die Planeten bei Kepler über mehrere Töne; hier geht es gar nicht mehr um eine einfache Planetentonleiter, die einem der Typen zuzurechnen wäre. Im Gegensatz zu Eriugena lebte Kepler aber in einer Zeit, in der die Polyphonie in der Musik die Norm war. Die Planetenmusik, die der menschlichen Musik nicht unterlegen sein kann, muß demnach also ebenfalls polyphon sein.

Eriugena hatte schon darauf hingewiesen, daß die Möglichkeiten dieser gleitenden Skalen fast unerschöpflich sind. Die meisten Akkorde, die sie bilden, sind mehr oder weniger dissonant, doch alle paar Jahre kommt es zu einer fünf- oder sechsstimmigen Konsonanz. Das Zeitmaß geht über die menschliche Vorstellungskraft weit hinaus und läßt unsere Lebensspanne kurz erscheinen: Die Reise des Saturn, eine große Terz hinauf und hinab, dauert dreißig Jahre! Willie Ruff und John Rodgers haben

uns diese Harmonien in einer elektronischen Aufnahme glücklicherweise zugänglich gemacht,[54] indem sie den gesamten Ablauf
beschleunigt haben, so daß die Veränderungen hörbar werden.
Besonders deutlich zu hören ist in der Aufnahme das Intervall
von Erde und Venus, deren Verhältnis bei Kepler (der gern erotische Metaphern wählte) als ehelich bezeichnet ist. Es schwingt

Harmonien der Winkelgeschwindigkeiten der Planeten,
von der Sonne aus gesehen

			Harmonikale Tonzahl							
			1	9	5	3	25	27	15	2
Pluto — Aphel a		a:b = 9:25		D			GIS			
		a:c = 5:24			E	G				
— Perihel b		a:d = 8:18	C	D						
		b:c [nicht angegeben]								
Neptun — Aphel c		b:d = 8:9	C	D						
		c:d = 80:81			EE^{+1}					
— Perihel d		c:e = 5:9		D	E					
		c:f = 9:20		D	E					
Uranus — Aphel e		d:e = 5:9		D	E					
		d:f = 15:32							H	C'
— Perihel f		e:f = 5:6			E	G				
		e:g [nicht angegeben]								
		e:h = 3:5			E	G				
Saturn — Aphel g		f:g = 5:6			E	G				
		f:h [nicht angegeben]								
— Perihel h		*g:h = 4:5	C		E					
		g:i = 2:5	C		E					
		*g:k = 1:3	C			G				
Jupiter — Aphel i		*h:i = 1:2	C							C'
		h:k = 5:12			E	G				
— Perihel k		*i:k = 5:6			E	G				
		i:l = 9:50		D			GIS			
		**i:m = 12:25				G	GIS			
		*k:l = 5:24			E	G				
		k:m = 4:27	C					A		

		C	D	E	EE	G	GIS	H	A	C'
Mars { Aphel l										
	$*l{:}m = 2{:}3$	C				G				
Perihel m										
	$l{:}n = 9{:}20$		D	E						
	$*l{:}o = 5{:}12$			E		G				
	$*m{:}n = 2{:}3$	C				G				
	$m{:}o = 3{:}5$			E		G				
Erde { Aphel n										
	$*n{:}o = 15{:}16$							H		C'
Perihel o										
	$n{:}p = 3{:}5$			E		G				
	$*n{:}q = 3{:}5$			E		G				
	$*o{:}p = 5{:}8$			E						C'
	$o{:}q = 5{:}8$			E						C'
Venus { Aphel p										
	$*p{:}q = 24{:}25$					G	GIS			
Perihel q										
	$p{:}r = 5{:}9$		D	E						
	$*p{:}s = 1{:}4$	C								C'
Merkur { Aphel r										
	$**q{:}r = 16{:}27$	C							A	
Perihel s										
	$q{:}s = 81{:}320$				EE^{+1}					
	$**r{:}s = 9{:}20$		D	E						

*Verhältnis von Kepler gefunden
**Verhältnis von Kepler gefunden, aber falsch angegeben

zwischen der «männlichen» Sext Gis–E und der «weiblichen» G–E hin und her. Gut zu hören ist auch der langsam sich verändernde Bordunton, den Saturn zur Symphonie beisteuert. Laut Max Caspar, der sein ganzes Leben der Kepler-Forschung widmete, kann man Keplers *Harmonice Mundi* genauso wie Platons *Timäus* nicht im positivistischen Sinne danach beurteilen, ob der Gehalt wahr oder falsch ist. Es lohnt sich, Caspar ausführlich zu zitieren:

> Wahrhaftig, wenn ein Werk der Wissenschaft einen so kostbaren Beitrag darbietet wie das dritte Planetengesetz (von den mathematischen und musikalischen Erträgnissen ganz zu schweigen), so muß ein Kritiker bei sich selber den Mangel suchen, wenn er für die Art der Naturbetrachtung, aus der heraus das Werk entstanden ist, kein Verständnis aufbringt.

Dieser Mangel besteht darin, daß das Denken im Gleise einer einseitigen Betrachtung der Natur festgefahren ist. Man hat vergessen, daß das Sichtbare ein Gleichnis ist des Unsichtbaren. Daher kommt es, daß uns der Dichter, der bildende Künstler der Natur näher bringt und mehr und Tieferes und Besseres darüber zu sagen und zu deuten weiß. Wer einmal in dem Kosmos der platonischen Philosophie untergetaucht ist, der lebt aus dieser Wahrheit. Das war bei Kepler der Fall.[55]

Zugleich müssen wir sehen, daß Keplers astronomische Werte den genauen Messungen so nahe kommen, daß seine Planetenharmonien heute nicht weniger gültig sind als damals zu seiner Zeit. Die Verhältnisse (und daher Intervalle), die er für die größten und kleinsten Winkelgeschwindigkeiten jedes Planeten angibt, müssen nur in zwei Fällen korrigiert werden, um mit den modernen Messungen übereinzustimmen.[56] Außerdem weisen auch die neuentdeckten Planeten Uranus, Neptun und Pluto vergleichbare harmonikale Intervallproportionen auf. Francis Warrain stellte in einer umfassenden Arbeit über die *Harmonice Mundi* die Werte in einer hier wiedergegebenen Tabelle zusammen, wobei er Keplers Harmonien (mit einem Stern bezeichnet) korrigierte und ergänzte.[57]

Die Proportionen stellen eine Beziehung her zwischen den größten und kleinsten Geschwindigkeiten der Planeten (am Perihel bzw. Aphel). Sie lassen sich berechnen, indem man feststellt, wie weit sich die Planeten, von der Sonne aus gesehen, in 24 Stunden bewegen, ausgedrückt in Bogenminuten und -sekunden. Die Proportionen werden dann durch Oktavtransposition vereinfacht, bis sie ein Intervall zuwischen C und C' ergeben. So beträgt die Proportion zwischen der höchsten Geschwindigkeit des Jupiter und der kleinsten des Mars (das Verhältnis k : l) 5 : 24. Das entspricht einem Intervall von zwei Oktaven plus eine kleine Terz. Die beiden Oktaven werden transponiert, indem 24 durch 4 geteilt werden, was zur Proportion 5 : 6 führt, zum Intervall der kleinen Terz. Die Stellung in der Tonleiter im rechten Teil der Tabelle hängt davon ab, wo jedes Intervall in der

Obertonreihe auf C auftaucht. Die kleine Terz erscheint zum erstenmal zwischen dem fünften und sechsten Oberton, zwischen E und G.

Ein Blick auf die Töne in der rechten Hälfte genügt, um zu sehen, daß hier kein Zufall waltet. Von 74 Tönen gehören 58 dem Dur-Dreiklang CEG an. Wir finden nicht eine einzige Quarte oder große Septe. Neben den diatonischen Obertönen und dem chromatischen Gis gibt es das syntonische Komma 80 : 81, das zu zwei möglichen Stimmungen von E führt (Proportionen c : d, q : s).[58] Der Glaube an eine kosmische Harmonie ist schon allein durch diese Tabelle gerechtfertigt, die sich ganz auf empirische Messungen stützt.

INTERVALLE UND ASTROLOGISCHE ASPEKTE

Kepler war sowohl Astrologe als auch Astronom; manchmal wider seinen Willen Astrologe, wenn sein Amt zum Beispiel von ihm verlangte, Jahrbücher mit Voraussagen zu erstellen, doch an einem Einfluß der Planeten auf das irdische Leben zweifelte er nie. In seinem frühen Werk *Mysterium Cosmographicum* stellte er nicht nur seine Vision der fünf regelmäßigen Körper dar, sondern versuchte auch, die Astrologie auf eine rationale und harmonikale Weise zu begründen. Die Erfahrung lehrte ihn, in der Wirkungsweise der Planetenaspekte das einleuchtendste Element dieser Wissenschaft zu sehen. Da seine Gedanken schon um die Weltharmonie kreisten, erklärte er diese in Analogie zu den regelmäßigen ebenen Figuren der Geometrie und den Konsonanzen der Musik.[59] Wenn wir die Geometrie beiseite lassen, besteht sein Vorgehen vor allem darin, den Tierkreis als eine Strecke zu betrachten, die wie eine Monochordsaite geteilt werden kann. Wird die Gesamtlänge zu der größeren Strecke in Beziehung gesetzt, die bei der Teilung entstanden ist, läßt sich das Intervall bestimmen, das dem jeweiligen Aspekt entspricht. Hier die drei wichtigsten Teilungen:

☊ Opposition (die Planeten 180° entfernt)
Verhältnis des ganzen Kreises zur Hälfte 360:180 = 2:1
Intervall: Oktave

△ Trigon (Planeten 120° entfernt)
Verhältnis des Ganzen zum größeren Teil 360:240 = 3:2
Intervall: reine Quinte

□ Quadrat (Planeten 90° entfernt)
Verhältnis des Ganzen zum größeren Teil 360:270 = 4:3
Intervall: reine Quarte

Kepler war wie Ptolemäus vor ihm von der Tatsache beeindruckt, daß die wirksamsten Aspekte die gleichen Verhältniszahlen aufweisen wie die reinen Konsonanzen der Musik. Man kann das weiterführen und eine vollständige Tabelle der Aspekte erstellen, die in der modernen Astrologie verwendet werden, und die entsprechenden Intervalle finden (Abbildung 1, S. 211).

Rudolf Haase, der heute die harmonikale Forschung im Sinne Keplers am klarsten vertritt, hielt das System für unzulänglich. Quantitativ ist es für ihn völlig in Ordnung, es versagt aber qualitativ, das heißt, wenn man die astrologischen Eigenschaften betrachtet, die den Aspekten traditionell zugeschrieben werden. Am deutlichsten ist das bei der Opposition, die hier die harmonische Oktave ergibt, während sie in Wirklichkeit der Aspekt ist, der die stärksten Spannungen schafft. Haase schlägt ein anderes Schema vor, das jedem Halbton 30° oder ein astrologisches Zeichen zuordnet (Abbildung 2, S. 212).[60]

Die Opposition ergibt nun einen dissonanten Tritonus, Prime und Oktave fallen zusammen, große und kleine Terz entsprechen dem positiven Trigon beziehungsweise dem negativen Quadrat. Haase weist auch darauf hin, daß die neuere Musik selbst den Halbton und die große Septe als konsonant auffaßt, so wie ihre Aspekte Halbsextil und Sextil in der Astrologie als gelöst gelten.[61] Er erwähnt allerdings nicht, daß sie astrologisch viel harmonischer als das Quadrat sind, wodurch die Zuordnung fragwürdig bleibt.

Die beiden Systeme unterscheiden sich grundlegend darin, daß das erste den Tierkreis wie eine Monochordsaite als logarithmische Skala behandelt, während das zweite mit Hilfe des Kreises ein geschlossenes System arithmetisch gleicher Abstände veranschaulicht. In Abbildung 1 umfaßt der erste Quadrant von 90° eine reine Quarte (fünf Halbtöne), der zweite eine reine Quinte (sieben Halbtöne). Der dritte, falls man ihn einbezieht, enthält eine weitere ganze Oktave, da er die Saitenteilung im Verhältnis 1 : 4 (doppelte Oktave) bezeichnet, und der vierte Quadrant enthielte wie auf dem Monochord theoretisch unendlich viele Intervalle. Wir stoßen hier auf die Inkompatibilität von musikalischer und astronomischer Entfernung und auf die Tatsache, daß die logarithmische Skala des Monochords, in der gleichgroße Abschnitte immer größere Intervalle bilden, unvereinbar ist mit der Geometrie eines Kreises, der in 360 gleichgroße Grade geteilt ist. In Abbildung 1 trägt das Monochord den Sieg davon, in Abbildung 2 der Kreis.

Die astrologischen Aspekte sind natürlich mit dem Kreis verbunden, da sie für ein Zusammenwirken von Planetenenergien stehen, die die Erde in einem ganz bestimmten und bezeichnenden Winkel treffen. Kepler interessierte sich vor allem für die Wirkungen, die diese Aspekte auf die Erde und ihr Wetter haben. Er faßt den Gedanken in ein schönes Gleichnis:

Es pflegen etliche artzt jre patienten durch ein lieblich Musica zu curieren. Wie khan da die Musica in eines andern Menschen leib würckhen? Nämlich also das die sehl des Menschen/ wie auch etlicher thier die Harmoniam verstehet/ sich darüber erfrewet/ erquicket/ vnd in jrem leib desto kräfftiger würdt. So dan nun auch die himlische würckung in den Erdboden durch eine Harmoniam vnd stille Musicam khumpt/ so mueß abermahl in dem Erdboden nicht nur die thumme vnverständliche Feüchtigkeit/ sondern auch eine verständliche sehl steckhen/ wölliche anfahe zu dantzen, wan jr die Aspect pfeiffen/ die sich bey werenden starckhen Aspecten starkh erhitze/ jr ampt mit aufftreibung der dämpff hefftiger treibe/ vnd also allerley gewitter verursache: da sie sonsten/ wan khein Aspect fürhanden/ still ist vnd nicht mehr dämpf treibt/ dan zu den wasserflüssen vonnöten. [62]

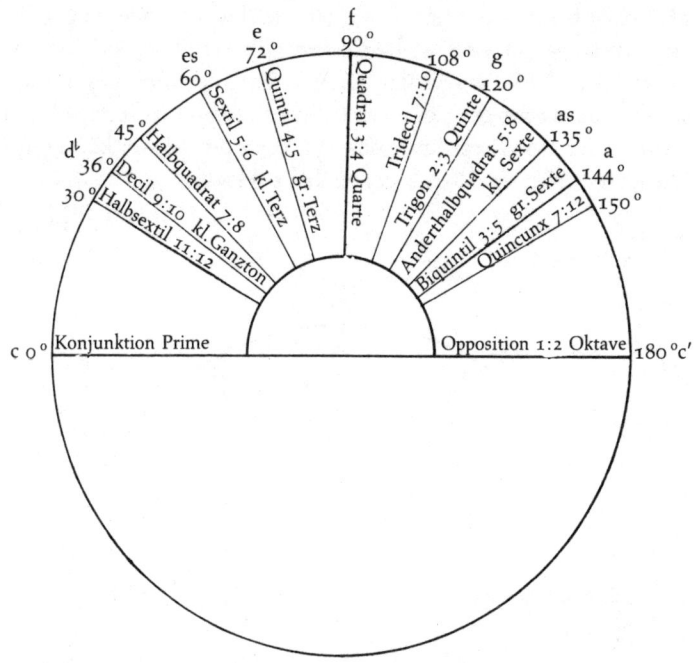

Abbildung 1: Entsprechungen Aspekte/Intervalle, nach der Methode Keplers

Wer astrologische Forschungen betreibt, der weiß, daß genaue Aspekte die größte Wirkung haben, daß sie aber nach beiden Seiten einen «Orbis» haben, ein paar Grad, in denen ihre Wirkung schon zu spüren ist. Dem Orbis schließt sich eine tote Zone an, bis der Einfluß des nächsten Aspekts beginnt. Die Aspekte bezeichnen also gewissermaßen eine begrenzte Anzahl von Schwingungsknoten, die wirksam werden können. Die Planeten werden aktiviert, wenn sie sich diesen Punkten nähern. Genauso können wir die Intervalle der Musik eine begrenzte Reihe von Schwingungsknoten nennen, die ebenfalls gewisse Kräfte haben, selbst wenn sie nicht ganz exakt sind. Die temperierte Stimmung macht sich diesen Toleranzbereich zunutze und verwendet leicht verstimmte Intervalle, die das Ohr akzeptieren kann und als noch richtig empfindet. Die größeren Ungenauigkeiten der Intonation,

211

die bei Aufführungen leicht auftreten und insbesondere bei Sängern nicht selten sind, stellen einen höheren Anspruch an das Vermögen, Töne «zurechtzuhören». Trotzdem gibt es immer wieder Bestrebungen, die reine Stimmung einzuführen, und zwar in der Annahme, die volle Wirkung der Musik könne mit temperierten Intervallen nicht erreicht werden.

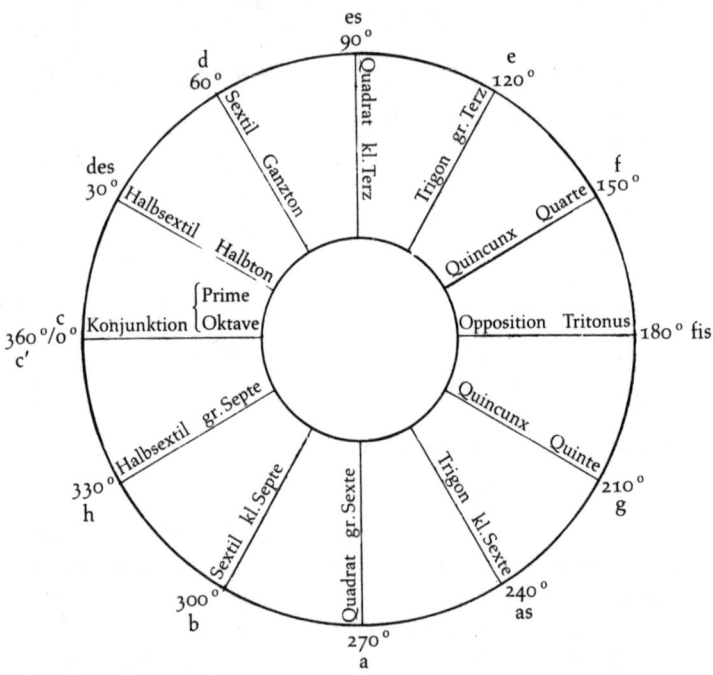

Abbildung 2: Entsprechungen Aspekte/Intervalle nach Haase

Die Verwandtschaft von Aspekt und Intervall ist etwas Lebendiges: Beide können bei dem Versuch Schaden nehmen, sie in ein starres System zu zwängen. Das wird sofort verständlich, wenn wir die Systeme von Abbildung 1 oder 2 auf Verbindungen von mehr als zwei Planeten oder Tönen anwenden wollen – die in der

Praxis in der Astrologie wie auch in der Harmonielehre die Regel sind. Nehmen wir nur in der Astrologie die geschlossene Trigonfigur mit dem harmonischsten aller Aspekte: In der Figur formen drei Planeten ein gleichseitiges Dreieck, wobei jeder zu den beiden anderen im Trigon steht. In Abbildung 1 würden wir einen Akkord mit zwei reinen Quinten c g d′ erhalten oder, wenn die logarithmische Reihe weitergeführt wird, die Untertonreihe c g g′. In Abbildung 2 wäre das Ergebnis ein übermäßiger Dreiklang, c e gis. Am besten würde wohl der Dreiklang c e g passen, aber der läßt sich nicht herbeizwingen.

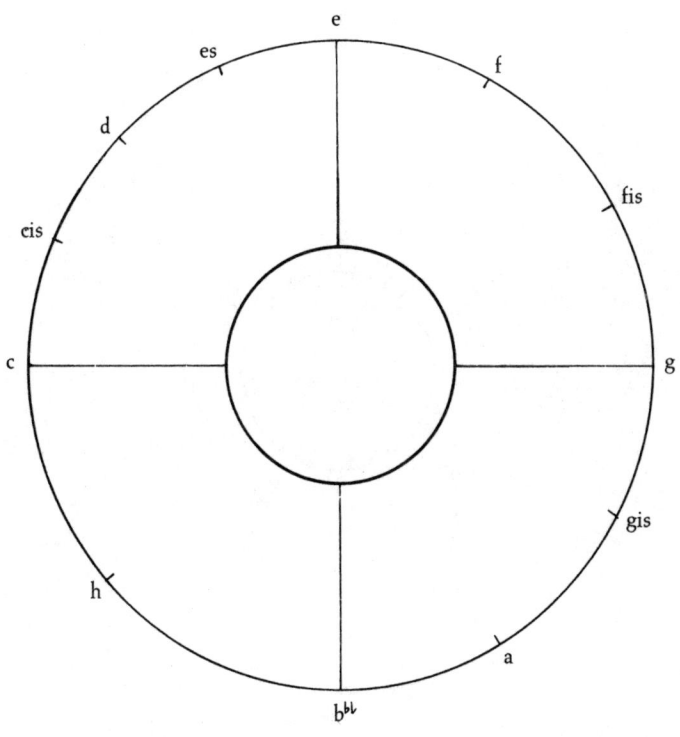

Abbildung 3: Tonkreis nach Kayser

Hans Kayser (1891–1964), der Lehrer Rudolf Haases, hat mit seinem Tonkreis den Versuch unternommen, eine Synthese der beiden Gegensätze zu erreichen.[63] Dabei bildet der Kreis eine Oktave ab, ist jedoch wie in Abbildung 3 harmonikal geteilt.

Kayser geht hier nicht auf die astrologischen Aspekte ein, betont aber, daß man sich den Oktavkreis als einen Umlauf einer Tonspirale vorstellen muß, die wie eine Helix in beiden Richtungen unendlich ist. Jede Umdrehung ist eine neue Oktave, und die vier Quadranten ergeben die vier Hauptknoten: die Obertöne 1, 5, 3 und 7, die, in eine Oktave transponiert, die Töne C, E, G und ein tiefes B sind.

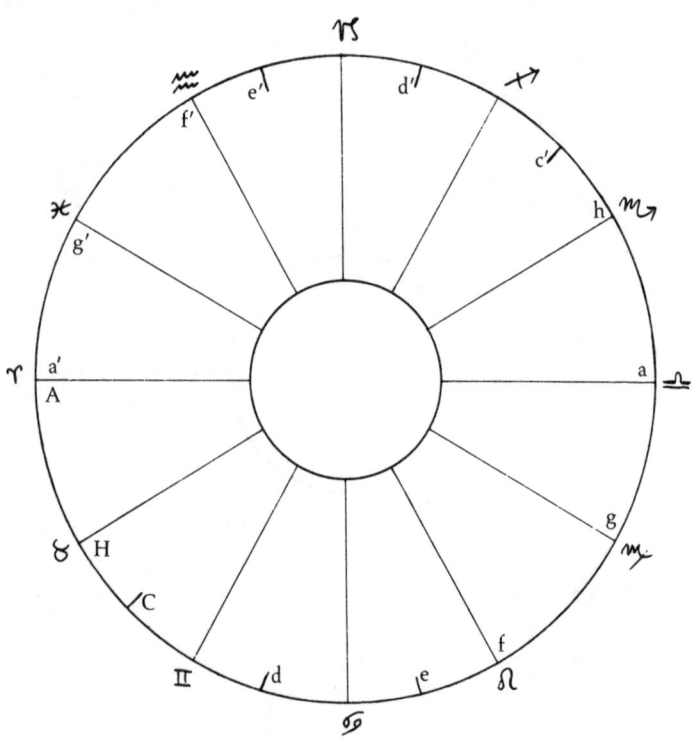

Abbildung 4: Ton-Tierkreis nach Ptolemäus

TON-TIERKREISE

Mit der musikalischen Symbolik des Tierkreises verhält es sich ähnlich wie bei den Planeten, die von manchen Theoretikern auf eine Oktave, von anderen auf zwei verteilt werden. Den ältesten Ton-Tierkreis finden wir in Ptolemäus' *Harmonielehre*,[64] in der der Kreis für das griechische System mit seinen zwei Oktaven steht (vgl. Abbildung 4).

Auch hier handelt es sich um einen Kompromiß: Die Opposition fällt wie in Abbildung 1 mit der Oktave zusammen, während der Kreis wie in Abbildung 2 gleichmäßig unterteilt und endlich ist. (Daß Ptolemäus die zwei Seiten des Problems sah, wird aus seiner Darstellung der Intervall- und Aspektverhältnisse ersichtlich.)

Ernest McClain weist darauf hin,[65] daß die Tierkreiszeichen des Ptolemäus keiner einzigen von den Griechen verwendeten Tonleiter entsprechen, sondern eine temperierte Ganztonskala ergeben. Das dritte Buch der Harmonielehre (das unvollendet ist, vermutlich die letzte Arbeit des Ptolemäus) ist ein erstaunliches Werk, das Musik, Psyche und Kosmos miteinander verbinden will. Der Ton-Tierkreis ist nur eine seiner vielen Analogien und geht vielleicht auf ihn selbst zurück, reicht aber mit seinen Wurzeln vermutlich bis in die babylonische Astronomie und Zahlenmystik zurück. Ptolemäus verfügt im Gegensatz zu jenen Theoretikern, die eine große Erkenntnis haben und dann alles in ein darauf aufbauendes, rationales System zu pressen versuchen, über einen vielseitigen, zwillingshaften Geist. In diesem Werk springt er munter von Analogie zu Analogie, die alle vielsagend, zum Teil aber widersprüchlich sind. Einige Leser (selbst der sonst verständnisvolle Kepler) fanden das störend und seine Vergleiche eher absurd. Doch das ist ein Kennzeichen des wahrhaft harmonikalen Denkens, das, wie es bei Hans Kayser heißt,[66] nichts endgültig ausschließen möchte, sondern der Wahrnehmung ermöglichen will, überall im Universum die Harmonie zu sehen: eine Harmonie, die durchaus real vorhanden ist, auch wenn sie manchmal nur mit einer bildhaften oder ausgefallenen Analogie zu fassen ist, die dem rationalen Denken unzugänglich erscheint.

Die Musiktheorie geht inzwischen nicht mehr von zwei Oktaven, sondern nur noch von einer als Grundlage aus, und so bringen moderne Ton-Tierkreise stets die zwölf Zeichen des Tierkreises mit den zwölf Noten der temperierten chromatischen Skala in Verbindung, in der Fis = Ges, Gis = As usw. ist. Ich kann die Gedankenwelten hinter diesen Zuordnungen hier nicht ausführlich würdigen. Einige Systeme sind sehr komplexer Natur, zum Beispiel die von Anny von Lange und Marius Schneider. Ich möchte aber zeigen, wie die verschiedenen Lösungen des Problems, das der Ton-Tierkreis stellt, mit bestimmten philosophischen Haltungen zusammenhängen. Genau diese Mannigfaltigkeit ist typisch für das harmonikale Denken, und auch wenn im folgenden einiges weit hergeholt erscheinen mag, so tut das der grundlegenden Bedeutung des Versuchs keinen Abbruch.

Die nächstliegende Lösung unterbreiten die holländischen Autorinnen Joan und Mary Henschel[67] in einem gewichtigen Werk über die kosmische Harmonie, das im großen und ganzen der Theosophie verpflichtet ist. Sie nehmen die Tierkreiszeichen und die chromatische Skala in aufsteigender Reihenfolge, ordnen C dem ersten Zeichen, dem Widder, zu usw. und formen wie Ptolemäus die Skala zu einem Kreis um. Wenn sie die einzelnen Töne in Tonleitern überführen, halten sie sich an die überlieferte Einteilung der Tierkreiszeichen in positive (die ungeradzahligen) und negative (die geradzahligen) und geben den positiven Zeichen eine nach oben gerichtete Skala in Dur, den negativen eine nach unten gerichtete in Moll, wobei die den Zeichen zugeordneten Töne die jeweiligen Grundtöne sind. Abbildung 5 zeigt das System.

Die Henschels stellen mit Hilfe ihres Ton-Tierkreises vor allem fest, welche Menschen aufgrund des Zeichens, «in» dem sie geboren sind (das heißt, in dem sich die Sonne befand), zueinander passen. Die Bewertung von Charakter und Verträglichkeit nur mit Hilfe der Sonne ist aber eine sehr vereinfachte Astrologie, denn unberücksichtigt bleiben die übrigen neun Planeten sowie ihre Stellungen in den Häusern, die den Einfluß der Sonne beträchtlich modifizieren können. Außerdem führt der Ton-Tierkreis mit seiner Folge von Noten zu recht zweifelhaften musikalischen Ergebnissen. Die Henschels bezeichnen die reine Quinte und Quarte als dissonante[68] Intervalle, weil durch sie

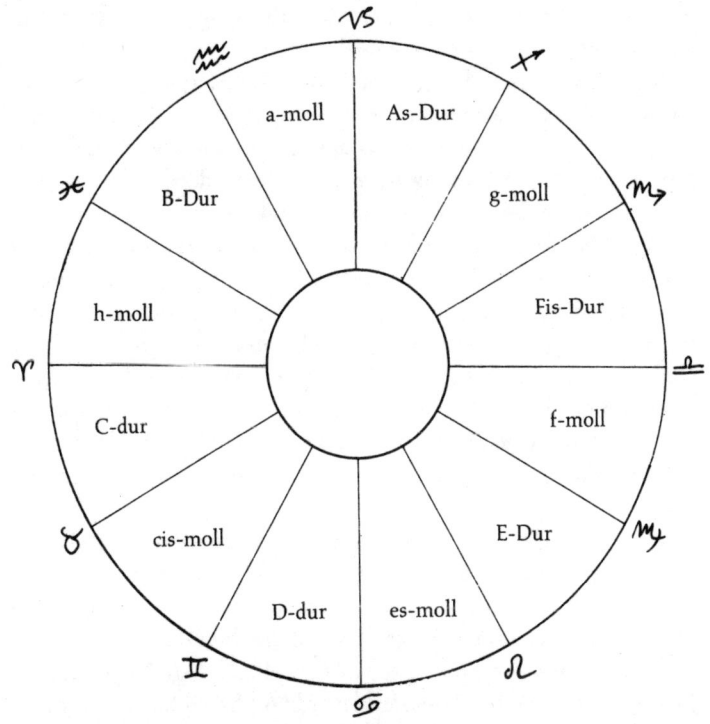

Abbildung 5: Der Ton-Tierkreis der Henschels

unharmonische Zeichenbeziehungen entstehen, zum Beispiel Widder-Jungfrau oder Widder-Skorpion (Zeichen, die sich sowohl ihrem Element wie der Qualität nach unterscheiden: Widder = kardinales Feuer, Jungfrau = veränderliche Erde, Skorpion = festes Wasser). Die Intervalle, die sie andererseits absolut konsonant nennen, sind große Terz und übermäßige Quinte, die Zeichen desselben Elements verbinden (zum Beispiel die drei Feuerzeichen Widder C, Löwe E, Schütze Gis).

Eine viel überzeugendere chromatische Reihe für den Tierkreis stellt der irische Musikwissenschaftler Michael McMullin in einem Artikel im *Astrological Journal* vor.[69] Er verknüpft jede Dur-Tonart mit ihrem parallelen Moll, wodurch vermieden wird, daß wie bei den Henschels einige Tonarten unberücksichtigt bleiben, und schreitet von den Fischen als Ausgangspunkt in der entgegengesetzten Richtung fort.

McMullin stützt diese Anordnung mit Beispielen vieler bekannter Werke, wobei er vor allem von den Planetenherrschern der Tierkreiszeichen ausgeht. Die Beispiele sind verblüffend und durchaus erwägenswert. Für den Schützen, der von Jupiter regiert wird und den Tonarten mit drei B-Vorzeichen Es-dur und c-moll zugeordnet ist, führt er die *Eroica* und die fünfte Symphonie von Beethoven an, außerdem die fünfte Symphonie von Sibelius mit ihrem Finale, in dem Thor (der nordische Jupiter) den Hammer schwingt, und die vornehme Melodie des Jupiter in *The Planets* von Holst. Im Zusammenhang mit der Frage der Entsprechungen von Aspekten und Intervallen, die natürlich mit denen identisch sind, die die Henschels zu erklären versuchen, gesteht McMullin ein, daß sie insgesamt nicht überzeugen.

Die chromatischen Tierkreise beruhen auf der sehr einleuchtenden Gleichsetzung von Oktavraum und Kreis, die beide in zwölf gleichgroße Abschnitte unterteilt werden. Wie der Tierkreis die Matrix aller möglichen astrologischen Aspekte ist, so ist der Oktavraum die Matrix für alle musikalischen Proportionen. Die meisten anderen Theoretiker ordnen die einfache chromatische Tonfolge jedoch um. Eine Möglichkeit besteht darin, die sieben diatonischen von den fünf chromatischen Tönen zu trennen, wie sie auch auf der Klaviatur in weiße und schwarze Tasten aufgeteilt sind. Diese Anordnung finden wir in den Büchern von Max Heindel und Corinne Heline. Heindel (1865–1919) war der Gründer einer der drei amerikanischen Rosenkreuzer-Gemeinschaften, die heute noch aktiv sind;[70] seine Philosophie faßt zum größten Teil die Lehren Blavatskys und Steiners zusammen. Der ungenannte Schüler, der Heindels Theorien zur Musik in einem Buch zusammengetragen hat, deutet die zwölf Tierkreiszeichen so, daß sie «zwölf große Wellen des Lebens spiegeln, die sich in unserem Evolutionsplan entwickeln. Von ihnen haben fünf ihr Werk vollendet und sich aus der Manifestation zurückgezogen».[71] Letztere sind in den ersten fünf Tierkreiszeichen und den fünf chromatischen Tönen verkörpert. Die restlichen sieben Wellen des Lebens, die «während der Erdperiode aktiv sind», entspre-

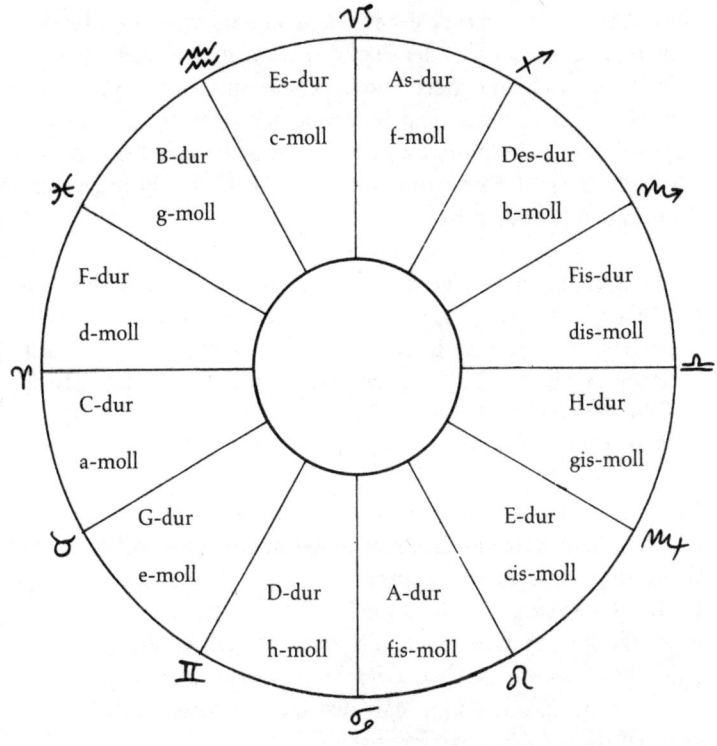

Abbildung 6: Der Ton-Tierkreis nach McMullin

chen den sieben diatonischen Tönen. Jedem Ton wird eine Dur-Tonart zugeordnet.

Dahinter verbirgt sich die allen Esoterikern vertraute philosophische Anschauung, daß sich die Evolution des Universums in einer großen Bewegung abspielt, wobei Wellen von Seelen aufeinander folgen, die sich eine kosmische Periode lang manifestieren und in der nächsten Phase eine höhere Stufe der kosmischen oder geistigen Hierarchie einnehmen. Der persische Dichter Rūmī umschreibt das mit folgenden Worten:

Siehe, ich starb als Stein und ging als Pflanze auf,
starb als Pflanz' und nahm drauf als Tier den Lauf,
starb als Tier und ward ein Mensch.[72]

219

Nach Ansicht des Rosenkreuzers Heindel entspricht die Menschheit heute dem Zeichen der Fische, wird aber von den davorliegenden Hierarchien regiert. Die Engelsordnungen der Skorpione, der «Herren der Form», und Schützen, der «Herren des Geistes», wachen über unsere Entwicklung, die vor allem eine Entwicklung des Geistes ist.[73] Seine musikalischen Schlußfolgerungen sind allerdings schrecklich banal:

> Die Tonart der Herren des Geistes (Schützen) ist F-dur. Die Skala hat eine erniedrigte Note, nämlich B. Jede Musik, die in der Tonart mit einem B-Vorzeichen geschrieben ist, wird leicht die geistigen Kräfte des Menschen beeinflussen und entwickeln. Beispiele: *America; Work, For the Night Is Coming; Where He Leads Me I Will Follow.*[74]

Der bedauernswerte Autor gerät in dieselben Schwierigkeiten wie Abraham Bartolus drei Jahrhunderte vor ihm: daß es in den theoretisch wertvollen Tonarten so wenige Musikstücke gibt. Zu B-dur, der Tonart der Menschheit, fällt ihm nur *The Star-Spangled Banner* ein (die Nationalhymne der USA). Er wagt sich außerdem nie an das Thema der Transposition heran und schon gar nicht an das Problem, daß sich die absoluten Tonhöhen in geschichtlicher Zeit geändert haben.

Corinne Heline, die ebenfalls viel aus der Theosophie zusammenträgt, übernimmt denselben Ton-Tierkreis, betrachtet die Tonarten jedoch mehr im Hinblick auf ihre therapeutische Wirkung:

> Die Tonart des Schützen ist F-dur, und die der Erde ist ebenfalls F-dur. Deshalb sind viele Klänge der Natur in dieser Tonart. Das ist auch der Grund, warum Kompositionen in F-dur auf erschöpfte Nerven besonders beruhigend wirken, den ermüdeten Körper neu beleben und den unruhigen Geist besänftigen.[75]

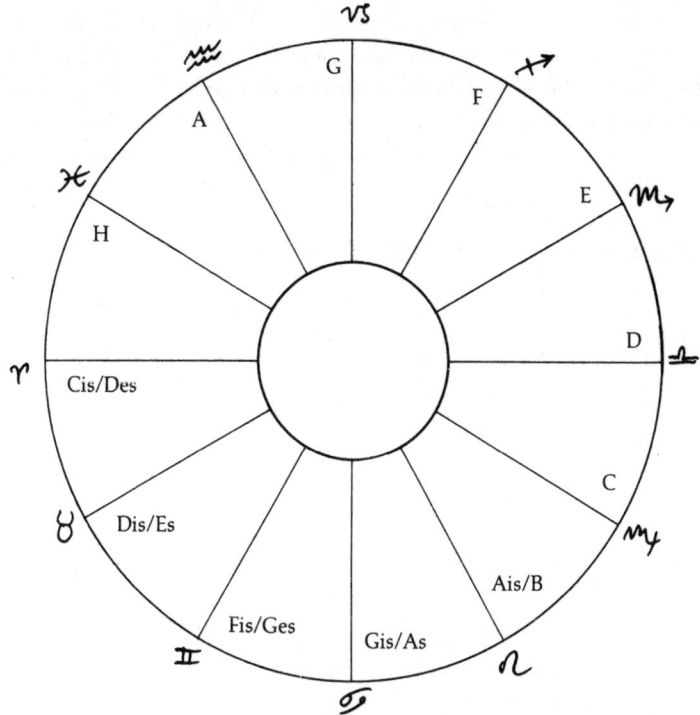

Abbildung 7: Der Ton-Tierkreis nach Heindel

Einige ihrer Vorschläge sind mit der Schilderung sehr schöner Heilungsversuche verbunden, die mit Musik, Farben und den Sternen arbeiten. Für den übernervösen Zwilling zum Beispiel wird «als bestes Instrument die Harfe empfohlen, dazu Kompositionen in Fis, zu dem gedämpft auch Molltöne erklingen können. Wenn sich der Patient in einem Zimmer aufhalten kann, das in hellgrünen oder malvenfarbenen Pastelltönen gehalten ist, in einer friedlichen Umgebung, frei von plötzlichen oder erschreckenden Geräuschen, müßte die Musik die angespannten Nerven völlig beruhigen, worauf ein langer, erquickender Schlaf folgen würde.»[76] Hätte ich solche Beschwerden, würde ich mich lieber Corinne Heline als einer Nervenklinik anvertrauen; nur leider lassen sich durch ein solches Astrologisieren der Musik kaum nennenswerte Einsichten gewinnen.

Ganz anders verhält es sich mit der anthroposophischen Variante, in der der Tierkreis mit dem Quintenzirkel verbunden wird. Ich habe diese Tabelle der Entsprechungen, die an Tafeln in den magischen Büchern der Renaissance erinnert, aus Ernst Hagemanns Ausgabe der Vorträge Steiners zur Musik zusammengestellt:[77]

Anthroposophische Tabelle der Entsprechungen

Zeichen	Kraft	Sinn	Körperteil	Konsonant	Tonarten
Widder	Aufrichtekraft	Wortsinn, Sprachsinn	Kopf	W	C-dur, a-moll
Stier	Tonbildung	Denksinn	Kehlkopf	R	G-dur, e-moll
Zwillinge	Symmetrie	Ichsinn	Unterarme	H	D-dur, h-moll
Krebs	Abgeschlossenheit	Tastsinn	Brustkorb	F	A-dur, fis-moll
Löwe	sich abschließendes Inneres	Lebenssinn	[Herz]	D, T	E-dur, cis-moll
Jungfrau	Inneres in leiblicher Beziehung	Bewegungssinn	Leibesorgane	B, P	H-dur, gis-moll
Waage	Gleichgewichtslage; Statik	Gleichgewichtssinn	Becken	C, Ch	Fis-dur, dis-moll
Skorpion		Geruchssinn	Reproduktionsorgane	S, Z	Des-dur, b-moll
Schütze		Geschmackssinn	Oberarme, Oberschenkel	G, K	As-dur, f-moll
Steinbock		Sehsinn	Ellenbogen, Knie	L	Es-dur, c-moll
Wassermann		Wärmesinn	Unterschenkel	M	B-dur, g-moll
Fische		Hörsinn	Hände, Füße	N	F-dur, d-moll

Laut Hagemann, der Rudolf Steiner zitiert und deutet, ist der Tierkreis unser Symbol für die schöpferischen Aufgabenbereiche der Seraphim und Cherubim, die in zwölf verschiedene Gestaltungswirkungen unterteilt sind. Diese Engelwesenheiten wirken auf die Menschheit ein, um uns mit den Kräften, Sinnen und Bewußtseinsimpulsen auszustatten, die in der Tabelle oben angegeben sind. Was die Analogien zur Musik betrifft, spricht Hagemann von Erzengeln, geistigen Wesenheiten der Musik, die diese Wirkungen nach unten tragen, wobei aber Dur- und Molltonarten nichts als tote Gefäße für sie sind.[78] Hinter den Farben und Tönen, die wir wahrnehmen, sind nicht bloß Schwingungen, sondern ist geistige Wesenhaftigkeit: Jeder Ton existiert auf zweifache Weise: 1. in der schwingenden Luft und im Ohr und 2. als innere Erfahrung im Ätherischen und Astralischen des menschlichen Wesens. Bei dieser Erfahrung ist eine Art Saugprozeß beteiligt, der laut Hagemann entsteht,

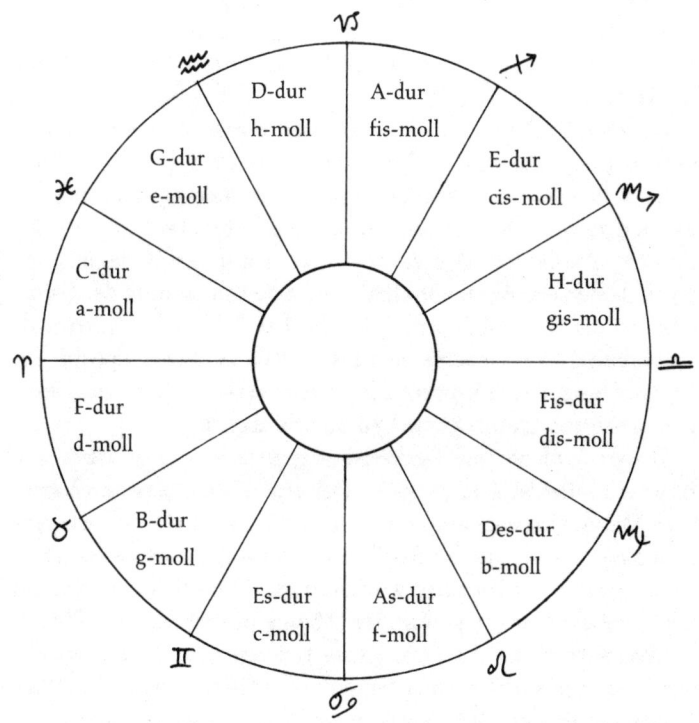

Abbildung 8: Anthroposophischer Ton-Tierkreis

«um den Ton aus dem Raumlosen herein zu holen».[79] Die zwölf Töne und ihre Tonarten sind also Träger für die Wirkungen der Engelshierarchie, unter deren Obhut sich die Menschheit entwickelt.

Zu den Eigenarten des Quintenzirkels gehört, daß in ihm die sieben diatonischen und fünf chromatischen Töne wie in Heindels System getrennt sind, nur daß sie hier in völlig anderer Reihenfolge erscheinen und sich auf andere Zeichen beziehen. Hagemann gibt an, daß sich der Abschnitt von C bis A «erhellt – erhöht», daß der Abschnitt von E bis Fis «innerlich erhöht – vergeistigt» ist, während die absteigenden Quinten «abgedunkelt – verinnerlicht» sind.[80] Das mögen die charakteristischen Bezeichnungen sein, die seit der Zeit J. S. Bachs den Tonarten beigelegt wurden. Doch wie lassen sich aufgrund einer Musik, die es in dieser Form erst seit zweihundert Jahren gibt, kosmische Entsprechungen finden? Gingen in früheren Zeiten keine Wirkungen von den chromatischen Tönen und ihren Engeln auf die Menschheit aus?

Die Anthroposophen sind offenbar dieser Ansicht. Steiner sagt nämlich, daß es dem Menschen erst seit dem 15. Jahrhundert, in der sogenannten Epoche der Bewußtseinsseele, möglich ist, sein ganzes Ich zu erfassen und bewußt mit allen seinen zwölf Sinnen zu arbeiten. Anny von Lange nennt den Kreis mit den zwölf Tönen ein Abbild des Ich[81] und eine Darstellung der Formgesetze, die sich dem spirituellen Sucher Schritt für Schritt offenbaren.[82] Dazu scheint zu passen, daß in dieser Epoche der Entwicklung Komponisten die ersten Versuche unternahmen, den gesamten Quintenzirkel zu durchwandern.

Unsere letzten Ton-Tierkreise stammen aus dem Werk von Marius Schneider (1903–1982). Der große Musikwissenschaftler und Musikethnologe aus dem Elsaß entwickelte ein völlig eigenständiges System aus der Symbolik, die bis in die weltweite spirituelle Kultur der Steinzeit zurückreicht.[83] Das System wird auf der Grundlage einer gewaltigen Menge ausführlichster Einzelheiten, Karten, Tabellen und Zitate errichtet, durchsetzt mit Bildern von großer poetischer Schönheit. Wir finden die geistigen Landschaften der alten Kosmologie oder des menschlichen Lebensweges beschrieben. Wenn wir nach den Grundbausteinen dieses episch breiten Gefüges Ausschau halten, entdecken wir, daß alles mit Tierstimmen und Tierlauten beginnt, mit einer Skala der Tierentsprechungen, die der indische Theoretiker Śārṅgadeva (13. Jahrhundert) angibt:[84]

d	e	f	g	a	h	c
Pfau	Stier	Ziege	Kranich	Singvogel (Kokila)	Pferd, Fisch	Elefant

In der englischen Ausgabe von R. K. Shringy heißt es im Text Śārṅgadevas: «Die sieben Töne, die mit ṣaḍja beginnen, werden vom Pfau, cātaka [ein mythischer Vogel], von der Ziege [in einer anderen Übersetzung Widder], von Reiher, Kuckuck, Frosch und Elefanten in dieser Reihenfolge hervorgebracht.»[85] Schneider erweitert die Skala jedoch und nimmt zusätzliche Tiere auf: Tiger oder Löwe für F, Gans für C, den Pfau auch für G und A.[86] Als weitere Quelle für die Zusammenstellung seines Ton-Tierkreises führt er eine «chinesische und vedische» Skala der Elemente an:[87]

F	G	A	H	
Feuer	Luft	Erde	Wasser	oder:
F	C	G	D	A
Luft	Feuer	Metall	Wasser	Erde

Ich denke mir, die angeführten Tiere lassen sich mit Tönen für die Zeichen Stier (E), Löwe (oder Tiger F) und Fische (Fisch H) verbinden, während das Schema der vedischen Töne für die Elemente auf ein Luftzeichen für G (schließlich Wassermann) und ein Erdzeichen für A (schließlich Jungfrau) hinweist. Erstaunlich ist aber die Sicherheit, mit der die übrigen Töne zugeordnet werden, damit eine saubere chromatische Skala entsteht, in der jede Gruppe aus vier Tönen die Zeichen in der astrologischen Reihenfolge enthält, die einer der Qualitäten kardinal, fest und veränderlich angehören:[88]

Kardinale Zeichen	Feste Zeichen	Veränderliche Zeichen
Widder (Feuer) C	Stier (Erde) E	Zwillinge (Luft) As
Krebs (Wasser) Des	Löwe (Feuer) F	Jungfrau (Erde) A
Waage (Luft) D	Skorpion (Wasser) Fis	Schütze (Feuer) B
Steinbock (Erde) Es	Wassermann (Luft) G	Fische (Wasser) H

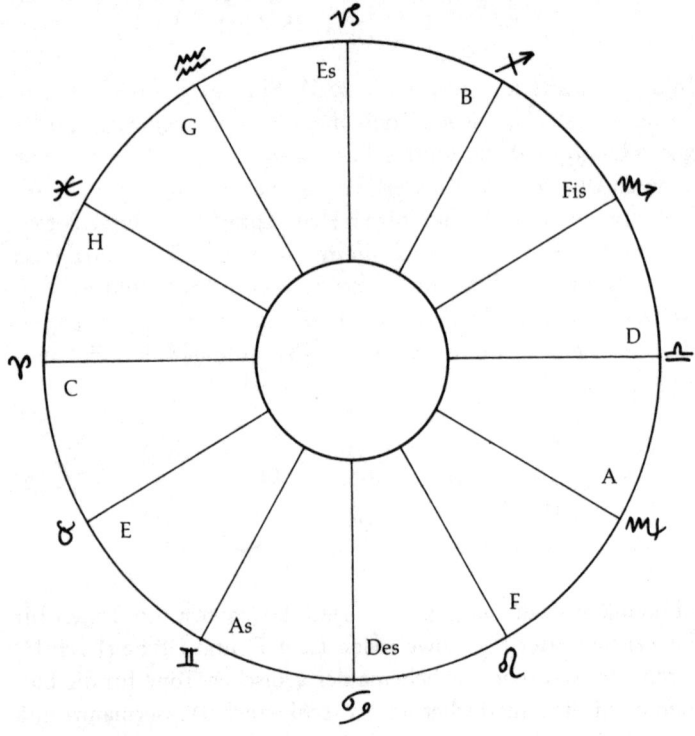

Abbildung 9: Der spätere Ton-Tierkreis nach Schneider

Schneider beläßt jedem Tierkreiszeichen den überlieferten Planetenherrscher und errichtet einen «Baum»:

226

F	♌	Sonne/Mond	♋	Des
A	♍	Merkur	♊	As
D	♎	Venus	♉	E
Fis	♏	Mars	♈	C
B	♐	Jupiter	♓	H
Es	♑	Saturn	♒	G

– und zeigt, wie diese «irrationale» Skala in Wirklichkeit auf eine Obertonreihe zurückgeht, die mit Des beginnt und in einem Zusammenhang mit den vielen Ebenen seiner steinzeitlichen Kosmologie steht:

20	f'''	Sonne
19	e'''	Morgenstern
17	d'''	Abendstern — Venus
16	des'''	Mond (= Erde)
15	c'''	Mars
13	a∧/b∨'	Jupiter
11	g∨''	Saturn
10	f''	Sonne
9	es''	Fixsterne (= Saturn)
8	des''	Opfermond
7	ces∨''	Fixsterne (= Jupiter)
6	as'	«Sterne» (Venus, Merkur)
5	f'	Ursonne
4	des'	Urmond
3	as	Merkur; Urvenus, Urmars
2	des	Lunare Weltsubstanz
1	Des	Urgeist

Ich kann den Lesern kaum mehr als einen flüchtigen Eindruck von dem umfassenden musikalisch-symbolischen Komplex vermitteln, in den sich dies alles einfügt. In ihm verschmelzen auf ungewöhnliche Weise überlieferte esoterische Lehren mit Schneiders eigenen Erkenntnissen und Funden. Einen Augenblick spüren wir die Kraft echter metaphysischer Einsichten, und im nächsten Augenblick lassen uns seine Zusammenstellungen an Taschenspielerei denken. Man sehe sich nur seinen ursprünglichen Ton-Tierkreis an, den er in einem früheren Buch aus den gleichen Tier- und Elementtönen entwickelte.[89] Den musikalischen Bau lieferte statt der chromatischen Skala der Quintenzirkel. Wenn die Quinten auf eine Spirale übertragen werden (die passenderweise die «Form der kosmischen Entwicklung» heißt), kann eigentlich jeder Ton auf fast alle Radien der Tierkreiszeichen fallen.

Schneiders Anordnung hier ähnelt seinem späteren Ton-Tierkreis (vgl. oben), nur halten die Zeichen innerhalb der jeweiligen Qualitäten nicht mehr die alte Reihenfolge ein:

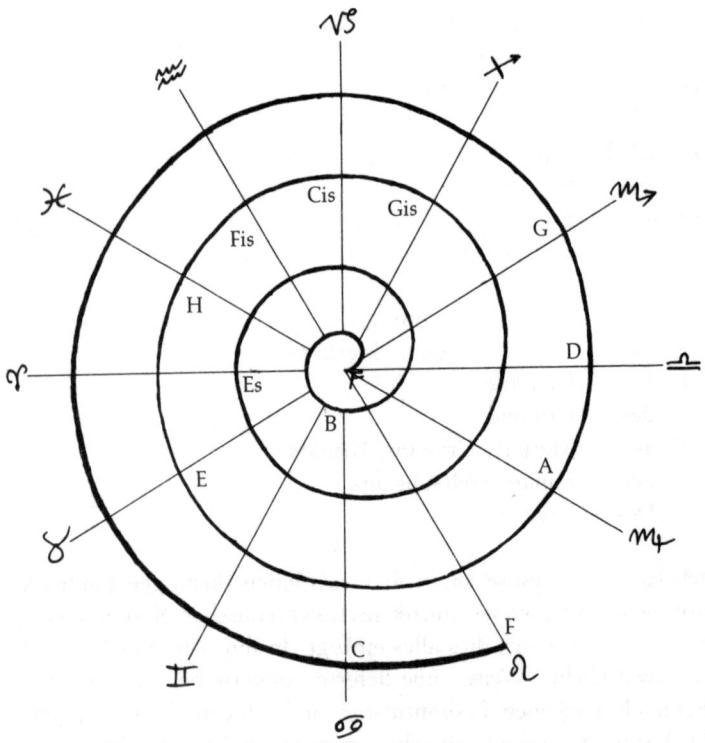

Abbildung 10: Schneiders Tonspirale mit solarem und irdischem Tierkreis

Kardinal		Fest		Veränderlich	
Krebs	C	Stier	E	Schütze	Gis
Steinbock	Cis	Löwe	F	Jungfrau	A
Waage	D	Wassermann	Fis	Zwillinge	B
Widder	Es	Skorpion	G	Fische	H

Wenn dieser Tierkreis samt seinen Tönen mit den Zeichen in der üblichen Reihenfolge von Widder bis Fische versehen ist, nennt Schneider ihn den normalen oder irdischen Tierkreis. Wenn die Zeichen nach dem Quintenzirkel geordnet sind, mit Fischen und Wassermann beginnen und mit Stier enden, heißt der Tierkreis bei ihm solar. Als ob das noch nicht genügte, entwickelt er außerdem einen lunaren Tierkreis, und zwar mit folgender Begründung:[90] In der traditionellen Astrologie werden die Körperteile von den zwölf Zeichen regiert, vom Kopf mit Widder bis zu den Füßen mit den Fischen. Schneider kennt zwar keine Belege, sagt aber, daß es eine andere, eine mystische und lunare Ordnung geben muß, die sich nicht auf den physischen, sondern auf den mystischen Körper bezieht. Er schlägt eine Anordnung vor, die er dem traditionellen (aber rückwärts laufenden) Tierkreis überstülpt, worauf zum Beispiel der Löwe nun die Füße und die Waage das Herz regiert (Abb. 11 siehe Seite 230).

Schließlich bringt er alle drei Tierkreise und ihre Töne zusammen:[91]

	Solarer		Normaler oder Irdischer		Lunarer	
12	♉	E	♈	Es	♉	E
11	♍	A	♉	E	♍	A
10	♎	D	♊	B	♎	D
9	♏	G	♋	C	♏	G
8	♋	C	♌	F	♊	B
7	♌	F	♍	A	♋	C
6	♊	B	♎	D	♈	Es
5	♈	Es	♏	G	♌	F
4	♐	Gis	♐	Gis	♐	Gis
3	♑	Cis	♑	Cis	♑	Cis
2	♒	Fis	♒	Fis	♒	Fis
1	♓	H	♓	H	♓	H

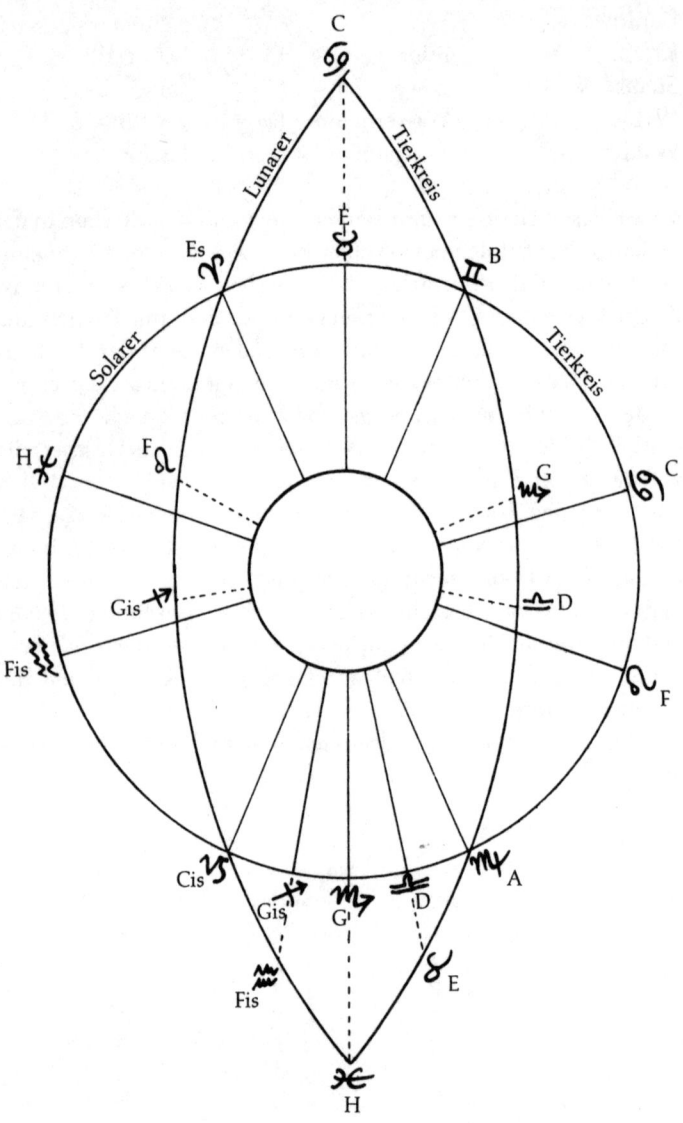

Abbildung 11: Schneiders lunarer und solarer Tierkreis überlagert

Diese Anordnung, schreibt er, scheint im Baum des Lebens und im Caduceus, im Merkurstab, symbolisch abgebildet zu sein, denn die Tierkreise sind am Anfang alle gleich und streben dann symmetrisch von der Mitte fort. Wir müssen das Thema hier auf sich beruhen lassen, was Schneider freilich nicht tut: Er zeigt, daß der lunare Tierkreis den Einweihungsweg des Schamanen veranschaulicht; ein vierter Tierkreis (der zweite solare) wird entwickelt; eine mystische Landschaft und die Gestalt des Anthropos werden über die Diagramme gelegt; in der Mandorla, in der sich himmlischer und irdischer Tierkreis überschneiden, geschieht die Hochzeit von Himmel und Erde; alle Formen der Musikinstrumente werden mit den Tönen des Tierkreises in Zusammenhang gebracht... und vieles mehr.

Schneiders Werk mit seinen vielen Einzelheiten mag verwirrend und eigenartig wirken, besticht aber durch seine kulturelle Spannweite und geistige Tiefe. Seine intuitive Erkenntnis, daß Tiere und Töne der Schlüssel zur archaischen Symbolwelt sind, kann richtig sein oder auch falsch. Es macht nicht viel, wenn sie in Zweifel gezogen wird, so wie es nichts schadete, daß Keplers System der platonischen Körper angezweifelt wurde. Schließlich wurde Kepler durch seine irrige Eingebung auf den Weg gebracht, der ihn zum Begründer der modernen Astronomie werden ließ. So etwas ist in der Wissenschaft nicht selten. Der große Physiker Max Planck bemerkte dazu: «Wir sehen, daß die Bedeutung einer wissenschaftlichen Idee häufig nicht sowohl in ihrem Wahrheitsgehalt, als vielmehr in ihrem Wertgehalt liegt.»[92] So gesehen nähert sich die höchste Wissenschaft der Kunst an, in der nichts einfach bloß richtig oder falsch ist.

Bis jetzt hat Schneider noch keine Schüler oder Erläuterer gefunden, mit Ausnahme von Juan-Eduardo Cirlot, dessen Symbollexikon[93] erkennen läßt, wie sehr er ihn schätzt. Allzu schlimm ist das allerdings nicht, denn in Schneiders Werk, das in sich vollkommen geschlossen ist, spiegelt sich eine große Seele. Nur wenigen Menschen ist es wie ihm geglückt, umfassende, eigene Kosmologien zu entwerfen, ohne dabei in Versponnenheit abzugleiten. Die meisten Menschen, die sich um ein Verständnis des Esoterischen bemühen, halten sich lieber an die Lehrgebäude, die von Pionieren wie Blavatsky, Steiner, Mathers, Jung, Gurd-jew, Ouspensky und anderen errichtet worden sind. Fabre d'Oli-vet, der auch zu den großen Originalen zählt, machte eine Rand-bemerkung zu seinem Werk, die allen eigenständigen Lehren dieser Art gerecht wird:

> Wenn ich mich irre, so irre ich mich eben; und das ist letztlich kein großes Unglück... Es macht kaum einen Unterschied, ob man sich die Welt aus nichts oder aus etwas geschaffen denkt, ob man die Sonne um die Erde oder die Erde um die Sonne kreisen läßt... die einzig gefährlichen Irrtümer sind jene, die sich in die Moral oder Politik einschleichen.[94]

Die Verschiedenheit noch so kluger Ansichten zur Kosmologie zeigt deutlich, daß die Wahrheit, die hinter jedem Lehrgebäude oder System schwach hervorleuchtet, in sich selbst paradox ist und weder vom Verstand begriffen noch in der Sprache der Ver-nunft dargestellt werden kann. Das ist kein Grund zu verzwei-feln oder sich angesichts des Unbegreiflichen als Mensch ohn-mächtig zu fühlen. Es heißt, daß P. D. Ouspensky vor seinem Tod im Jahre 1947 mit einigen Freunden sprach, die über zwanzig Jahre verfolgt hatten, wie er sein System entwickelt hatte und nach ihm lebte. Er sagte ihnen: «Ihr müßt noch einmal begin-nen. Ihr müßt einen neuen Anfang machen. Ihr müßt alles selbst neu aufbauen – ganz von Anfang an.» Rodney Collin, dem wir den Bericht verdanken,[95] bemerkt dazu: «Jede systematische Darstellung der Wahrheit muß aufgegeben werden, damit sie von neuem wachsen kann.» Sie erstarrt sonst zum Dogma. Schließlich müssen wir unsere eigenen Systeme schaffen, die zum Verständnis der Welt führen, auch wenn in unserem jetzi-gen Leben die Zeit dafür vielleicht noch nicht reif ist. Metaphy-sisch gesehen wird es sich dabei um das Geschenk der Erkenntnis handeln, das wir dem Geist zurückgeben, der uns schuf und der sein Universum durch die einzigartige Erfahrung jedes Wesens erkennt.

ORDNUNGEN DER ENGEL UND DER MUSEN:
DIE GROSSE KETTE DES SEINS

In der Renaissance sah man, daß die Hierarchie, die «große Kette des Seins», eine fein abgestufte innere Struktur hat, die man sich, wenn man den Vergleich weiterführt, als eine Reihe von Ringen oder Windungen vorstellen kann. Eine solche Kette läßt sich visuell nicht mehr darstellen; die Metapher findet jedoch in der Musik die passende Entsprechung. In der Musik gibt es ebenfalls eine Hierarchie, die vom tiefsten Ton bis zum höchsten reicht. In dieser Skala wirkt nun ein Ordnungsfaktor, der jeden achten Ton gleich klingen, aber nicht gleich sein läßt: Es handelt sich um Wiederholungen in anderen Oktaven.

Ein anonymer Dichter des zwölften Jahrhunderts ahnte vielleicht als erster, daß diese Lehre auf die Ordnungen der Planeten und Engel übertragen werden kann. In seinem Gedicht, begleitet von einer Musik in der Art des Choralgesangs, spricht er davon, daß es «einen Zusammenklang der Planeten gibt, der dem der Töne ähnelt». Er illustriert das mit einem Diagramm, in dem die Leiter der Planeten um eine weitere Oktave nach oben fortgesetzt wird, damit sieben der traditionellen neun Engelschöre Platz finden, von denen Gregor der Große spricht (*Hom.* 36,7). In Abbildung 2 (S. 212) gibt es diese Skala schon mit den Planetenbezeichnungen. Wir geben sie hier vollständig wieder:[96]

a'	Seraphim	a	Fixsterne
g'	Cherubim	g	Saturn
f'	Throne	f	Jupiter
e'	Herrschaften	e	Mars
d'	Fürstentümer	d	Sonne
c'	Mächte	c	Venus
h	Kräfte	H	Merkur
		A	Mond

Zwei Jahrhunderte später geht Dante im *Convivio*[97] (etwa 1305) ausführlich auf die Entsprechungen der untersten drei Sphären mit den Engeln, Erzengeln und Thronen ein (in der besonderen Ordnung, die es nur in diesem Werk gibt). Daraus ist eine vollständige Gegenüberstellung der Sphären mit den sie regierenden Engeln abzuleiten:

Primum mobile	Seraphim
Fixsterne	Cherubim
Saturn	Mächte
Jupiter	Fürstentümer
Mars	Kräfte
Sonne	Herrschaften
Venus	Throne
Merkur	Erzengel
Mond	Engel

Giorgio Anselmi, der schon erwähnte Astrologe und Arzt, kehrt in der Frührenaissance in seinem Werk *De musica* (1434) zur Anordnung Gregors zurück, läßt aber das Primum mobile weg (das immerhin wie bei Aristoteles Gott entsprechen mochte), um die vier Elemente am unteren Ende anzufügen.[98]

Fixsterne	Seraphim
Saturn	Cherubim
Jupiter	Throne
Mars	Herrschaften
Sonne	Fürstentümer
Venus	Mächte
Merkur	Kräfte
Mond	Erzengel
Elemente	Engel

Der bedeutende spanische Theoretiker Ramis de Pareja ordnet den Hierarchien in seiner *Musica practica* (1482) wieder Töne zu, bezeichnet sie aber nicht als Engel, sondern als die neun Musen, die schon Martianus Capella über die Sphären verteilte.[99] Ramis weitet außerdem sein Diagramm auf zwei Oktaven bis zum a' hin aus, läßt die obere aber frei und deutet nur mit einer Art Spirale an, daß die Oktaven sich entsprechen.[100]

a'		
g'		
f'		
e'	} *ohne Zuordnung*	
d'		
c'		
h		
a	Fixsterne	Urania
g	Saturn	Polyhymnia
f	Jupiter	Euterpe
e	Mars	Erato
d	Sonne	Melpomene
c	Venus	Terpsichore
H	Merkur	Kalliope
A	Mond	Klio
(stumm)	Erde	Thalia

Die Tabelle mit ihrer Dreiheit aus Tönen, Planeten und Musen
wurde beliebt. Sie wurde von Franchinus Gaffurius (*De Harmonia Musicorum Instrumentorum Opus*, 1518), Heinrich Corne-
lius Agrippa von Nettesheim (Buch II der *Occulta Philosophia*,
1533), Heinrich Glarean (*Dodecachordon*, 1547) und anderen
aufgegriffen. Die Engel wurden anscheinend in der humanistischen Begeisterung der Zeit von den Musen verdrängt. Doch seit
ihrer ersten Beschreibung in der *Theogonie* des Hesiod[101] (8.–7.
Jahrhundert v. Chr.) war klar, daß die neun Musen dieselben
Wesen wie die Engel des Monotheismus sind. Nötig ist lediglich
die – für viele nicht ganz einfache – Vorstellung, daß es diese
Wesen wahrhaftig gibt, daß sie erfahrbar sind. Nach Hesiod sind
sie Boten, die sich erwählten Menschen, beispielsweise Dichtern,
nähern und ihnen einen göttlichen Auftrag erteilen (griechisch
angeloi = Boten), wobei sie zugleich ein eigenes Leben etwas
unterhalb des Olymp-Gipfels führen, also gleich unter der Hierarchie der Götter. Der in der Renaissance so beliebte Gedanke,
die Musen seien die Schutzherrinnen der Kunst, besagt im Grunde, daß die Kunst im wesentlichen keine Erfindung der Menschen, sondern ein Geschenk höherer Welten ist, daß sich in ihr
in gewisser Weise universelle Erkenntnisse und Weisheiten spie-

geln und daß der Weg in diese Weisheit ohne die Vermittlung eines weiblichen Prinzips nicht zu finden ist. Gegen Ende der griechischen Antike unterscheidet der Neuplatoniker Proclus (410–485 n. Chr.) die Musen von den anderen himmlischen Musikerinnen, den Sirenen.[102] Ihm zufolge gewähren die Musen die geistige Harmonie, die Sirenen aber die körperliche – «weshalb die Musen angeblich auch über den Sirenen stehen und mit den Federn der Sirenen gekrönt werden». Die christliche Auffassung, die Regionen der Planeten und der Engel unterscheidet, läßt sich gleichsetzen mit der klassischen, die Sirenen und Musen kennt.

Die Engel erscheinen wieder im umfassendsten Schema überhaupt, das in einem Versepos über die Geschichte und Bestimmung Frankreichs beschrieben ist: in *La Galliade* (1578) von Guy Lefèvre de La Boderie. La Boderie studierte und übersetzte zwei der tiefsinnigsten und belesensten Philosophen der Renaissance, Pico della Mirandola und Francesco Giorgi. Durch die Übersetzung von Giorgis *Harmonia Mundi* (1525) war La Boderie in eine Weltanschauung eingetaucht, die von platonischen Harmonien und kabbalistischen Entsprechungen geprägt war. Giorgi hatte den Wesenheiten, die er in Beziehung setzte, keine Tonhöhen zugeordnet, war aber viel weiter als die meisten Autoren gegangen, indem er die Entsprechungen von Planeten beziehungsweise Engeln und den Sephiroth (Emanationen oder Aspekte des Göttlichen) sowie hebräischen Gottesnamen angab. Das folgende Schema La Boderies (mit einigen unerklärlichen Abweichungen von Giorgi) umfaßt Töne, Christus und die Engelschöre, die Gottesnamen, Sephiroth, Planeten, Elemente und Gaben der Geschöpfe. Die Einteilung der Engel folgt hier der Ordnung des Dionysios Areopagita.[103]

a'	Jesus	Ehejeh	Kether	Primum mobile		
g'	Seraphim	Jah	Binah	Neunte Sphäre		
f'	Cherubim	Jehovah	Chokmah	Fixsterne		
e'	Throne	El	Chesed	Saturn		
d'	Herrschaften	Jehovah	Geburah	Jupiter		
c'	Kräfte	Elohim	Tipharet	Mars		
h	Mächte	Jehovah Sabaoth	Nezach	Sonne		
a	Fürstentümer	Elohim Sabaoth	Hod	Venus	Wissen	
g	Erzengel	El Schaddai	Jesod	Merkur	Königswürde	

f	Engel		Malkuth	Mond	Gottesfurcht
e				Feuer	Intellekt
d				Luft	Vernunft
c				Wasser	Sinn
H				Erde	Leben
A				Zentrum der Erde	Sein

Ein anspruchsvolles Schema, dessen musikalische Symbolwelt allerdings von La Boderie nicht in ihrer ganzen Fülle ausgewertet wird. Erst der englische Hermetiker Robert Fludd (1574–1637), der sich ebenfalls in Giorgi vertieft hatte, wagte es, das Grundmaterial der Musik zu erweitern und über die zwei Oktaven der griechischen und mittelalterlichen Theorie hinauszugehen. Fludds kosmologisches System umspannt drei Welten: die der Elemente mit Erde, Wasser, Luft und Feuer, die ätherische mit den Sphären der Planeten und Fixsterne und die überhimmlische, die er sich als weitere Folge von Sphären denkt, einschließlich der Hierarchie der Engel. Seine voll entwickelte Skala umfaßt drei Oktaven, wobei jeder Welt eine Oktave zugeordnet wird. Das Symbol für die Entsprechungen, die die Welten miteinander verknüpfen, sind die Oktaven, die sich ja stets wiederholen. In einem seiner vielen Diagramme,[104] das die Fleischwerdung Gottes in der Form des kosmischen Menschen veranschaulichen soll, hat jede Oktave wie üblich sieben Töne, was jedoch zu bestimmten Kompromissen führt. Die neunstufige Hierarchie der Engel paßt einfach nicht hinein, und Fludd füllt die höchste Oktave mit der Dreifaltigkeit und den höheren Gaben des Menschen. Die Fixsterne werden weggelassen und die vier Elemente gestreckt, damit sie sieben Stufen ergeben:

f	Gottvater	
e	Das Wort	
d	Heiliger Geist	Überhimmlische und geistige Oktave
c	Geist	
h	Intellekt	
a	Vernunft	
g	Wille	

f	Saturn
e	Jupiter
d	Mars
c	Sonne
h	Venus
a	Merkur
g	Mond

Himmlische und
mittlere Oktave

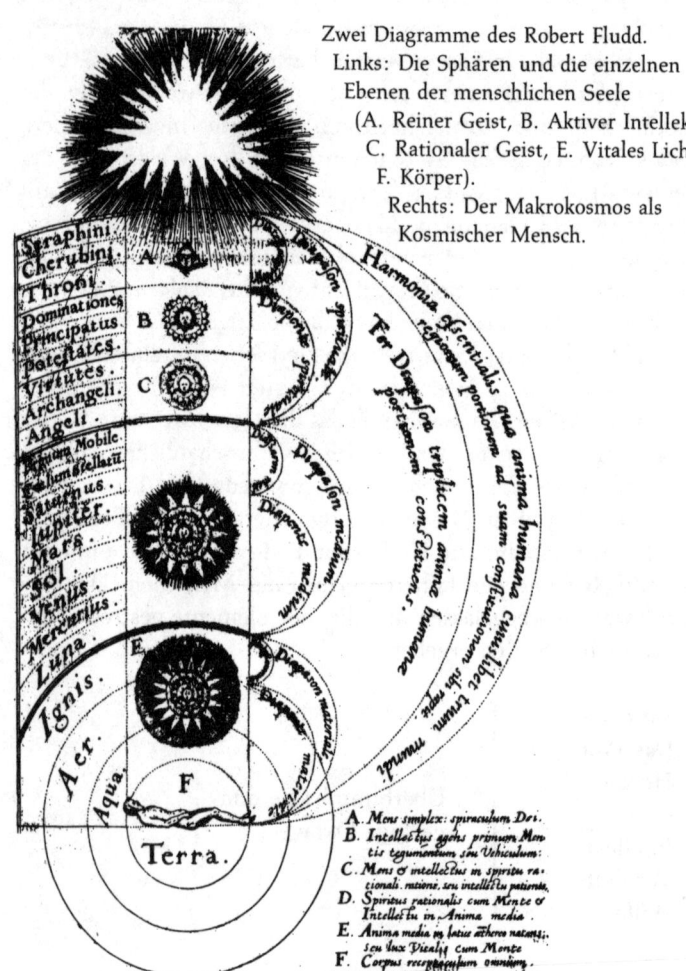

Zwei Diagramme des Robert Fludd.
Links: Die Sphären und die einzelnen
Ebenen der menschlichen Seele
(A. Reiner Geist, B. Aktiver Intellekt,
C. Rationaler Geist, E. Vitales Licht,
F. Körper).
Rechts: Der Makrokosmos als
Kosmischer Mensch.

A. Mens simplex: spiraculum Dei.
B. Intellectus agens primum Mentis tegumentum seu Vehiculum:
C. Mens & intellectus in spiritu rationali ratione, seu intellectu patiente.
D. Spiritus rationalis cum Mente & Intellectu in Anima media.
E. Anima media in totius æthere natans; seu lux Vitalis cum Mente.
F. Corpus receptaculum omnium.

f	Feuer
e	Oberer Bereich der Luft
d	Mittlerer Bereich der Luft
c	Unterer Bereich der Luft
H	Süßwasser
A	Salzwasser
G	Erde

Elementare und
körperliche Oktave

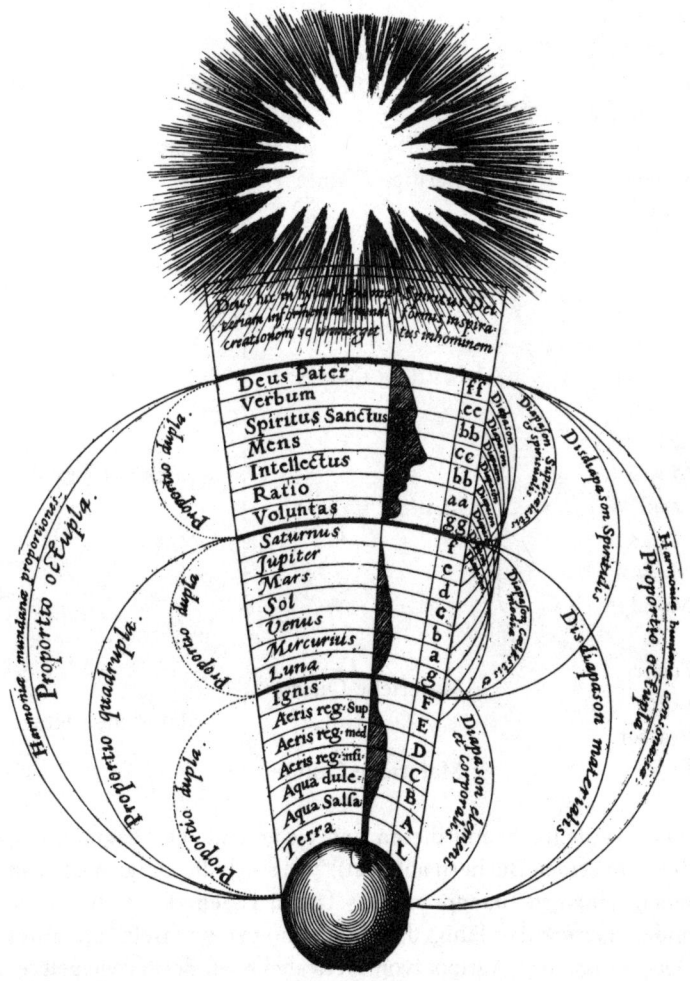

In einem anderen Diagramm,[105] das Geist und Seele des Menschen in Beziehung zu den Sphären des Universums setzt, gibt Fludd die diatonische Skala auf, behält aber die reinen Intervalle der Oktaven, Quarten und Quinten bei. Er kann so alle neun Engelschöre unterbringen, die himmlischen Sphären auf neun erweitern und die Elemente in ihrer üblichen Vierzahl belassen: Siehe Seiten 238 und 239

Seraphim Cherubim Throne	Geistige Quarte	Geistige Oktave
Herrschaften Fürstentümer Mächte Kräfte Erzengel Engel	Geistige Quinte	
Primum mobile Fixsterne Saturn	Mittlere Quarte	Mittlere Oktave
Jupiter Mars Sonne Venus Merkur Mond	Mittlere Quinte	
Feuer Luft	Materielle Quarte	Materielle Oktave
Wasser Erde	Materielle Quinte	

Fludd verdeutlicht mit diesen und vielen anderen Diagrammen, die er in seinen Büchern abbildet,[106] daß sich die Dinge nicht von einem einzigen Standpunkt aus fassen lassen. Er ist wie viele andere Hermetiker fähig, den Standpunkt zu wechseln. Ein gutes Beispiel ist auch Agrippa von Nettesheim, in dessen vielgelesenem Buch *De Occulta Philosophia* Diagramme der kosmischen Entsprechungen zu finden sind, die auf allen Zahlen von eins bis zehn sowie zwölf beruhen.

Der schöne, aber auf den ersten Blick verwirrende Kupferstich des kosmischen Monochords, der zwei Seiten in Fludds *Anatomiae Amphitheatrum* (1621 verfaßt, 1623 veröffentlicht) füllt, läßt sich nur enträtseln, wenn wir die Vieldeutigkeit im Auge behalten. Oben stehen vier Mottos, die Fludds grundlegenden Monismus verdeutlichen:

> Die Monade zeugt eine Monade und spiegelt ihre Glut in sich selbst.
> Das Eine ist Alles, und Alles ist Eins.
> GOTT ist alles, was da ist; von ihm geht alles aus, und alles kehrt in ihn zurück.
> Die unendliche Dimension des TETRAGRAMMATON: in und zwischen allem.

Darauf folgt die Dimension der Dualität, unentbehrlich für die Manifestation des Kosmos. Am linken Rand, wo der Stimmwirbel das ganze Monochord regiert, befindet sich das Alpha im Dreieck, das Symbol für Gott als Anfang: «Der Mittelpunkt des Ursprungs oder das Dunkle Aleph.» Ihm entspricht rechts das Omega, das Symbol für Gott als Ende und Umfang.

In den oberen Ecken stehen parallel gedruckt Mottos: «Gott ist der Anfang, und der Anfang ist das Ende»; «Gott ist das Ende, und das Ende ist der Anfang». Ein weiteres Symbol dieser Umkehrbarkeit stellt das Tetragrammaton dar, das als Palindrom gegeben ist: Jod, He Vau, He, Jod. Auf den Schriftrollen steht:

> Gott (Alpha) oder das Kleinere Aleph der ungeschaffenen Finsternis oder Kraft offenbart sich zur Erschaffung der Welt, indem er sich in Licht oder Tat verwandelt.
> Gott (Omega) oder das Größere Aleph taucht aus der dunklen Erde oder der geschaffenen Finsternis auf und offenbart sich den Menschen zum Heil der Welt.

Die Sprache dieser Sätze muß im Zusammenhang mit Fludds kabbalistisch inspirierter Lehre von den Zwillingskräften Gottes, Handeln und Nicht-Handeln, verstanden werden. Das Kleinere oder Dunkle Aleph ist das erste Auftauchen eines Universums aus dem Nicht-Manifestierten, das Größere oder Lichte Aleph ist die Erfüllung dieses Universums, entweder als Ende der Zeit, als endgültige Ausdehnung des Raums (der Umfang) oder als tiefster Punkt der geschaffenen Hierarchie.

In dem Diagramm sind drei Tonsysteme miteinander verschränkt. Zum ersten befinden sich auf dem Monochord die Noten der diatonischen Skala durch drei Oktaven von C bis c^3, daran anschließend nur die Oktaven bis hinauf zum c^6. Das stimmt musikalisch gesehen, wie auch die Saitenteilungen und die Intervalle an den unteren Bögen richtig sind. Zwischen c^6 und dem Steg am Ende beim Omega befindet sich theoretisch eine unendliche Reihe höherer Oktaven. Ebenso könnten theoretisch die Zahlen der untersten Spalte, die die Saitenteilungen in den niedrigsten ganzzahligen Werten angeben, unendlich fortgesetzt werden, was aus Platzmangel unmöglich ist. In der Spalte daneben stehen die Intervallschritte. Im obersten Abschnitt rechts sind einige Oktaven den Stufen der kosmischen Hierarchie zugeordnet: den Mineralen, Pflanzen, Tieren und den Menschen. Die Töne und Zahlen unten bilden die Teilung der Weltseele ab, wie sie in Platons *Timäus* beschrieben ist, und zwar mit den Zahlen 1, 2, 3, 4, 8, 9, 27, hier in der untersten Spalte.[107]

Zum zweiten sehen wir ein System aus drei Oktaven, das den schon geschilderten Diagrammen Fludds entspricht, wobei jede Oktave einer der drei Welten entspricht. Die Worte direkt über den Planetensymbolen heißen:

Neun Ordnungen der Engel im höchsten Himmel, die den vier Tönen des Diatessaron [Quarte] und den fünf des Diapente [Quinte] entsprechen.
Neun Sphären des ätherischen Himmels.
Neun Bereiche der elementarischen Welt.

Im Mikrokosmos entspricht ihnen die Reihe der drei Oktaven, die drei kleiner werdende, durchgezogene Bögen bezeichnen. Das sind die «intellektuellen oder mentalen», «vitalen oder geistigen» und «elementarischen oder körperlichen» Oktaven, die für die dreifache Gliederung des Menschen in Intellekt oder Geist (im höheren Sinn), Seele und Körper stehen.

Zum dritten gibt es ein System mit zwei Oktaven, dargestellt durch zwei gleichgroße, gepunktete Bögen:

Erste Oktave oder Licht der Vollkommenheit, das zuerst vom Vater, das heißt vom Sohn, ausstrahlt.
Zweite Oktave oder Licht der Vollkommenheit, das heißt der Heilige Geist, vom Vater und vom Sohn.

Das Monochord wird letztlich zum Symbol der göttlichen Emanation in der Heiligen Dreifaltigkeit, wobei die Gleichheit der göttlichen Personen schön in den identischen Tonhöhen der beiden Hälften einer Saite anschaulich wird.

Dem Leser, der sich lieber nicht in die Labyrinthe dieser Diagramme begeben hat, schulde ich eine Erklärung, wieso Robert Fludd, ich oder sonst jemand überhaupt auf den Gedanken kommt, daß sich eine Beschäftigung damit lohnt. Fludd war bei seinen tiefen und umfangreichen Studien auf eine Reihe grundverschiedener Lehren gestoßen. In seinem natürlichen Ökumenismus entdeckte er in jeder Lehre einen Aspekt vom wahren Wesen der Dinge. Hier nur einige wenige Beispiele: Es gab die mathematische Beschreibung in Platons *Timäus*, die räumliche Gliederung des ptolemäischen Kosmos, dem die Hierarchien der Engel angefügt wurden, die hermetische Lehre, daß der Mensch als Mikrokosmos die Struktur des Makrokosmos spiegelt, die augenscheinliche Hierarchie der Bewußtseinsstufen vom Intellekt, der Gott erkennt, bis hinab ins Mineralreich. Schließlich war die Gottheit selbst in die drei Personen der Heiligen Dreifaltigkeit gegliedert, in das vierfache Tetragrammaton J H V H oder in die Dualität von Handeln und Nicht-Handeln. Wie läßt sich all das vereinen? Fludds Versuch, die verschiedenartigen Wahrheiten im Symbol des Monochords und seiner Tonleiter zu vereinen, ist ein großartiges Beispiel der *musica speculativa* – der Musik als Spiegel der Wirklichkeit.

DIE DREI MITTEL

Wie Dionysios erläutert, wird die «überwesentliche Harmonie» in den Chören der Engel durch die Zahl Drei bewirkt, und jede Ordnung ist noch einmal dreifach in ein «Erstes, Mittleres und Letztes» gegliedert. Die neun Ordnungen sind das Ergebnis der zweiten Teilung durch drei, einer Teilung, die sich im gesamten Kosmos fortsetzt, wo immer es um den Intellekt geht. (Unter Intellekt verstehe ich hier den platonischen *Nous* oder «höheren Geist», nicht im modernen Sinn den rationalen Verstand.) Die Teilung auf der physischen Ebene geschieht im Gegensatz dazu auf der Grundlage der Zwei, zum Beispiel im Wachstumsprozeß der Zellen. Dionysios erkannte, daß erst mit der Zahl Drei die Harmonie im Unterschied zur reinen Ausbreitung und Vermehrung möglich ist und beginnt.

Die Suche nach dem harmonieschaffenden Dritten läßt sich mathematisch so formulieren, daß wir zwei Werte a und b nehmen, zwischen die wir einen Mittelwert m legen wollen:

Liegt m am besten genau in der Mitte zwischen ihnen? Das würde zwei arithmetisch gleiche Einheiten hervorbringen, nach der Formel für das *arithmetische Mittel* $mA = (a+b)/2$. Wenn wir weitere dieser Einheiten anfügen, entsteht eine *arithmetische Reihe*, hier mit den gleichgroßen Bögen bezeichnet:

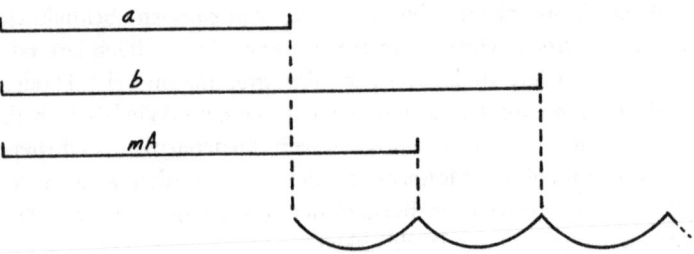

Die Reihe scheint in gewisser Weise perfekt zu sein, aber vielleicht ist diese Proportion doch nicht so gut geeignet, eine Hierarchie wie die der Engel oder gar die große Kette des Seins symbolisch darzustellen, weil die unzähligen Glieder der Kette bestimmt nicht alle gleich wichtig sind. Theoretisch ist die arithmetische Progression die Methode der reinen Quantität, doch die Glieder sind nicht zu unterscheiden. Wenn wir diese Progression hingegen musikalisch deuten, erhalten wir die Untertonreihe – von der symbolischen Bedeutung her etwas völlig anderes (vgl. S. 258 ff.).

Als nächstes wenden wir uns dem *geometrischen Mittel* mit seiner Formel $mG = \sqrt{ab}$ zu. Viele Quadratwurzeln sind nicht durch ganzzahlige Brüche auszudrücken, wie wir sie gewöhnlich in der Arithmetik finden. Sie lassen sich aber geometrisch so einfach konstruieren, wie man die Diagonale in ein Quadrat einzeichnet. Eine *geometrische Reihe* entsteht, wenn jedes Glied mit einer Konstante multipliziert wird.

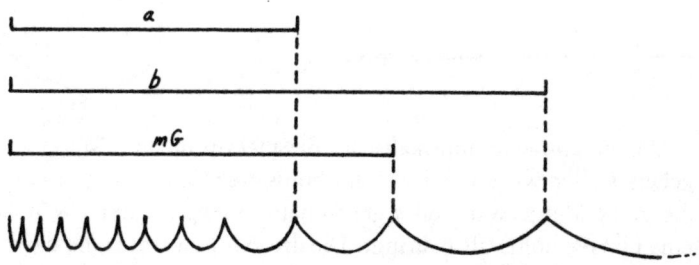

Sie entwickelt sich in der einen Richtung unendlich weiter, in der anderen nähert sie sich der Null. Musikalisch handelt es sich um eine auf- oder absteigende Reihe gleicher Intervalle. Beispielsweise entsteht die Reihe der Oktaven dadurch, daß man eine Saitenlänge oder ein Schwingungsverhältnis fortlaufend mit dem Faktor 2 multipliziert. Die Reihe der Quinten beruht auf der Konstante ⅔. Diese Reihe steht für ein einziges Symbol, das alle Seinsebenen durchläuft. Bei Beschreibungen der physischen Welt läßt sie sich als logarithmische Skala einsetzen, mit deren Hilfe wir die relativen, nicht die absoluten Größen von Objekten leichter vergleichen können. Auch ihre Schwingungsverhältnisse sind besser festzustellen. Die Geometrie ist freilich der Bereich der Mathematik, in dem die Gleichartigkeit von Objekten direkt zu erkennen ist, unabhängig davon, wie unterschiedlich groß sie sein mögen.

Das dritte Mittel ist das *harmonische*, das die Formel $mH = 2ab/(a+b)$ hat und die *harmonische Reihe* hervorbringt. Wenn wir uns die größere Länge *b* als Monochordsaite denken, die beiden anderen Längen *a* und *mH* als klingende Teilstrecken der Saite, verhalten sich die drei Glieder stets so zueinander, als wären sie benachbarte Glieder einer Obertonreihe, oder wie Glieder, zwischen denen die gleiche Anzahl von Obertönen liegt, zum Beispiel ½, ⅓, ¼ oder ⅓, ⅕, ⅐, mit den Grenzwerten 1 und ∞.

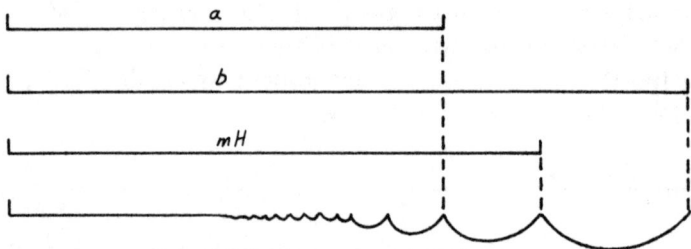

Um ein einfaches musikalisches Beispiel für die drei Mittel zu geben, stellen wir uns *b* als Monochordsaite mit der Länge 2 vor, die in c erklingt, während *a* genau halb so lang ist und den Ton eine Oktave höher als c′ bringt. Die drei Mittelwerte fallen dann wie folgt auf unterschiedliche Tonhöhen:

Arithmetisches Mittel: $mA = \dfrac{a+b}{2} = \dfrac{1+2}{2} = \dfrac{3}{2}$

Wir erhalten hier das Verhältnis der reinen Quinte. Die drei Glieder der arithmetischen Reihe sind also 2 : 3/2 : 1 oder c f c′.

Geometrisches Mittel: $mg = \sqrt{ab} = \sqrt{1 \cdot 2} = \sqrt{2}$

$\sqrt{2}$ ergibt ein temperiertes fis, das keiner der überlieferten Stimmungen angehört und die Oktave mit dem Tritonus teilt: c fis c′.

Harmonisches Mittel: mH = $\dfrac{2ab}{a+b}$ = $\dfrac{2\cdot1\cdot2}{1+2}$ = $\dfrac{4}{3}$

Hier haben wir es mit dem Verhältnis der reinen Quarte zu tun. Die drei Glieder der harmonischen Reihe heißen also c g c'.

In den folgenden Abschnitten werden wir einige Verwendungsmöglichkeiten der Mittel und die Reihen kennenlernen, die im Rahmen einer symbolischen Auffassung der Musik entwickelt wurden. Die bekannteste Reihe ist wahrscheinlich die diatonische Skala, die, wie schon kurz erklärt, aus sieben benachbarten Gliedern einer geometrischen Reihe gebildet wird, bestimmt durch die Konstante ½ oder ⅔, das Verhältnis der reinen Quinte.

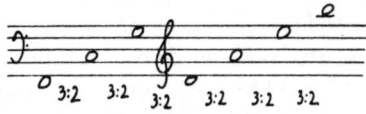

Eine Reihe von sieben Quinten

Wenn wir sie transponieren, damit sie in eine Oktave paßt, und dann in aufsteigender Folge anordnen, ergeben die sieben Noten die diatonische Skala, die hier aus Gründen der Einfachheit als Dur-Tonart auf C erscheint:

Bildung der diatonischen Skala

Die Skala mit sieben Tönen ist aber erst vollständig, wenn sie die Oktave (hier in Klammern) erreicht hat und auf einer anderen «Ebene» neu beginnt, so wie die sieben Planeten des ptolemäischen Kosmos zur achten Sphäre der Fixsterne hinaufführen. Die weitergeführte diatonische Skala wird dann zum vollkommenen Abbild eines Universums, dessen Schlüssel (wie wir in *Scipios Traum* lesen) in der Zahl Sieben liegt. Jeder Oktavraum umspannt auf einer jeweils anderen Ebene eine Manifestation der Siebenzahl. Die nach oben gerichtete Tonleiter symbolisiert den Aufstieg der Seele, die nicht nur eine, sondern viele siebenfach gegliederte Regionen durchläuft.

GURDJEWS GESETZ DER OKTAVEN

Georg Gurdjew (1872 oder 1877–1949), Gründer des Instituts zur harmonischen Entwicklung des Menschen, lehrte nach Angaben seines zeitweiligen Schülers P. D. Ouspensky folgendes: «Die Sieben-Ton-Leiter ist die Formel eines kosmischen Gesetzes, das von alten Schulen ausgearbeitet und auf die Musik angewandt worden ist.»[108] Die diatonische Skala ist in Gurdjews System nicht bloß ein Abbild der Siebenheit: Ihre innere Struktur ist von höchster Wichtigkeit. Bei der Tonleiter, die er aus den vielen möglichen auswählt, handelt es sich um die heutige Dur-Skala, die durch die Reihenfolge ihrer Intervalle gekennzeichnet ist: zwei Ganztonschritte (C–D–E), ein Halbton (E–F), drei Ganztöne (F–G–A–H) und bei Einbeziehung des Übergangs zur nächsten Oktave ein letzter Halbton (H–C'). Gurdjew erläutert, daß die Entwicklungen beim Menschen und in der Natur nicht geradlinig verlaufen, sondern daß in jeder Phase, jedem Zyklus zwei Unterbrechungen auftreten. In der Tonleiter sind das die beiden Halbtonschritte mi–fa (E–F) und si–do (H–C'). (Vergleiche auch die beiden Zäsuren bei Anny von Lange.) Das Fortschreiten durch die Ganztöne verläuft ohne Störung, doch wenn die Halbtöne erreicht sind, kann die ganze Entwicklung von der ursprünglichen Richtung abweichen, ja in die entgegengesetzte umschlagen, wenn nicht eine zusätzliche Energie hinzutritt. Gurdjew nennt die erforderliche Energie den «zusätzlichen Schock», der entweder aus den Kraftreserven des sich entwikkelnden Wesens oder Menschen stammt oder gezielt beziehungsweise zufällig von außen kommen mag. Ouspensky zitiert folgende Erklärung:[109]

In einer aufsteigenden Oktave kommt das erste Intervall zwischen mi und fa. Wenn entsprechende zusätzliche Energie an diesem Punkte hinzutritt, wird die Oktave sich ohne Störung bis si weiterentwickeln. Aber zwischen si und do braucht sie einen *viel stärkeren zusätzlichen Schock* für ihre richtige Entwicklung als zwischen mi und fa, weil die Anzahl der Schwingungen der Oktave an diesem Punkt beträchtlich höher ist...

In Gurdjews System der Arbeit an sich selbst stellt die aufsteigende Tonleiter das Modell des zielgerichteten Wachstums dar, wobei die Punkte wichtig sind, die einen zusätzlichen Schock erforderlich machen. Zugleich ist die Skala für ihn ein Symbol für den entgegengesetzten Prozeß der Strahlungen von oben. In absteigender Richtung ist sie das Abbild der Manifestationsebenen, die von oben nach unten reichen. Gott hat bei seinem Werk nicht die Schwierigkeiten wie wir, denn «eine absteigende Oktave entwickelt sich viel leichter als eine aufsteigende». Das Intervall des ersten Halbtons erscheint unmittelbar zwischen do und si, «und der Stoff, der es ausfüllen kann, findet sich oft im do selbst oder in den *durch* do hervorgerufenen seitlichen Schwingungen». Das fa wird nun ungestört erreicht, und beim zweiten Halbton fa–mi «ist dann ein zusätzlicher Schock notwendig, wenn auch ein *beträchtlich schwächerer* als der erste...»

Wir können uns nur fragen, ob Gurdjew ein anderes Schema aufgestellt hätte, wenn er in einer Kultur und zu einer Zeit gelebt hätte, in der eine andere Form der Siebenton-Skala die Regel war. Die Halbtöne liegen nämlich nicht notwendigerweise zwischen dritter und vierter sowie siebter und achter Stufe. In der Tonleiter auf D zum Beispiel liegen sie zwischen zweiter und dritter sowie sechster und siebter Stufe, ob wir nun die Skala von unten nach oben oder umgekehrt nehmen: D E F G A H C D′ oder D′ C H A G F E D. Dieser D-Modus, der dorische oder erste Modus des Mittelalters, der diatonische phrygische Modus des antiken Griechenland, ist in seinen Intervallschritten vollkommen symmetrisch und könnte sich durchaus auf dem ersten Platz sehen lassen. Das heutige Dur ist allerdings die Umkehrung des diatonisch dorischen Modus der Griechen (E D C H A G F E′), den der Demiurg in Platons *Timäus* bei der Erschaffung der Welt heranzog. Aufgrund der Umkehrbarkeit ist diese Tonleiter also ein ernsthafter Konkurrent. Dieses Thema kann bis zum Überdruß diskutiert werden; jeder Musiktheoretiker hat seine Lieblingsskala.

Wir werden nicht auf die Feinheiten der «kosmischen Oktaven» Gurdjews eingehen, die selbst seine engsten Schüler verwirrten. Ouspensky gibt jedoch ein vereinfachtes Schema an,[110] das deshalb sehr interessant ist, weil es alle wichtigen Seinsebenen mit den Tönen einer einzigen Oktave erfaßt. Wie bei allen Anordnungen, die sich auf die Erde als Mitte beziehen, entsteht hierbei leicht der oberflächliche Eindruck, die gesamte Schöpfung sei auf unsere kleine Welt ausgerichtet. Unsere Wahrnehmung lehrt uns nichts anderes, worauf wir schon im Zusammenhang mit den geozentrischen Systemen hingewiesen haben. Wir blikken durch die winzige Öffnung unseres irdischen, sinnenhaften Daseins auf die unendlichen Ebenen über uns. Und was befindet sich unterhalb der kleinen Öffnung? Nach diesem Schema die unendliche Zusammenziehung, in einem Nichts endend, das paradoxerweise zugleich das Absolute ist:

C′	Das Absolute als All	Halbton, der den «Schock»
H	Alle erschaffenen Welten	braucht, ausgehend vom Willen des Absoluten
A	Unsere Sternenwelt, die Milchstraße	
G	Unsere Sonne, das Sonnensystem	
F	Die planetarische Welt	Halbton, den das planeta-
E	Die Erde	risch beeinflußte organi-
D	Der Mond	sche Leben auf Erden füllt
C	Das Absolute als Nichts	

Herbert Whone äußert die Ansicht, daß die Namen, die Guido von Arezzo im zehnten Jahrhundert den Noten der Tonleiter gab, genau diese Bedeutungen verborgen in sich tragen: Ut, Re, Mi, Fa, Sol, La. Als im 16. Jahrhundert die Theorie des Hexachords zu der des Heptachords erweitert wurde, erhielt der Leitton H ebenfalls einen Namen, nämlich Si, und in manchen Ländern wurde statt Ut das leichter zu singende Do verwendet. Bei Whone gibt es folgende Tabelle (einige lateinische Worte korrigiert):[111]

DO	(Dominus)	Gott als Schöpfer
SI	(Sider)	Sternsysteme
LA	(Lactea)	Die Milchstraße, die Galaxis des Menschen

SOL	(Sol)	Die Sonne
FA	(Fata)	Die Planeten – das gesprochene Wort – das Schicksal des Menschen
MI	(Microcosmos)	Die Erde – die Rolle des Menschen auf der Erde
RE	(Regina Coeli)	Der Mond [die Himmelskönigin]

Wir können hinzufügen, daß das ursprüngliche lateinische Ut ein besserer Name war, weil es den ganzen Bedeutungsbereich «Ursache» umspannt: «so», «da», «wie», «damit», «so wie» usw., wobei etymologisch ein Zusammenhang besteht zu Thoth, dem ägyptischen Gott schöpferischer Intelligenz, wie zum *tat* des Sanskrit, dem unbestimmten «das».

Gurdjews Tonleiter ähnelt nicht nur oberflächlich dem oben beschriebenen großen Monochord des Robert Fludd, das zwischen dem Lichten und Dunklen Aleph als Zwillingsaspekt des Absoluten ausgespannt ist. Der verstorbene James Webb, einer meiner Jugendfreunde und ein unvoreingenommener Schüler Gurdjews und Ouspenskys, sah einen ähnlichen Zusammenhang zwischen dem Enneagramm, einem weiteren grundlegenden Symbol Gurdjews, und einem neungliedrigen Diagramm in der *Arithmologia* des Athanasius Kircher. Webb war der Ansicht, daß «Kircher in der *Arithmologia* eine letzte Synthese der Mystik der Renaissance geschaffen hat und daß ihr Gurdjews Kosmologie irgendwie verpflichtet ist».[112] Die Übereinstimmungen sind verblüffend, aber nicht überraschend, wenn wir bedenken, daß die drei Philosophen (auf jeden Fall hier) im Rahmen der unvergänglichen Überlieferung hermetischer Weisheit arbeiteten, die eine Zahlenmystik und das Gesetz «wie oben, so unten» kennt.

Gurdjew verwendet die siebentönige Leiter einerseits als Symbol der Evolution, andererseits als Abbild der Hierarchie. Doch die Siebenheit ist nicht auf die Dimension der Hierarchie beschränkt, mit der sich unser Autor vor allem beschäftigte. Der Oktavraum kann nicht nur als Leiter (lateinisch *scala*), sondern auch als Pleroma aufgefaßt werden: als die Fülle der Manifestationen auf mindestens einer Ebene, in die die sieben ursprünglichen Differenzierungen der göttlichen Kraft einfließen. In der Theosophie (besonders in der, die auf H. P. Blavatsky und Alice A. Bailey zurückgeht) gibt es viele Lehren über diese «sieben Strahlen». Ein Diagramm macht den grundlegenden Unterschied zwischen den beiden Auffassungen der Siebenheit oder der sieben Töne deutlich.

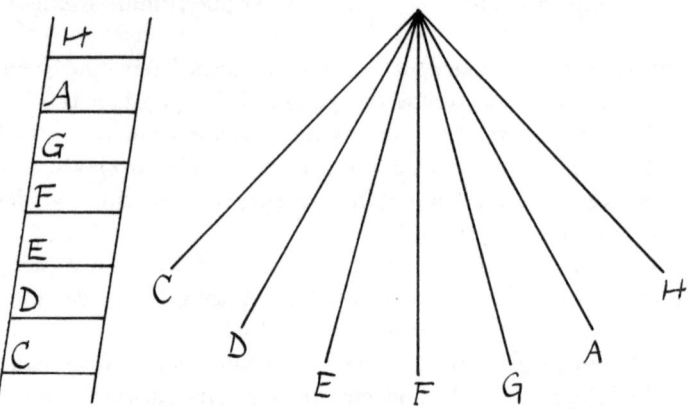

Die Skala als Leiter   Die Skala als die sieben Strahlen

Das zweite Diagramm berücksichtigt die Tatsache, daß sich die Töne der Skala qualitativ unterscheiden, doch so, daß ein höherer oder tieferer Ton seinem Nachbarn nicht «überlegen» ist, wie die Seraphim vielleicht den Cherubim übergeordnet sind. Jeder Ton hat seinen typischen Charakter, seine Rolle in der Entfaltung des musikalischen Pleroma. Die antike Gnostik verwendete ein Symbol, das noch weniger an eine Hierarchie erinnert. Sie ordnete den sieben Tönen der Leiter die sieben ionischen Vokale zu: A E H I O Y Ω.[113] Sie wiederum entsprechen den sieben Planetenkräften, die auf ihrer Ebene nicht so sehr eine Hierarchie bilden, sondern auf entsprechende Weise die sieben Strahlen spiegeln. In einem anonymen gnostischen Text[114] spricht die Gottheit: «Die sieben Vokale preisen mich, den unvergänglichen Gott. Ich bin der unermüdliche Vater aller Wesen, die unzerstörbare Lyra des Universums. Ich bin es, der den harmonischen Zusammenklang des himmlischen Wirbelwinds entdeckte.» Wir werden noch einmal auf diesen Schöpfergott treffen, der die Macht hat, die vom

Absoluten ausgehenden Strahlen zu harmonisieren. Doch um ihn zu begreifen, müssen wir uns zunächst der Symbolik der Obertonreihe zuwenden.

DIE OBERTONREIHE UND IHRE SYMBOLIK

Zu Beginn der Neuzeit war kaum bekannt, daß die Obertonreihe der Schwingungsweise entspricht, die jeder Resonanzkörper mehr oder weniger stark zeigt. Man wußte allerdings, daß sich die Folge der Intervalle durch die Reihe der ganzzahligen Teilungen der Saite ($\frac{1}{2}$, $\frac{1}{3}$, $\frac{1}{4}$, $\frac{1}{5}$ . . .) ausdrücken läßt. Außerdem war sie leicht in den Tönen der Naturtrompete zu hören, des ventillosen Instruments, für das Bach und Händel komponierten. Die Noten, die auf einer Naturtrompete in C kommen, entsprechen in etwa den ersten sechzehn Obertönen ihres Grundtons:

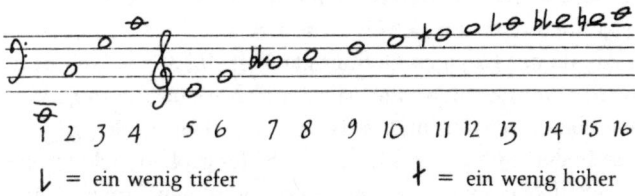

$\flat$ = ein wenig tiefer $+$ = ein wenig höher

Die ersten 16 Teiltöne der Obertonreihe

Die vielschichtige Symbolik dieser Intervallreihe ist schier unerschöpflich. Wenn der Gesang der Engel wirklich Wissen ist, konnte es kaum ein besseres Thema für die Variationen geben. Andreas Werckmeister (1645–1706), ein deutscher Organist und Musiktheoretiker, kannte die Reihe von der Trompete her und gab ihr zwei einfache Deutungen. Die erste setzt die Reihe in Beziehung zu den sechs Schöpfungstagen, die zweite zur fortschreitenden Offenbarung Gottes.

In Werckmeisters Vergleich mit der Schöpfung[115] entspricht der Grundton der Erschaffung des Lichts, das den Sinn erweckt. Am zweiten Tag werden die Wasser vom Festen geschieden, und das drückt sich in der ersten Scheidung in einer Oktave (1–2) aus, die in sich «wüste und leer» ist. Am dritten Tag füllt sich dieser Raum mit Pflanzen und Bäumen, während in der nächsten Oktave 2–4 die 3 erscheint. Am vierten Tag erreichen wir mit der Erschaffung von Sonne und Mond die dritte Oktave mit 4, 5, 6, 7, 8, «gleichsam ein Licht/worinnen wir eine vollkommene *Harmoniam* verspüren», wobei das große und kleine Licht in der großen und kleinen Terz (4–5, 5–6) vertreten ist. Der problematische siebte Oberton, ein zu tiefes B, «weiset/daß die Zeiten nicht allemahl gut/sondern zuweilen eine *dissonanz* in diesem Leben mit eingemischet werden muß». Der fünfte Tag und die vierte Oktave bringt die Erschaffung aller Tiere, dazu Töne, die gut, und andere, die schlecht klingen: «also wissen wir/daß unter denen Thieren etliche rein/etliche unrein sind». Am sechsten Tag schließlich wird der Mensch erschaffen, um über die Erde zu herrschen, wie der Musiker über die Zahlen und Noten herrschen und sie in gute Ordnung bringen muß.

Werckmeisters zweite Deutung[116] beruht auf der Symbolik des Dreiklangs. Bei den älteren deutschen Theoretikern hatte er lesen können, daß der gewöhnliche Dreiklang (Obertöne 4, 5, 6) ein Abbild der Heiligen Dreifaltigkeit ist. Johannes Lippius hatte ihn 1612 sinngemäß als die wahre und drei-ein-stimmige Wurzel der vollkommensten und vollständigsten Harmonien gepriesen, die es in der Welt geben kann, als Bild der großen, geheimnisvollen, göttlichen und einzig anbetungswürdigen Dreieinigkeit.[117] Werckmeister ordnet nun die vier Oktaven der Obertöne bei der Trompete den vier Stufen der göttlichen Offenbarung zu. Oktave I (Obertöne 1, 2) symbolisiert Gottvater, wie er vor der Schöpfung war, II (Obertöne 2, 3, 4) die Zeit des Alten Testaments, als die Dreifaltigkeit noch verborgen war, III (Obertöne 4, 5, 6, 8) die Zeit des Neuen Testaments, als die Dreifaltigkeit offenbart wurde, IV (Obertöne 8, 9, 10, 12, 15, 16) die Melodie des christlichen Lebens auf der Erde und im Himmel. Aus guten Gründen läßt er in seiner Symbolik die dissonanten Obertöne 7, 11, 13, 14 weg, weil sie die Sünde verkörpern würden.

Die dissonanten Obertöne sind ein Problem, nicht nur für Trompeter. Die Töne B (7, 14) und A (13) sind einfach zu tief, und das F (11) nicht erhöht genug, so daß sie in der Musikpraxis weggelassen werden (mit Ausnahme der überraschenden Hornrufe in Benjamin Brittens *Serenade*). In der Theorie sind sie allerdings nur zu gegenwärtig, und in der Symbolik stellen sie nicht nur das Böse in der Welt dar, sondern sind geradezu dessen Erklärung.

Der erste dissonante Oberton (der siebte) wird im ersten Werk des Louis-Claude de Saint-Martin (1743–1803) sehr deutlich dem Bösen zugeordnet. In dem umfangreichen Werk mit dem Titel *Des Erreurs et de la vérité*, das 1775 unter dem Pseudonym «Der unbekannte Philosoph» veröffentlicht wurde, ist zusammengefaßt, was Saint-Martin von seinem Meister, dem Theosophen Martinès de Pasqually (1710–1774) gelernt hatte. Saint-Martins Symbolwelt geht daher vielleicht auf diesen zurück. Zunächst erklärt Saint-Martin den Symbolgehalt des gewöhnlichen Dreiklangs (den der Obertöne 4, 5, 6 mit dem angefügten 8.). Er bezeichnet den Dur-Dreiklang als die Grundlage aller Musik und als Bild der Einheit, die alles oder fast alles umschließt.[118] Die zwei verschiedenen Terzen, für Werckmeister Sinnbild der göttlichen und menschlichen Natur des Gottessohnes, haben hier eine ähnliche Funktion: Sie zeigen, daß jedes Wesen einem zweifachen Gesetz unterworfen ist, dem des eigenen, einheitlichen Prinzips und dem des Einzelkörpers, in dem das Wesen wohnt. Diese Dualität, die zu allem Manifestierten gehört, ist selbst noch nicht böse. Im Idealfall wird sie durch die Anfügung einer neuen Oktave (8) über dem Dreiklang glorreich zum Abschluß gebracht, wobei diese Oktave ein Abbild des Ersten Prinzips (der Vier, der Grundlage des Dreiklangs) ist.

Saint-Martin überträgt dann das Symbol auf die Ebene makrokosmischer Wesenheiten und die Zeit vor dem Beginn der Welten. Er beschreibt eigentlich die Empörung des Satans gegen Gott und die Entstehung des Bösen. Er spricht allerdings nur von Erstem (Gott) und Zweitem (Satan) Prinzip.[119] Das «Abbild des Prinzips», schreibt er, *sollte* eine reine Oktave sein, doch vor dem Anbeginn der Zeit wich sie nach seinen Worten vom Ersten Prinzip ab,[120] setzte den eigenen Willen durch und wurde zum Ursprung des Bösen, was dem Aufgeben des eigenen Prinzips entspricht, um der Illusion eines Gesondertseins nachzulaufen. Er erklärt nicht deutlich, ob er diese Abweichung als die verminderte Septe der Tonleiter oder als den zu tiefen siebten Oberton verstanden haben will:

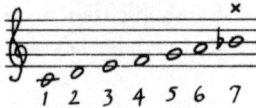
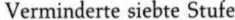
Verminderte siebte Stufe

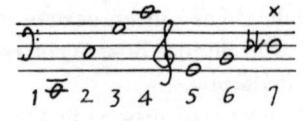
Siebter Oberton

Er denkt aber offenbar an den Ton, der einen reinen Dreiklang in einen Dominantseptakkord umwandelt; dadurch wird das harmonische Gleichgewicht gestört, was eine bestimmte Auflösung verlangt:

Dur-Dreiklang ändert sich zum Dominantseptakkord, mit Auflösung

Einige Theoretiker wollen den Ursprung des Dominantseptakkords, der seit dem 17. Jahrhundert die treibende Kraft in der Harmonielehre der dur-moll-tonalen Musik war, direkt aus der Obertonreihe heraus erklären. Sie fassen den Akkord als Abbild der Obertöne 4, 5, 6 und 7 auf und sind der Ansicht, er müsse idealerweise wie die Obertöne gestimmt sein, mit einer sehr tiefen siebten Stufe.[121] Symbolisch gesehen hat das den Vorteil, daß jeder Ton in seinem siebten Oberton und in den übrigen dissonanten Obertönen die eigene Unzufriedenheit in sich trägt, sich nach der Auflösung sehnt. Wenn die Septe erklingt, wird diese Tendenz einfach deutlich hörbar. Wird sie aber aufgelöst, wird es sich allerdings nie um eine endgültige Lösung handeln, da der Akkord, in den sie sich auflöst, selbst wieder einen siebten Oberton enthält, eine eigene Unzufriedenheit, die wie der Keim des Bösen und der Disharmonie in jedem Wesen steckt. Wenn wir diese Note in der obigen Auflösung erklingen lassen, erscheint im Akkord auf F ein Es, das wiederum eine Auflösung zum Akkord hin erforderlich macht, der eine Quinte tiefer auf dem B aufbaut. Der Vorgang würde sich unendlich wiederholen und auf

der Spiralbahn einer endlosen geometrischen Reihe von immer
tieferen Quinten in einen höllischen Bereich von Doppel-Bes
führen, den kein Musiker gern aufsucht:

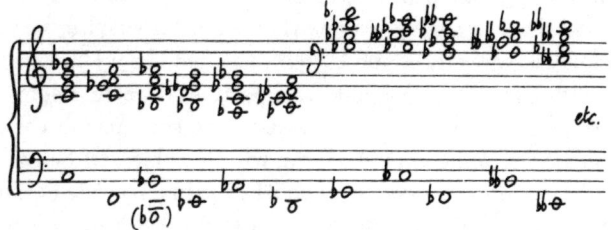

Endloses Fortschreiten von Dominantseptakkorden

Damit uns aber die Gleichsetzung dieser Dissonanz mit dem
Prinzip des Bösen nicht zu schlüssig oder zu oberflächlich erscheint, wende ich mich einer Frau zu, die die verminderte Septe
völlig anders sah, nämlich Bettina von Arnim (geborene Brenta-
no, 1785–1859). In ihrer Jugend führte die brillante Frau einen
Briefwechsel mit Goethe, in dem sie ihren Gedanken freien Lauf
ließ, manchmal tief, oft wunderschön, gelegentlich wirrköpfig.
(Einer ihrer Briefe[122] enthält das berühmte Gespräch mit Beethoven, in dem er sagt, «daß Musik höhere Offenbarung ist als alle
Weisheit und Philosophie», und noch manches andere über seine
Kunst und Berufung ausspricht.) Am 24. Juli 1808 schrieb sie an
Goethe, der den Generalbaß studierte und sich gegen die vermin-
derte Septe wehrte, weil sie ihm nicht zum Gesetz der Harmonie
zu passen schien:

> Aber Du mußt ein Christ werden, Heide! – Die Sept klingt
> freilich nicht ein, und ohne sinnliche Basis; sie ist der göttliche
> Führer, Vermittler der sinnlichen Natur mit der himmlischen;
> sie ist übersinnlich, sie führt in die Geisterwelt, sie hat Fleisch
> und Bein angenommen, um den Geist vom Fleisch zu befreien,
> sie ist zum Ton geworden, um den Tönen den Geist zu geben,
> und wenn sie nicht wär, so würden alle Töne in der Vorhölle
> sitzenbleiben . . . so leitet die Sept durch ihre Auflösung alle
> Töne, die zu ihr um Erlösung bitten, auf tausend verschiede-
> nen Wegen zu ihrem Ursprung, zum göttlichen Geist.[123]

DIE UNTERTONREIHE

Der nächste Schritt unseres Begreifens, wie das Tonsystem der Musik ein verständliches Symbol für die Welt der Ideen sein kann, wird nur möglich, wenn wir unsere Vorstellung von der Obertonreihe erweitern und auch ihr Gegenbild der Untertonreihe einbeziehen.[124] Das heißt, wir postulieren eine Reihe von Untertönen, die die Obertöne exakt spiegeln und durch eine arithmetische Reihe entstehen, die wir als Folge von Saitenlängen auffassen. Die ersten sechzehn Untertöne irgendeines Tons (hier c''') ergeben eine Intervallstruktur, die den Naturtönen der Trompete (vergleiche oben) entspricht, allerdings in absteigender Folge:

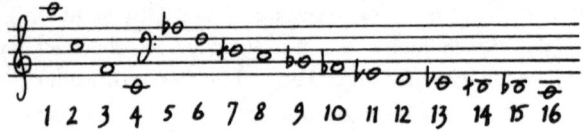

1 2 3 4 5 6 7 8 9 10 11 12 13 14 15 16

Die ersten sechzehn Untertöne

Gibt es die Untertöne überhaupt? Gelegentlich wurde behauptet,[125] daß sie objektiv und hörbar existieren, doch wir sind auf ihre reale Existenz gar nicht angewiesen, wenn wir sie in ihrer Wirklichkeit als Symbole würdigen wollen, einer Realität, die dem forschenden, spekulativen Musiker höher und «wirklicher» erscheint als die der hörbaren Obertöne. Am besten belassen wir die Untertöne als nicht manifestiertes Gegenbild der Obertöne im Reich der Ideen. Ihre symbolische Bedeutung wird etwas klarer, wenn wir uns überlegen, daß die Obertöne immer schnelleren Schwingungen und kleineren Teilen (das heißt zunehmend kürzeren Saitenteilungen des Monochords) entsprechen, während die Untertöne immer langsamere Schwingungen bezeichnen, die durch immer längere Saiten oder Resonatoren hervorgebracht würden. Die Obertöne führen zur «mikroskopischen» Verkleinerung von Zeit und Raum, die Untertöne zur «astronomischen» Ausdehnung. Genauso wissen wir, daß jede unserer Handlungen (für die Anhänger des Mentalismus auch alle Gedanken) die Zellen, Moleküle und Atome unserer Körper beeinflussen müssen. Unser Handeln hat aber auch *äußere* Folgen, die sich ausweiten und schließlich, wenn auch nur sehr gering, das gesamte Universum beeinflussen. Das ist Teil des *Karmas* (= Tun), das wir schaffen und an das die weniger Nachdenklichen oft nicht glauben, weil es wie die Untertöne nicht wahrzunehmen ist oder sich über lange Zeit verzögert. Metaphysisch gesehen ist es trotzdem eine Notwendigkeit. Zu dieser Symbolik paßt ausgezeichnet, daß wir die Obertöne sinnlich wahrnehmen können, so wie wir die Teile unseres Körpers in uns tragen, daß wir die Untertöne aber nicht hören, da sie dem Makrokosmos außen angehören.

Die harmonikale Zwillingsreihe symbolisiert die allumfassenden Kräfte der Zusammenziehung (Obertöne) und Ausdehnung (Untertöne), die für viele Theosophen die absolute Grundlage des Seins sind, beide nötig, damit die Schöpfung aus dem Chaos hervorgeht.

Wenn wir dies auf die Musik anwenden, können wir einen einzelnen Ton, zum Beispiel das mittlere C, betrachten, der von seinen Ober- und Untertönen umgeben ist:

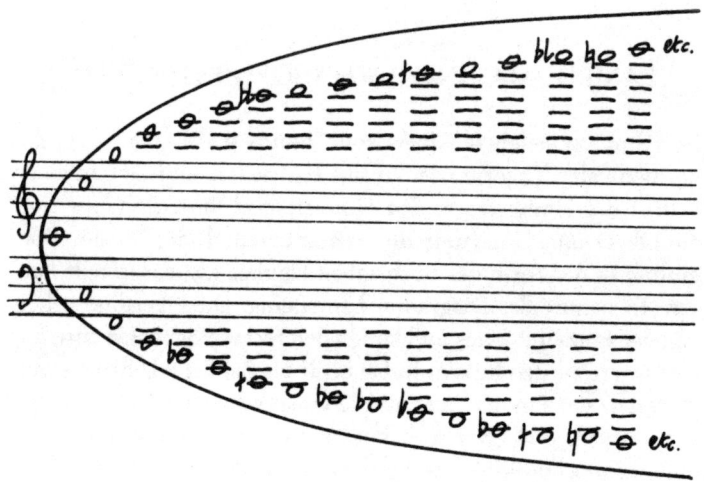

Das mittlere C mit seinen ersten 16 Ober- und Untertönen

Seine Obertöne füllen den gesamten mikrokosmischen Raum, seine Untertöne den makrokosmischen. Den Ton selbst, der am Scheitel der Parabel zu sehen ist, umgibt eine Leere. Ein kleines

Stück weiter finden wir das «weiße Rauschen» der unzähligen
Teiltöne, die sich in beide Richtungen erstrecken. Nur in der
Nähe des Tones löst sich das Rauschen auf und klärt sich zu
Intervallen: Löcher im unbestimmten Chaos. Wir können einen
Ton nicht nur auf die gewohnte Weise als Punkt sehen, von dem
Teiltöne ausstrahlen, sondern auch als musikalischen Raum, den
die Bildekräfte der Harmonie im Chaos geschaffen haben: Kräfte,
die sich immer deutlicher herausformen, wenn sie sich von komplizierten zu einfachen Proportionen bewegen und schließlich in
der Umgebung des Tones selbst ihren Höhepunkt in den reinen
Quarten, Quinten und Oktaven erreichen. Auf ähnliche Weise
regte Rudolf Steiner seine Schüler an, sich Blüten nicht als Folge
innerer Wachstumskräfte vorzustellen, die die Blütenblätter nach
außen drängen, sondern eher als von äußeren, kosmischen Kräften geformt, die nach innen drängen. Und auch hier löst sich die
unvorstellbare Komplexität der Kräfte im umgebenden Kosmos
am Blütenköpfchen in die einfache Geometrie der Blütenblätter
auf.

LAMBDOMA UND PYTHAGORÄISCHE TAFEL

Der Universalgelehrte Albert von Thimus (1806–1878), der die
harmonikalen Theorien der Antike erforschte, entdeckte in einer
Schrift des Iamblichos[126] den Hinweis, daß die Griechen schon
die Ober- und Untertonreihe gekannt und sie mit einem Diagramm in der Form des Buchstaben Lambda (Λ) dargestellt hatten. Er nannte das Diagramm Lambdoma. Die Obertöne gehen
von der Einheit ($\frac{1}{1}$) aus und laufen den rechten Schenkel entlang,
die Untertöne den linken, wobei beide als Zahlen (als Brüche und
Vielfache der Einheit) und als die entsprechenden Töne angegeben werden, und zwar so, als wäre die Einheit die ganze Länge
einer Monochordsaite, die den Ton c hervorbringt. (Aus Symme-
triegründen behalte ich die deutsche Tonhöhenbezeichnung bei.)

A. von Thimus füllte die umschlossene Fläche mit einem Netz
von Zwischentönen und erhöhte den Winkel auf 90°. So wurde
aus dem Lambdoma ein rechtwinkliges Diagramm, das er die
«pythagoräische Tafel» nannte.

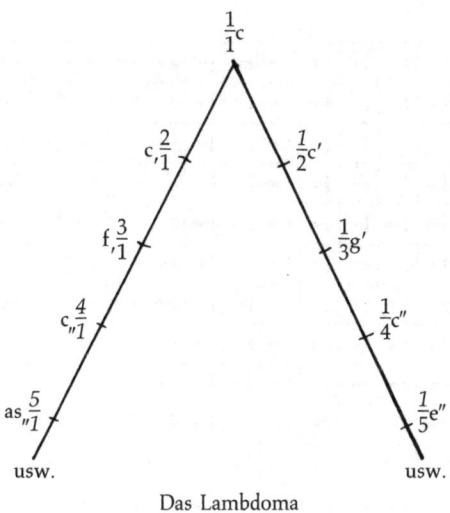

$$\frac{1}{1}c$$

$$c,\frac{2}{1} \qquad \frac{1}{2}c'$$

$$f,\frac{3}{1} \qquad \frac{1}{3}g'$$

$$c,,\frac{4}{1} \qquad \frac{1}{4}c''$$

$$as,,\frac{5}{1} \qquad \frac{1}{5}e''$$

usw.   usw.

Das Lambdoma

Sowohl A. von Thimus als auch sein geistiger Erbe Hans Kayser hielten das Diagramm für das grundlegende Schema der verlorengegangenen antiken Wissenschaft der Harmonik, auf die Platon im *Staat* VII, 530 d–531 c hinweist. Sie stellt nach dieser Auffassung zwar die höchste Gelehrsamkeit dar, wird aber nie öffentlich enthüllt. Einige behaupten, A. von Thimus habe ein Schema, das typisch für die mathematische Theorie des frühen neunzehnten Jahrhunderts sei und das er selbst gefunden habe, irrtümlicherweise den Pythagoräern zugeschrieben.[127] Die Diskussion ist für uns unerheblich. Die pythagoräische Tafel ist nämlich ganz unabhängig von ihrer Herkunft ein unvergleichliches Hilfsmittel der spekulativen Musik, das die symbolische Erklärung und Erläuterung kosmischer und metaphysischer Gegebenheiten erleichtert.

Die Tafel ist ein Abbild des Universums. Wenn sie unendlich weitergeführt würde, enthielte sie jeden rationalen Bruch und jede ganze Zahl. Sie alle sind durch Zähler und Nenner bezeichnet und entstehen an den Schnittpunkten der Oberton- und Untertonreihen, das heißt, jeder Ton gehört als Glied immer zwei verschiedenen Reihen an. Wenn jeder Ton ein Wesen des Univer-

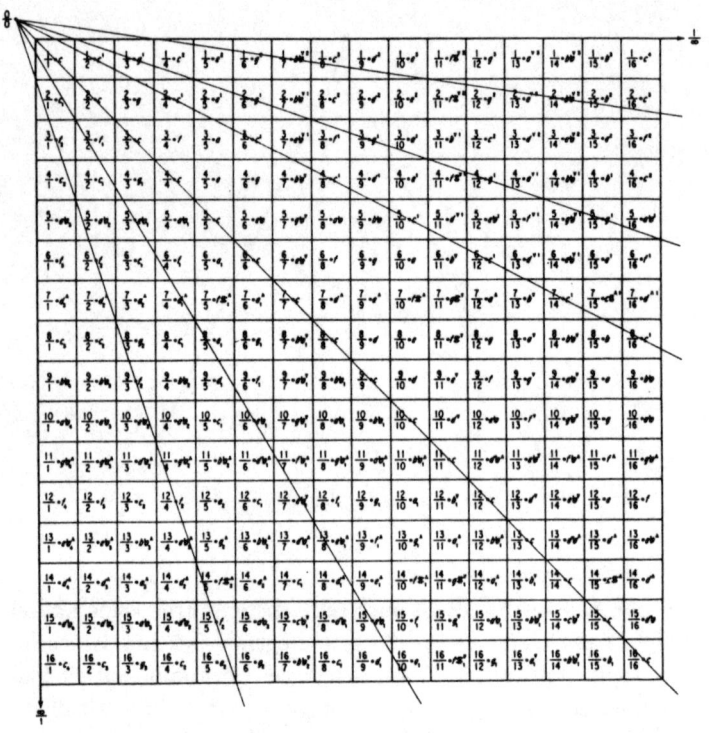

Die pythagoräische Tafel
(aus Levarie und Levy, *Musical Morphology*, S. 230)

sums darstellt, zeigt dieser doppelte Ursprung, daß jedes Wesen
in seiner manifestierten Existenz von einer Urdualität abhängig
ist, die es schon in der Anfangsteilung des Lambdoma gibt. Man
könnte sagen, wann immer die beiden Kräfte der Zusammenziehung und Ausdehnung aufeinandertreffen und in einem Gleichgewicht der Proportionen gehalten werden, entsteht ein Wesen –
erklingt ein Ton. Jedes Wesen ist zugleich Zahl und Ton, Quantität und Qualität, Dasein und Wert. Alle haben dieselbe Wurzel:
den zeugenden Ton ¹/₁, der den Schöpfergott symbolisiert.

Das Netz der Tafel läßt an Kette und Schuß eines Webstuhls
denken, an die Symbolik des Gewebes, mit deren Hilfe gern die
Struktur des Universums verdeutlicht wird. Hier stellen die

senkrechten Reihen der «makrokosmischen» Untertöne die feste Kette und die horizontalen der «mikrokosmischen» Obertöne den Schuß dar. Wir können darauf dann übertragen, was René Guénon über die Symbolik der Weberei schrieb:

Die Kette stellt sozusagen die Prinzipien dar, die alle Welten oder Zustände [des Seins] zusammenbinden, wobei jeder Faden die Verbindung zwischen Punkten herstellt, die sich in verschiedenen Zuständen befinden, sich aber entsprechen. Und der Schuß symbolisiert die Ereignisreihen, die in jeder Welt entstehen, wobei jeder Faden die Entwicklung der Ereignisse in einer bestimmten Welt ist. Anders betrachtet kann man auch sagen, daß die Manifestation eines Wesens in einem gewissen Seinszustand wie jedes Ereignis dadurch bestimmt ist, daß sich ein Kettfaden mit einem Schußfaden trifft.[128]

Guénon führt das einzelne menschliche Leben als Beispiel eines solchen Zusammentreffens an. Diese Schnittpunkte sind allerdings nicht voneinander isoliert. Alle Tonwerte haben nicht nur ihren Platz in den Reihen, sondern kehren sozusagen als andere «Reinkarnationen» wieder, zum Beispiel $\frac{1}{3}$ als $\frac{1}{6}$, $\frac{3}{9}$ usw. Sie alle ergeben den gleichen Ton g, doch wie Kayser bemerkt,[129] jedesmal in anderer Umgebung. Wenn wir nun diese Reihen von gleichen Tönen verbinden, geschieht etwas Sonderbares: Diese Linien laufen in einem Punkt zusammen, der *außerhalb* der Tafel liegt und in dem Diagramm mit % bezeichnet ist.

JENSEITS DER MANIFESTATION: $\frac{1}{1}$ und %

Für Hans Kayser bestand die wichtigste Offenbarung der pythagoräischen Tafel darin, daß außerhalb von ihr der Punkt % liegt, der keinen Ton erklingen läßt, sondern die Stille ist, auf die alle Töne zustreben. Wenn $\frac{1}{1}$ der Schöpfergott ist, so stellt % dar, was die verschiedensten Überlieferungen das Absolute, Jenseits des Seins, Nirvana, Parabrahman, die dreimal unbekannte Finsternis, den Geist an sich nennen. Sein Reich der mathematisch unmöglichen Brüche (⅓₁, ⅙₀ usw., die alle entweder die Null oder das Unendliche sind) ist das Nicht-Manifeste. Kayser beschreibt, wie diese «Gleichtonlinien» alle in diesem Punkt zusammenlaufen und bemerkt dazu:

> Und gerade hierin liegt, harmonikal-symbolisch gesprochen, eine tröstliche Gewißheit: daß nämlich, trotz des Verhaftet-Seins im Streit zwischen Licht und Dunkel [= den beiden Reihen], trotz Konsonanzen und Dissonanzen jeder einzelne Seinswert mit seinen Reinkarnationen auf das Göttliche hin ausgerichtet ist, ja von diesem seinen eigentlichen innersten Wert empfängt![130]

Für ⁰⁄₀ gibt es keine Entsprechung in der Musik. Der Neuplatoniker und Bischof Synesius (etwa 370–413) beschreibt in seinem Gedicht über die Himmelfahrt die Sphärenmusik, die Christus willkommen heißt, und schließt:

> Doch du, mit weiten Schwingen
> Brachst durch die blaue Kuppel
> Und ruhtest in den Sphären
> Des reinen Geistes:
> Der Quelle aller guten Dinge
> Dem Himmel voller Stille.[131]

Obwohl Synesius eigentlich einen stillen Himmel und nicht das Absolute beschreibt, entspricht seine Eingebung doch der Einsicht von Metaphysikern wie Kayser, Guénon und Brunton:[132] daß alles Sein in einem Nichts jenseits des Seins gipfelt, das im Gegensatz zum *néant* der Existentialisten paradoxerweise seine einzige Stütze, sein wirklicher Ursprung ist. Guénon nimmt das Gleichnis der Stille und sagt:

> Wie das Nicht-Sein, das Nicht-Manifeste das Sein oder das Prinzip der Manifestation in sich begreift oder umhüllt, so enthält die Stille in sich das Prinzip des Wortes. Mit anderen Worten, wie die Einheit [¹⁄₁] nichts als die Bestätigung der metaphysischen Null [⁰⁄₀] ist, so ist das Wort Ausdruck der

Stille. Doch umgekehrt ist die metaphysische Null als nicht bestätigte Einheit auch mehr als sie, unendlich viel mehr.[133]

Kein Wunder, daß diese Lehre in der Vergangenheit geheimgehalten wurde. Wenn sie nämlich nicht mit höchster Einfühlung ins Metaphysische aufgefaßt wird, kann sie leicht entstellt und in einen Nihilismus verkehrt werden, der alle Religion und alle Moral aushöhlt.

Weiter kann unser Aufstieg nicht führen. Der Gesang der Engel ist exoterisch gesehen ein unaufhörliches Lobpreisen des Schöpfers ($\frac{1}{1}$), esoterisch betrachtet aber nicht mehr oder nicht weniger als die Bestätigung ihrer eigenen Emanation und ihrer Existenz als «Tonwerte». Sie entspringen wie wir dem Schöpfer, aber darüber hinaus ist ihr Sein wie unseres – und des Schöpfers Sein ebenfalls – im göttlichen Nicht-Sein ($\frac{0}{0}$) enthalten, das weder angebetet noch gepriesen werden kann und von dem nie eine Antwort kommen wird. Es kann nur in einer Stille und einer Finsternis beschworen werden, die bloß schwach an sein Schweigen gemahnen.

NACHWORT UND DANKSAGUNG

Dieses Buch ist der Schlußstein eines Projekts zur spekulativen Musik, das mit meinem Vortrag «The Revival of Speculative Music» (Die Wiederbelebung der spekulativen Musik) begann. Ich hielt ihn im November 1980 anläßlich einer Tagung der American Musicological Society in Denver, und er wurde als Aufsatz in *The Musical Quarterly* und (auf deutsch) in der *Musiktherapeutischen Umschau* veröffentlicht. Im wesentlichen geht es darin um den deutschsprachigen Raum. In meinem Buch *Cosmic Music: Three Musical Keys to the Interpretation of Reality* (Lindisfarne Press, 1987) habe ich Aufsätze von Marius Schneider, Rudolf Haase und Hans Erhard Lauer zusammengestellt, in denen die Erneuerung der spekulativen Musik für sich selbst spricht. Der anschließende zweiteilige Artikel «The Golden Chain of Orpheus: an Introduction to Musical Esotericism in the West» in *TEMENOS*, Nr. 4 und 5 (London, 1984) gibt einen Überblick über die wichtigsten Beiträge zum Thema Musik innerhalb der *Philosophia perennis*, vom alten Griechenland bis ins neunzehnte Jahrhundert. Etwa sechzig dieser Quellen sprechen wiederum in meiner Anthologie *Music, Mysticism and Magic* (Routledge and Kegan Paul, 1986) für sich. Ebensoviel Material liegt zur Veröffentlichung bereit: Es ist die Grundlage für den dritten Teil dieses Buches.

Auch in *Die Harmonien des Himmels und der Erde* ist das Denken vieler Menschen zusammengetragen. Einige von diesen sind sehr bekannt, während andere in der englischsprachigen Welt noch keinen Namen haben. Das Buch folgt weniger einem chronologischen Pfad, sondern bewegt sich durch eine Reihe von Ebenen eines Universums, das im weitesten Sinn hermetisch genannt werden kann. Das Buch ist in drei Teile gegliedert. Der erste behandelt Theorie und Wesen der Musik sowie deren Wirkungen auf die verschiedenen Ebenen einer Stufenleiter des Seins, die – auch uns umfassend – sich von den Steinen unter unseren Füßen bis in den höchsten Himmel erstreckt. Der zweite Teil kehrt zur Erde zurück und befaßt sich mit der menschlichen Dimension der Musik, die beim Komponisten und seinem Zuhörer zum Tragen kommt, mit den moralischen und religiösen Implikationen der Musik und deren Beziehung zu den verborgenen Strömungen der Geschichte. Der dritte Teil beinhaltet in einer Reihe miteinander verknüpfter Abschnitte spekulative Versuche, die Musik in mystische und esoterische Theorien des Universums einzubeziehen: die wechselnden Harmonien der Planeten auf ihren Bahnen und die Entsprechungen der sieben Töne der diatonischen Leiter, der zwölf der chromatischen Leiter und der offenen Reihe der Obertöne. Der dritte Teil enthält schwer zugängliches Material und geht gelegentlich auf recht spezielle Probleme ein, so daß sich vielleicht nicht alle Leser auf ihn einlassen wollen, was auch gar nicht unbedingt nötig ist.

Dieses Buch ist ein persönlicher Beitrag zum gegenwärtigen Aufleben der spekulativen Musik, für den keine meiner Quellen als verantwortlich betrachtet werden kann. Das gleiche gilt für die vielen Menschen, die mir auf unterschiedliche Weise geholfen haben und denen ich hier danken möchte. Ihre Mitwirkung reichte von einem willkommenen Hinweis bis zum mühsamen Durchlesen meiner Manuskripte. Einige haben sich in meinem Auftrag in fruchtlose Unterfangen gestürzt, und auch ihnen sei gedankt. Es ist mir ein Vergnügen, hier meine Freunde und Briefpartner zu nennen: John Allitt, Stephen Arnold, Milton Babbitt, Christopher Bamford, Todd Barton, Janet und Colin Bord, Alastair Boyd, David Britt, Elliott Carter, Keith Critchlow, Frank Denyer, Anne Doueihi, Antoine Faivre, David Fideler, Joel Funk, Ailene Goodman, Penelope Gouk, James Haar, Jonathan Harvey, Jackson Hill, David Hykes, Emma Kirkby, Charles Krigbaum, Robert Lawlor, Siegmund Levarie, Cathy Lowne, Shimon Malin, Victor Mansfield, Thomas Mathiesen, Caitlín und John Matthews, Charles Mauzy, Albert Mayr, Ernest McClain, Adam McLean, Michael McMullin, John Michell, Barry Millington,

Dexter Morrill, Richard Nicholson, Marco Pallis, Alison Peden, Jill Purce, Kathleen Raine, Luis Robledo, Anthony Rooley, Amnon Shiloah, Robert Stewart, Hildemarie Streich, Colin Timms, Gary Urton, Jeffrey Wollock, Richard Wedgewood, Arthur Wenk und Basil Wilby. An der Colgate University danke ich dem Research Council, daß es die Kosten der Schreibarbeiten übernommen hat, meinen Schreibkräften Marilyn Jones und Patricia Ryan sowie David Everett von der Universitätsbibliothek. Schließlich möchte ich vier Menschen erwähnen, die sich über das Buch gefreut hätten, die aber nicht mehr am Leben sind und nicht sehen können, wie sehr es ihnen Dank schuldet: Paul Brunton, Anthony Damiani, Albert Seay und Perkin (D. P.) Walker. Worüber ich nur spekulieren kann, ist ihnen Gewißheit.

ANMERKUNGEN

Die vollständigen Hinweise finden sich in der Bibliographie.

Erster Teil: Aufstieg zum Parnaß

1. Die wundersamen Wirkungen der Musik

1 Nach der Fassung von Graves, Bd. 1, S. 257.
2 Vyse, Bd. 2, S. 321 ff.
3 Robinson, S. 32.
4 Sinnett, S. 20.
5 Blavatsky, Bd. 2, S. 279. Vgl. auch Michell 1967, S. 41 ff.
6 Zitiert in Kircher 1650, Bd. 2, S. 228.
7 Radhakrishnan, Bd. 2, S. 271.
8 Interview mit Don Robbins im *BBC Science Magazine*, 1983. Für das Band der Sendung bin ich Todd Barton zu Dank verpflichtet. Vgl. auch Robins.
9 Novalis, S. 210–213.
10 Jenny, zusammengefaßt auch in Hodson, S. 2–14.
11 Martianus, Abschnitt 907.
12 Ebd., Abschnitt 11.
13 Kircher 1650, Bd. 2, S. 411 f.
14 Ebd. berichtet, S. 229.
15 Schneider 1979, S. 20.
16 Vgl. Guénon 1958.
17 Tompkins/Bird, S. 137–146.
18 Ebd., Zusammenfassung von Retallack.
19 Herodot, I. 23–24.
20 Klassische Quellen zusammengefaßt in Lockley, S. 18–43.
21 Ebd.
22 Vgl. Savold.
23 Lockley, S. 84.
24 Homerischer Apollon-Hymnus.
25 Martianus, Abschnitt 927–928. Auch in Godwin 1986.
26 Al-Ghazālī, A. H., S. 219.
27 Kircher 1650, Bd. 2, S. 227 f.
28 Thorndike, Bd. 2, S. 600.

29 Zitiert in Fludd 1617 a, S. 177. Auch in Godwin 1986.
30 Fludd 1617 a, S. 179 f.
31 Ebd., S. 181.
32 Thorndike, Bd. 3, S. 448.
33 Vgl. Walker, S. 3–11.
34 Übersetzt als Ficino. Das Kapitel über Musik in Godwin 1986.
35 Walker, S. 9.
36 Steffani, S. 30 f.
37 Vgl. Walker, S. 231.
38 Leibniz, S. 671.
39 Schmidt, J. M., S. 96.
40 Browne, S. 7.
41 Ebd., S. 14 ff.
42 Ebd., S. 114 ff.
43 Ebd., S. 121.
44 Brocklesbury, S. 70 ff.
45 Ebd., S. 19.
46 Euler.
47 Albrecht, S. 108 ff.
48 Brocklesbury, S. 45.
49 Meine Einsichten in das Thema verdanke ich vor allem den Schriften Paul Bruntons, besonders Brunton 1943, S. 58 ff.
50 Ikhwān, S. 12. Auszüge in Godwin 1986.
51 Schopenhauer, Bd. 2, 3. Buch, § 52.
52 Iamblichos, *Pythagoras*, XXV. Auch in Godwin 1986.
53 Plutarch, *De Alex. Fort.*, 335.
54 In Kircher 1650, Bd. 2, S. 216 f.
55 Tyard, fol. 103.
56 In Podolsky, S. 5.
57 Ebd., S. 6.
58 In Coomaraswamy, S. 89.
59 Iamblichos, *Pythagoras*, XXV.
60 Alvin, S. 49 ff.
61 Cage, S. 93.
62 Rooley, S. 212 ff.
63 Coomaraswamy, S. 52.
64 Vgl. Sigerist, Robledo.
65 Von William de Marra; vgl. Thorndike, Bd. 3, S. 534.
66 Schneider 1948, zitiert in Robledo, S. 224.
67 Alvin, S. 88.
68 Sigerist, S. 113.
69 Artikel «Tarantella» in MGG, Bd. 13, Sp. 117–119.
70 Schneider 1978, S. 74 ff.
71 Robledo, S. 232.
72 Sigerist, S. 113, zitiert den Autor des 17. Jh.s, Epiphanius Ferdinandus.
73 Priestley, S. 42, 45–73.

74 Ebd., S. 109.
75 Vgl. Streich.
76 Pontvik, S. 11, 18.
77 Z. B. Chase, Ristad.
78 Zur anthroposophischen Musiktherapie vgl. Stebbing.
79 Zitiert in Stebbing.
80 *Li Gi*, S. 50.
81 Ebd., S. 56.
82 Zitiert in Censorship, S. 35, ein Bericht über China von David Holm. Der Vergleich mit den alten Kaisern ist von Holm.
83 Ebd., S. 37.
84 Zu Damon vgl. Anderson, S. 74 ff.
85 *Li Gi*, S. 44.
86 Vgl. Stockhausen, Bd. 3, S. 182–187.
87 Fabre 1915, S. 149.
88 Fabre 1928.
89 Ebd., S. 7 ff.
90 Scott, S. 47 ff.
91 Ebd., S. 75 ff.

2. Geheimnisvolle Harmonien

1 Evans-Wentz, S. 131.
2 Ebd., S. 31 f.
3 Ebd., S. 111.
4 Ebd., S. 103.
5 Ebd., S. 298, zitiert *Silva Gadelica*, ii. 142–144.
6 MOAR, Bd. 4, S. 206 f.
7 Ebd., Bd. 2, S. 211.
8 Evans-Wentz, S. 61.
9 Steiner 1974, S. 124.
10 Ebd., S. 161–163.
11 Vgl. Hodson, der einige abbildet.
12 Steiner 1974, S. 124.
13 Vgl. die Einführung zu seinem *Quatuor pour la fin du temps* (1944).
14 Mitteilung eines Freundes, 1969.
15 *Eine andere Wirklichkeit. Neue Gespräche mit Don Juan.*
16 Vgl. Hammerstein 1974, S. 94 ff., über die Musikhölle des Hieronymus Bosch.
17 Vgl. den untersten Kreis in Dantes *Inferno*.
18 Siegel, S. 212.
19 Vaughan, S. 5.
20 Patch, S. 3.
21 Rolleston, S. 47.

22 Brendan, S. 21.
23 Evans-Wentz, S. 85, 105 f., 115, 129 f.
24 Ebd., S. 205.
25 Ebd., S. 154.
26 Patch, S. 34.
27 Ebd., S. 107.
28 Ebd., S. 35.
29 Spence, S. 29; Patch, S. 45.
30 Leahy, S. 72.
31 Patch, S. 30.
32 Spence, S. 29.
33 Patch, S. 45; MOAR, Bd. 3, S. 121.
34 Patch, S. 30.
35 Brendan, S. 43–46.
36 Ebd., S. 50–52.
37 Patch, S. 32.
38 Ebd., S. 35.
39 Vgl. vor allem Corbin, S. 51 ff. Auch in Godwin 1986.
40 Ebd., S. 131.
41 A. a. O.
42 Ebd., S. 134.
43 Jung 1986, S. 293 f.
44 Der Staat, X, 614 b–621 d. Auch in Godwin 1986.
45 Ebd., 617 b.
46 Somnium Scipionis, V, 1; vgl. Macrobius, S. 73. Auch in Godwin 1986.
47 Macrobius, S. 74.
48 On the Sign of Socrates, 590. Auch in Godwin 1986.
49 A. a. O.
50 Buch I des Corpus Hermeticum.
51 Ebd., Abschnitt 26; vgl. Hermes Trismegistos, S. 7. Auch in Godwin 1986.
52 Jung, Ges. Werke, Bd. 14, 1, S. 252.
53 A. a. O.
54 Kommentar zu De Caelis von Aristoteles, wie zitiert bei Taylor 1824, Anmer-
    kung zu Hymne 34. Auch in Godwin 1986.
55 Zu dieser Unterscheidung vgl. Guénon 1984, Kap. 1.
56 Information aus einem unveröffentlichten Aufsatz meines Kollegen Gary
    Urton.
57 Strabo, 3, 1.
58 Shiloah 1978, S. 64 f.
59 Tal. Bab. Yoma 20 b, zitiert in Sendry, S. 163.
60 Zitiert in Grimm, Deutsche Märchen.
61 Vgl. Gould, S. 26 ff.
62 Aus Ritter Gluck. Auch in Godwin 1986.
63 Vgl. Kircher 1656.
64 Vgl. NOHM, Bd. 3, S. 412.
65 Allen, S. 30–33. Auch in Godwin 1986.

66 Zitiert in Alvin, S. 136.
67 Mitteilung eines Freundes, 1984.
68 Unveröffentlichter Brief an «Bertrand» vom 27. November 1873, zitiert in William Sallochs Katalog, Ossinning, New York 1983.
69 Messiaen, S. 3.
70 Habe ich von David Hykes und anderen gehört.
71 Idelsohn, S. 414, zitiert V. M. Teitelbaum, *The Rabbi of Ljdai*.
72 Shiloah 1978, S. 64.
73 Rothmuller, S. 175.
74 Buber, S. 24.
75 NOHM, Bd. 1, S. 333 Anm., zitiert Rabbi Shneor Zalman.
76 Werner, S. 170.
77 Eric Werner in: NOHM, Bd. 1, S. 333.
78 Idelsohn, S. 420, 431; die Musik auf S. 422.
79 Buber, S. 37 f.
80 Shiloah 1978, S. 58.
81 Al-Ghazālī, A. H., S. 229 ff.
82 Al-Ghazālī, M. D., S. 104. Auch in Godwin 1986.
83 Al-Ghazālī, A. H., S. 729 f. Auch in Godwin 1986.
84 Corbin, S. 132.
85 Ebd., S. 133.
86 Suhrawardī, S. 72.
87 Messiaen, S. 10.
88 Hujwīrī, S. 405.
89 Cumont, S. 262.
90 Mattheson, S. 3.
91 Ebd., S. 19.
92 Ebd., S. 6.
93 Ebd., S. 74, 118 f.
94 Suhrawardī, zitiert in Corbin, S. 131.
95 Hammerstein 1962, S. 53 ff.
96 Aus Hammerstein 1962, S. 56.
97 Ebd., S. 58.
98 Aurelian, Kap. 20. Auch in Godwin 1986.
99 Rolle, Kap. 3. Auch in Godwin 1986.
100 Vgl. Hammerstein 1962, S. 60 f.
101 Vgl. vor allem Gesang X, Zeile 64–81; XII, 1–9; XIII, 1–30.
102 Seuse, Kap. 5, S. 30 f.
103 Vgl. Shiloah 1978, S. 60.
104 *Sohar*, Bd. 3, Abschnitt 18 b.
105 Ebd., Abschnitt 46 a.
106 Zitiert bei Al-Ghazālī, A. H., Kap. 6.
107 Vgl. Guénon 1984, Kap. 3.
108 Ebd., Kap. 13.
109 *Der Staat*, X, 617 b–c.
110 Chateaubriand, S. 491–493. Auch in Godwin 1986.

111 Ebd., S. 494.
112 Steiner 1981, S. 22 ff. Auch in Godwin 1986.
113 Teilhard, S. 24 ff.
114 Dionysios Areopagita, Kap. 10. Auch in Godwin 1986.
115 Tolkien, S. 21.
116 A. a. O.
117 Lewis, S. 87 f.

Zweiter Teil: Das große Werk

3. Die Alchemie der Musik

1 Steiner 1981, S. 25.
2 Ebd., S. 26.
3 Ebd., S. 28.
4 Proust, S. 461.
5 Ebd., S. 462.
6 Ebd., S. 465.
7 Mauclair, S. 114.
8 Ebd., S. 89.
9 Abell, S. 73.
10 Ebd., S. 23 f.
11 Ebd., S. 185.
12 Ebd., S. 166.
13 Ebd., S. 196.
14 Ebd., S. 221.
15 Hickmann, S. 24.
16 Gastmahl, 210 d–e.
17 Vgl. NGD unter «Sams, Eric».
18 Vgl. Howat.
19 Michell 1981.
20 Vgl. vor allem seine Aufsätze in Godwin 1987.
21 Li Gi, S. 62.

4. Die Musik und der Lauf der Zeit

1 Das war das Thema der Doktorarbeit Marius Schneiders, Schneider 1934/5.
2 Zitiert in Strunk, S. 185.
3 Pallis, S. 106.
4 Ich verdanke die Zusammenfassung einem Vortrag von John Onians an der Colgate University im Dezember 1984.

5 Vgl. Donington, a. a. O.
6 Levarie & Levy 1983, S. 191 f.
7 Vgl. Gossman, S. 319–327, und Steffen, S. 108–122.
8 Rameau, S. 61.
9 Rousseau, S. 308.
10 Ebd., S. 304.
11 Ebd., S. 303.
12 Ebd., S. 323 f.
13 Gossman, S. 321.
14 Steffen, S. 119.
15 Ebd., S. 120.
16 Steiner 1977, S. 47.
17 *Der Staat*, III, 401 c.
18 Godwin 1974.
19 Strawinsky & Craft, S. 147 f.
20 Zitiert in *Newsletter of the Institute for Studies in American Music*, Jg. XIII, Nr. 2. Hier mit freundlicher Genehmigung durch Elliott Carter wiedergegeben.
21 Vgl. Husman, zusammengefaßt von R. Haase in Godwin 1987.
22 Vgl. Ashton.
23 Das zweite der *Two Sonnets for Baritone, Clarinet, Viola, and Cello*, 1955.
24 In: *die Reihe. Information über serielle Musik*, Nr. 2 (1955), S. 7.
25 Auf seiner Schallplatte *Hearing Solar Winds*, Ocora 558 607 (Vertrieb: Harmonia Mundi).

Dritter Teil: Die Sphärenmusik

1 Vgl. Ikhwān, S. 36.
2 *Der Kaufmann von Venedig*, V, 1, 59.
3 Aus Plinius, *Naturgeschichte*, II, 19–20; Martianus Capella II, 169–199; Censorinus, XIII, 3–4; Theon von Smyrna, III, 15; Achilles Tatios, XVII.
4 Die Länge des klassischen Stadions konnte zwischen etwa 170 und 200 Metern liegen. Zu seiner Verwendung bei der Vermessung der Erde vgl. Michell 1981, S. 31–33.
5 Vgl. Reinach, S. 440 ff.
6 Vgl. die Transkription in Aristeides, 20.
7 Aus Fludd 1617b, S. 90; Fludd 1623, S. 314 f.; Handschin 1927b, S. 201.
8 Abgebildet in Handschin 1927b, S. 201.
9 Aus Fludd 1617b, S. 90.
10 Vgl. in einem Nachschlagewerk unter Bodesches Gesetz, Titius-Bodesche Reihe oder Planeten.
11 Goldschmidt, S. 56 f., 66.
12 Haase 1974, S. 113 f. Der Aufsatz übersetzt auch in Godwin 1987.

13 Die Formel lautet: $p=(z-z_1)/(z_2-z)$, wobei p die gesuchte harmonische Zahl ist, z der gegebene Wert und z_1, z_2 Anfangs- und Endglied.
14 Vgl. Schmidt, T., S. 174–185; Collin, S. 78–87; W. Kaiser, besprochen in: Kayser 1950, S. 214–216; Azbel, a. a. O.; Dénéréaz, besprochen in: Roustitt, S. 44–46.
15 Jung & Pauli, S. 60–94.
16 In Macrobius, S. 73 f.
17 Boethius, I, 27.
18 Vgl. Shiloah 1974, S. 199; Ikhwān, S. 45 f.
19 Nikomachus, *Excerpta*, S. 33 f.; *Encheiridion*, S. 7 Jan.
20 Bragard, S. 211.
21 Vgl. Levin, S. 75 ff.
22 Vgl. auch die Erörterung in Haar, S. 130–134.
23 Vgl. Amman, Tafel 25–27, und Godwin 1979, S. 42–53.
24 *Römische Geschichte*, XXXVII, 18.
25 Roussier, S. 73 ff.; Fabre 1973, S. 71; Bailly, S. 17; Britt, S. 5 ff.; Henschel, S. 303.
26 Britt, S. 21.
27 Ebd., Tafel gegenüber S. 46.
28 Blavatsky, Bd. V, S. 432 ff., 453 ff.
29 Ebd., S. 432.
30 Vgl. Pfrogner, S. 643.
31 Ebd., S. 134–139.
32 Lange, Bd. II, S. 123 ff.
33 Ebd., S. 122.
34 Vgl. Walker, S. 12–24.
35 Ramis, III, 3.
36 Bartolus, S. 110 ff.
37 Macrobius, S. 99–117.
38 *Timäus*, 35 c–36 a.
39 Plutarch, *De anim. proc.*, 1028 f., nach Haar, S. 144–146.
40 Ptolemäus, III, 16.
41 Ptolemäus, *Opera omnia*, Hrsg. Heiberg, S. 149–155; vgl. Pauly-Wissowa, Bd. 64 (1959), Sp. 1818–1823.
42 Jan, S. 32–37.
43 Anatolius, S. 56, 196 f. Vgl. Haar, S. 149 f.
44 Zu den Ikhwān-al-Ṣafā' und ihrer Lehre vgl. Nasr, S. 25–104.
45 Ikhwān, S. 45 f.
46 Vgl. Handschin 1927 a; Münxelhaus, a. a. O.
47 Vgl. Eriugena.
48 Ebd., fol. 9 r.
49 Ebd., fol. 12 r.
50 Anselmi, S. 150.
51 Es sind fünf regelmäßige Körper möglich, die von kongruenten, regelmäßigen Vielecken mit gleicher Seitenzahl begrenzt werden.
52 Caspar, S. 68.

53 Aus Kepler 1619, S. 322; zur ursprünglichen Notation vgl. auch Werner 1973, S. 878.
54 *Harmony of the World*, LP 1571, Yale University School of Music.
55 Caspar, S. 343 f.
56 Haase 1974, S. 104. Übers. in Godwin 1987.
57 Aus Warrain in Haase 1974, S. 104 f.
58 Entstehen entweder durch vier Quinten (C, G, D, A, E = 81) oder eine große Terz (C, E = 80).
59 Kepler 1596, S. 39–43. Übers. in Godwin 1987.
60 Beruht auf Tabelle in Haase 1951, S. 513.
61 A. a. O.
62 Caspar, S. 107 f.
63 Kayser 1950, S. 148–153.
64 Ptolemäus, III, 8; Tonhöhen mit den griechischen Bezeichnungen.
65 McClain, S. 151.
66 Kayser 1950, S. 255.
67 Henschel, S. 271 ff.
68 Ebd., S. 275 ff.
69 Vgl. McMullin.
70 The Rosicrucian Fellowship; die anderen sind H. Spencer Lewis' AMORC und R. Swinburne Clymers Fraternitas Rosae Crucis.
71 Heindel, S. 36.
72 Mathnawī, III, 3901, Übers. v. F. Rückert.
73 Heindel, S. 51.
74 Ebd., S. 67.
75 Heline 1965, S. 36.
76 Ebd., S. 105 f.
77 Steiner 1974, S. 93 f.
78 Ebd., S. 95.
79 Ebd., S. 110 f.
80 Ebd., S. 104.
81 Lange, Bd. 2, S. 15.
82 Ebd., Bd. 2, S. 4.
83 Schneider 1946, S. 144 ff.; 1978, S. 65 ff. Das zweite Buch enthält die erweiterte deutsche Fassung der S. 57–104 eines früheren, spanischen Werks. Da die deutsche Ausgabe leichter zugänglich ist, wird auf sie verwiesen.
84 Schneider 1978, S. 22.
85 Śārṅgadeva, S. 147.
86 Schneider 1978, S. 22.
87 Schneider 1946, S. 121 ff., 372; 1978, S. 20 f.
88 Das Folgende ist Schneider 1960 entnommen.
89 Schneider 1946, S. 189 ff., Abb. 21.
90 Ebd., S. 193 f., Abb. 24.
91 Ebd., S. 202, Abb. 34–36.
92 Planck, S. 252.
93 Cirlot, S. XXXII ff. und passim.

94 Zitiert aus *Lettres à Sophie* in Cellier, S. 77.
95 Collin, S. XXI.
96 Aus Handschin 1927 b.
97 *Convivio*, II, 6, Zeile 105 ff.
98 Anselmi, I, Abschn. 157–168.
99 Martianus, Abschn. 27–28.
100 Ramis, Traktat 3, Kap. 3.
101 *Theogonie*, Zeile 75–79.
102 *Kommentar zum Staat*, Übers. A.-J. Festugière, Bd. 3, S. 193 ff.
103 La Boderie, fol. 85 v–97 r.
104 *Utriusque cosmi historia*, II, a, 1, S. 254.
105 Ebd., S. 93.
106 Vgl. Godwin 1979, mit vielen Abb.
107 Vgl. McClain, S. 57 ff.
108 Ouspensky, S. 181.
109 Ebd., S. 190 f.
110 Ebd., S. 191 f.
111 Whone, S. 43 f.
112 Webb, S. 518.
113 Vgl. Bailly; Wellesz.
114 Zitiert in Bailly, S. 8, aus Eusebius, *Praeparatio evangelica*.
115 Werckmeister, S. 142 f.
116 Ebd., S. 146 ff.
117 Zitiert in Rivera, S. 146 f.
118 Saint-Martin, S. 508.
119 Ebd., S. 27 ff.
120 Ebd., S. 512 ff.
121 Z. B. Vogel, S. 19 ff., und in vielen seiner anderen Arbeiten.
122 Vgl. Arnim, S. 246, Brief vom 28. Mai 1810. Auch in Godwin 1987.
123 Arnim, S. 127 f.
124 Vgl. Kayser 1950, S. 26 f.
125 Z. B. in Cowell, S. 21 ff.
126 *Kommentar zur Arithmetik des Nikomachus*; vgl. Thimus, Bd. I, S. 3.
127 Persönliche Mitteilung von Ernest McClain.
128 Guénon 1958, S. 69.
129 Kayser 1964, S. 138.
130 Ebd., S. 139.
131 Hymne VIII. Auch in Godwin 1986.
132 Vgl. Brunton 1984, S. 378–392.
133 Guénon 1984, S. 48.

BIBLIOGRAPHIE DER ZITIERTEN WERKE

Abell, Arthur M.: *Gespräche mit berühmten Komponisten*, Garmisch-Partenkirchen (Schroeder) 1962.

Albrecht, Johann Wilhelm: *Tractatus physicus de effectibus musices in corpus animatum*, Leipzig 1734.

Alvin, Juliette: *Musiktherapie*, Kassel (Bärenreiter) 1984.

Amman, Peter J.: «The musical theory and philosophy of Robert Fludd» in *Journal of the Warburg and Courtauld Institutes*, Bd. 30 (1967), S. 198–227.

Anatolius: *Theologumena arithmetika*, hrsg. von G. Ast, Leipzig 1817.

Anderson, Warren D: *Ethos and Education in Greek Music*, Cambridge/Mass. (Harvard Univ. Press) 1966.

Anselmi, Giorgio: *De musica*, hrsg. von G. Massera, Florenz (Olschki) 1961.

Aristeides Quintilianus: *On Music*, übers. von Thomas Mathiesen, New Haven (Yale Univ. Press) 1983. (*Von der Musik*, eingeleitet, übers. und erläutert v. Rudolf Schäfke, Berlin [Max Hesse] 1937.)

Arnim, Bettina von: *Werke und Briefe*, Bd. 2, Frechen (Bartmann) 1959.

Ashton, Dore: *A Fable of Modern Art*, London (Thames and Hudson) 1980.

Aurelian of Réôme: *Musica disciplina*, übers. von J. Ponte, Colorado Springs (Colorado College Music Press) 1968.

Azbel (Emile Chizat): *Harmonie des mondes: Loi des distances et des harmonies planétaires*, Paris (Hugues-Robert) 1903.

Bailly, Edmond: *Le Chant des voyelles*, Nizza (Bélisane) 1976.

Bartolus, Abraham: *Musica mathematica*, Altenburg 1614.

Balzac, Honoré de: *Séraphîta*, übers. von Bell und Scott, Philadelphia (Gebbie) 1899.

Blavatsky, H. P.: *The Secret Doctrine*, Adyar Edition, 6 Bde., Adyar (Theosophical Publishing House) 1971.

Boethius: *The Principles of Music*, übers. von Calvin M. Bower, Ph.D. Diss. George Peabody College 1967.

Bragard, Roger: «L'Harmonie des Sphères selon Boèce» in *Speculum*, Bd. 4 (1929), S. 206–213.

Brendan: *The Voyage of Saint Brendan*, übers. von J. O'Meara, Dublin (Dolmen) 1978.

Britt, Ernest: *Gamme sidérale et gamme musicale, étude paléosophique*, Paris (Aux Ecoutes) 1924.

Brocklesbury, Richard: *Reflections on Ancient and Modern Music*, London 1749.

Browne, Richard: *Medicina musica*, London 1729.

Brunton, Paul: *The Wisdom of the Overself*, New York (Dutton) 1943.

–: *The Notebooks of Paul Brunton: Perspectives*, Burdett, New York (Larson) 1984.

Buber, Martin: *Werke*, Bd. 3, *Vom Leben der Chassidim*, München (Kösel) 1964.

Cage, John: *Silence*, Cambridge/Mass. (MIT Press) 1961.

Caspar, Max: *Johannes Kepler*, Stuttgart (Kohlhammer) 1948.

Cellier, Leon: *Fabre d'Olivet*, Paris (Nizet) 1953.

Censorinus: *De die natali*, hrsg. von Otto Jahn, Berlin 1847.

Censorship, Index on: Bd. 12, Nr. 1 (1983). Sonderausgabe über Musik mit dem Titel «Music is Dangerous».

Chase, Mildred Portnoy: *Just Being at the Piano*, Culver City/Calif. (Peace Press) 1981.

Chateaubriand, François-René de: «Les Natchez» in *Œuvres complètes*, Bd. 3, Paris 1834.

Cirlot, J. E.: *A Dictionary of Symbols*, übers. v. Jack Sage, New York (Philosophical Library) 1962.

Collin, Rodney: *The Theory of Celestial Influence*, London (Watkins) 1980.

Coomaraswamy, Ananda K.: *The Dance of Siva*, New York (Noonday Press) 1957.

Corbin, Henry: *Spiritual Body and Celestial Earth*, Princeton (Princeton Univ. Press) 1977.

Cowell, Henry: *New Musical Resources*, New York (Knopf) 1930 (Neudruck: Something Else Press 1969).

Cumont, Franz: *Recherches sur le symbolisme funéraire des Romains*, Paris 1942.

Dénéréaz, Alexandre: *La Gamme, ce problème cosmique*, Zürich (Hug) o. J.

Dionysios Areopagita: *Die Hierarchien der Engel und der Kirche*, München-Planegg (Barth) 1955.

Donington, Robert: *The Rise of Opera*, London (Faber) 1981.

Eriugena, John Scottus: «Ms. Kommentar zu Martianus Capella» in Bodleian Library, Ms. Auct. T. II. 19.

Euler, Leonhard: *Lettres à une princesse*, St. Petersburg 1739.

Evans-Wentz, W. Y.: *The Fairy-Faith in Celtic Countries*, New York (Lemma) 1973. (Nachdruck von O.U.P. 1911.)

Fabre d'Olivet, Antoine: *La Musique expliquée comme science et comme art...*, hrsg. von Jean Pinasseau, Paris (Dorbon Aîné) 1928.

–: *Hermeneutic Interpretation of the Origin of the Social State of Man* [= Histoire philosophique du genre humain, 1824], übers. von Nayán Louise Redfield, New York (Putnam) 1915.

–: *La Vraie Maçonnerie et la céleste culture*, Lausanne (La Proue) 1973.

Ficino, Marsilio: *The Book of Life*, übers. von Charles Boer, Irving/Texas (Spring Publications) 1980.

Fludd, Robert: *Tractatus apologeticus*, Leiden 1617.

–: *Utriusque cosmi... historia*, Oppenheim 1617–1621.

–: *Anatomiae amphitheatrum*, Frankfurt 1623. (Darin: Monochordum mundi, 1621, S. 287–331.)

Al-Ghazālī, Abū Ḥāmid: «The Book of the Laws of Listening to Music», übers. von Duncan B. MacDonald, in *Journal of the Royal Asiatic Society*, Bd. 22 (1901), S. 195–252, 705–748; Bd. 23 (1902), S. 1–28.

–: «Majd ad-Dīn al Ghazālī: Bawariq al-Ilma» («Abhandlung über Sufi-Musik und -Tanz»), übers. in James Robson: *Tracts on Listening to Music*, London (Royal Asiatic Society) 1938, S. 97–104.

Godwin, Joscelyn: «Protest and Quest in Popular Songs» in *The Golden Blade*, Nr. 26 (1974), S. 96–105.

–: *Robert Fludd, Hermetic Philosopher and Surveyor of Two Worlds*, London (Thames & Hudson) 1979.

–: «The Revival of Speculative Music» in *Musical Quarterly*, Bd. 68 (1982), S. 373–389.

– (Hrsg.): *Music, Mysticism and Magic: a Sourcebook*, London (Routledge & Kegan Paul) 1986.

– (Hrsg.): *Cosmic Music: Three Musical Keys to the Interpretation of Reality*, übers. von M. Radkai, West Stockbridge/Mass. (Lindisfarne Press) 1987.

Goldschmidt, Victor: «Über Harmonie im Weltraum» in *Annalen der Naturphilosophie*, Bd. 5 (1910), S. 51–110.

Gossman, Lionel: «Time and History in Rousseau» in *Studies on Voltaire and the Eighteenth Century*, Bd. 30 (1964), S. 311–349.

Gould, Rupert: *Enigmas*, New York (University Books) 1965.

Graves, Robert: *The Greek Myths*, 2 Bde., Hardmondsworth (Penguin) 1955.

Guénon, René: *The Symbolism of the Cross*, übers. von Angus Mcnab, London (Luzac) 1958.

–: *The Multiple States of Being*, übers. von Joscelyn Godwin, Burdett, New York (Larson) 1984.

Haar, James: *Musica Mundana: Variations on an Pythagorean Theme*, Ph.D. Diss. Harvard Univ. 1960.

Haase, Rudolf: «Musik und Astrologie» in *Musica*, Bd. 5 (1951), S. 511–513.

–: *Aufsätze zur harmonikalen Naturphilosophie*, Graz (Akadem. Druck- und Verlagsanstalt) 1974.

Hammerstein, Reinhold: *Die Musik der Engel. Untersuchungen zur Musikanschauung des Mittelalters*, Bern, München (Francke) 1962.

–: *Diabolus in Musica*, Bern, München (Francke) 1974.

Handschin, Jacques: «Die Musikanschauung des Johannes Scotus (Erigena)» in *Deutsche Vierteljahrsschrift für Literaturwiss. und Geistesgesch.*, Bd. 5 (1927), S. 316–341.

–: «Ein mittelalterlicher Beitrag zur Lehre von der Sphärenharmonie» in *Zeitschrift für Musikwiss.*, Bd. 9 (1927), S. 193–208.

Heindel: *The Musical Scale and the Scheme of Evolution, compiled by a Student of Max Heindel*, Oceanside/Calif. (Rosicrucian Fellowship) 1970.

Heline, Corinne: *Music: The Keynote of Human Evolution*, La Canada/Calif. (New Age Press) 1965.

–: *The Cosmic Harp*, La Canada/Calif. (New Age Press) 1969.

Henschel, Joan und Mary: *Van Chaos tot Harmonie*, Amsterdam (Strengholt) 1954.

Hermes: *Die XVII Bücher des Hermes Trismegistos*, Neuausgabe nach der ersten deutschen Fassung von 1706, München (Ora) 1964.

Herodot: *The Histories*, übersetzt von A. D. Godley, Cambridge/Mass. (Loeb) 1950.

Hickmann, Hans: *Orientalische Musik. Handbuch der Orientalistik*, 1. Abt. Erg.Bd. IV, Leiden, Köln (Brill) 1970.

Hodson, Geoffrey: *Music Forms: Superphysical Effects of Music Clairvoyantly Observed*, Adyar (Theosophical Publishing House) 1979.

Howat, Roy: *Debussy in Proportion, a Musical Analysis*, Cambridge/Mass. (Cambridge Univ. Press) 1983.

Hujwīrī, Ali ibn Usman: *Kashf al-Mahjub* (The Unveiling of the Veiled), übers. von R. A. Nicholson, London 1911.

Husmann, H.: *Vom Wesen der Konsonanz*, Heidelberg 1953.

Iamblichos: *Pythagoras. Legende, Lehre, Lebensgestaltung*, griechisch und deutsch, hrsg., übers. u. eingel. von Michael von Albrecht, Zürich, Stuttgart (Artemis) 1963.

Idelsohn, A. Z.: *Jewish Music in its historical development*, New York (Henry Holt) 1929.

Ikhwān: *The Epistle on Music of the Ikhwān al-Ṣafā'*, übers. von Amnon Shiloah, Tel-Aviv University 1978.

Jan, Carl von: «Die Harmonie der Sphären» in *Philologus*, N. F. Bd. 6 (1894), S. 13–37.

Jenny, Hans: *Kymatik*, 2 Bde., Basel 1967, 1974.

Jung, Carl Gustav: *Erinnerungen, Träume, Gedanken*, Olten, Freiburg i.Br. (Walter-Verlag) 1986.

–: *Gesammelte Werke*, Bd. 14, 1 («Mysterium Coniunctionis»), Zürich, Stuttgart (Rascher) 1968.

– und Wolfgang Pauli: *Naturerklärung und Psyche*. Darin Jung: «Synchronizität als ein Prinzip akausaler Zusammenhänge», Zürich (Rascher) 1952.

Kayser, Hans: *Lehrbuch der Harmonik*, Zürich (Occident Verlag) 1950.

–: *Akróasis. Die Lehre von der Harmonik der Welt*, Basel, Stuttgart (Schwabe) 1964.

Kepler, Johannes: «Mysterium cosmographicum» in *Gesammelte Werke*, hrsg. von Max Caspar, Bd. 1, München (Beck) 1938.

–: «Harmonice mundi», ebenda, Bd. 6, München (Beck) 1940.

Kircher, Athanasius: *Musurgia universalis*, Faksimile der Ausgabe Rom 1650, Hildesheim (Olms) 1970.

–: *Itinerarium exstaticum*, Rom 1656.

La Boderie, Guy Lefèvre de: *La Galliade*, Paris 1578.

Lange, Anny von: *Mensch, Musik und Kosmos*, Freiburg (Die Kommenden) 1960.

Leahy, A. H.: *Heroic Romances of Ireland*, New York (Lemma) o. J. (Nachdruck London 1905–1906).

Leibniz, Gottfried Wilhelm: *Opera Philosophica*, Aalen (Scientia) 1959.

Levarie, Siegmund und Ernst Levy: «The Pythagorean Table» in *Main Currents in Modern Thought*, Bd. 30 (1973), S. 117–129.

–: *Musical Morphology: A Discourse and a Dictionary*, Kent State U.P. 1983.

Levin, Flora R.: *The Harmonics of Nicomachus and the Pythagorean Tradition*, University Park/Pa. (American Philological Association) 1975.

Lewis, C. S.: *The Magician's Nephew*, New York (Macmillan) 1955.

Li Gi: Das Buch der Sitte, hrsg. von Richard Wilhelm, Jena (Diederichs) 1930.

Lockley, Ronald M.: *Whales, Dolphins and Porpoises*, Newton Abbot (David & Charles) 1979.

Macrobius: *Commentary on the Dream of Scipio*, übers. von William Harris Stahl, New York (Columbia Univ. Press) 1952.

Martianus Capella: *The Marriage of Mercury with Philosophy*, übers. von William Harrıs Stahl, Richard Johnson, mit E. L. Burge als Bd. 2 von: *Martianus Capella and the Seven Liberal Arts*, New York (Columbia Univ. Press) 1977.

Mattheson, J.: *Behauptung der Himmlischen Musik aus den Gründen der Vernunft, Kirchen-Lehre und heiligen Schrift*, Hamburg (Herold) 1747.

Mauclair, Camille: *La Religion de la musique et les héros de l'orchestre*, Paris (Fischbacher) 1938.

McClain, Ernest G: *The Pythagorean Plato*, New York (Nicholas-Hays) 1978.

McMullin, Michael: «The Zodiac and the Twelve Tones of the Musical Scale» in *The Astrological Journal*, Frühling 1984.

Messiaen, Olivier: *Recherches et expériences spirituelles, Notre-Dame de Paris, 4. Dez. 1977*, Paris (Leduc) 1977.

Meyer-Baer, Kathi: *Music of the Spheres and the Dance of Death*, Princeton (Princeton Univ. Press) 1970.

MGG = *Die Musik in Geschichte und Gegenwart*, hrsg. von F. Blume, Kassel (Bärenreiter) 1955 ff.

Michell, John: *The Flying Saucer Vision*, London (Sidgwick and Jackson) 1967.

–: *Ancient Metrology*, Bristol (Pentacle Books) 1981.

MOAR = *The Mythology of All Races*, 10 Bde., Boston (Archaeological Institute of America) 1916–1932.

Münxelhaus, Barbara: «Aspekte der Musica Disciplina bei Eriugena» in *Jean Scot Erigène et l'histoire de la Philosophie*, Paris (CNRS) 1977, S. 253–262.

Nasr, Seyyed Hossein: *An Introduction to Islamic Cosmological Doctrines*, Boulder (Shambala) und London (Thames and Hudson) 1978.

NGD = *The New Grove Dictionary of Music and Musicians*, hrsg. von S. Sadie, London (Macmillan) 1980.

NOHM = *The New Oxford History of Music*, Oxford Univ. Press 1957 ff.

Novalis (Friedrich von Hardenberg): *Schriften*, Bd. 1, Stuttgart (Kohlhammer) 1960.

Ouspensky, P. D.: *Auf der Suche nach dem Wunderbaren*, Bern, München, Wien (Scherz) 1978.

Pallis, Marco: «The Metaphysics of Musical Polyphony» in *Studies in Comparative Religion*, Bd. 10, Nr. 2 (1976), S. 105–108.

Patch, Howard Rollin: *The Other World, According to Descriptions in Medieval Literature*, Cambridge/Mass. (Harvard Univ. Press) 1950.

Pfrogner, Hermann: *Lebendige Tonwelt. Zum Phänomen Musik*, München, Wien (Langen Müller) 1981.

Planck, Max: *Physikalische Abhandlungen und Vorträge*, Bd. 3, Braunschweig (Vieweg) 1958.

Plinius d. Ältere: *Natural History*, übers. von H. Rackham, Cambridge/Mass. (Harvard Univ. Press) 1979.

Podolsky, Edward (Hrsg.): *Music Therapy*, New York (Philosophical Library) 1954.

Pontvik, Aleks: *Grundgedanken zur psychischen Heilwirkung der Musik*, Zürich (Rascher) 1948.

Priestley, Mary: *Musiktherapeutische Erfahrungen*, Stuttgart 1982.

Proust, Marcel: *In Swanns Welt*, übers. von Eva Rechel-Mertens, Frankfurt (Suhrkamp) 1981.

Ptolemäus: *Harmonielehre*, s. Ingemar Düring: *Ptolemaios und Porphyrios über die Musik*, New York (Garland) 1980 (Neudruck von Göteborg 1934).

Radhakrishnan, S.: *Indian Philosophy*, 2 Bde., London (Allen and Unwin) 1940.

Rameau, Jean-Philippe: *Nouvelles réflexions sur sa démonstration du principe de l'harmonie*, Paris 1742. (Moderner Nachdruck, New York [Broude] 1975.)

Ramis de Pareja, Bartolome: *Musica Practica*, Bologna 1482, hrsg. von J. Wolf, Wiesbaden 1968.

Reinach, Théodore: «La Musique des Sphères» in *Revue des études grecques*, Bd. 13 (1900), S. 432–449.

Retallack, Dorothy: *The Sound of Music and Plants*, Santa Monica/Calif. (De Vorss) 1973.

Ristad, Eloise: *A Soprano on her Head*, Moab/Utah (Real People Press) 1982.

Rivera, Benito: *German Music Theory in the Early 17th Century: The Treatises of Johannes Lippius*, Ann Arbor (UMI Research Press) 1980.

Robins, Don: *Circles of Silence*, London (Souvenir Press) 1985.

Robinson, Lytle W.: *The Great Pyramid and Its Builders: A Study of the Edgar Cayce Readings*, Virginia Beach (A.R.E. Press) 1958.

Robledo, Luis: «Poesía y música de la tarántula» in *Poesía*, Nr. 5–6 (1979–80), S. 224–232, Madrid.

Rolle of Hampole, Richard: *The Fire of Love*, übers. von Richard Misyn, London (Early English Text Society) 1896 (Orig. Ser. Nr. 106).

Rolleston, T. W.: *The High Deeds of Finn and other Bardic Romances of Ancient Ireland*, New York (Lemma) 1973 (Nachdruck London 1910).

Rooley, Anthony: «‹I Saw My Lady Weepe›: The First Five Songs of John Dowland's ‹Second Book of Songs›» in *Temenos*, Nr. 2 (1982), S. 197–216.

Rothmuller, Aron Marko: *The Music of the Jews: an Historical Appreciation*, übers. von H. S. Stevens, South Brunswick/N.J. (Thomas Yoseloff) 1967.

Rousseau, Jean-Jacques: «Examen de deux principes avancés par M. Rameau» in *Escrits sur la Musique*, Paris 1825 (= Bd. 13 der Œuvres), S. 297–324.

Roussier, Pierre Joseph: *Mémoire sur la musique des Anciens*, Paris 1770, Nachdruck New York (Broude) 1966.

Roustit, Albert: *La Prophétie musicale dans l'histoire de l'humanité*, Paris (Horvath) 1970.

Saint-Martin, Louis-Claude de: *Des Erreurs et de la Vérité*, Edinburgh 1775, Nachdruck o. O. (Le Lis) 1979.

Śārṅgadeva, Saṅgīta-Ratnākara of, trans. and comm. by R. K. Shringy, Bd. 1, Delhi (Motilal Banarsidass) 1978.

Savold, David: «How do whales catch their dinner?» in *Science 85*, Bd. 6, Nr. 4 (Mai 1985), S. 26.

Schmidt, Johann-Michael: *Musico-Theologia, oder erbauliche Anwendung musikalischer Wahrheiten*, Bayreuth 1754.

Schmidt, Thomas Michael: *Musik und Kosmos als Schöpfungswunder*, Frankfurt (Verlag Thomas Schmidt) 1974.

Schneider, Marius: *Geschichte der Mehrstimmigkeit*, 2 Bde., Berlin (Bornträger) 1934/5.

–: *El origen musical de los animales-símbolos en la mitología y la escultura antigua*, Barcelona (Instituto español de musicología) 1946.

–: *La danza de espadas y la tarantela; ensayo musicológico, etnográfico y arqueológico sobre los ritos medicinales*, Barcelona (Instituto español de musicología) 1948.

–: «Die musikalischen Grundlagen der Sphärenharmonie» in *Acta musicologica*, Bd. 32 (1960), S. 136–151.

–: *Singende Steine*, München (Heimeran) 1978.

–: *Klangsymbolik in fremden Kulturen*, Wien (Lafite) 1979. (Übers. als «Sound-Symbolism in Foreign Cultures» in Godwin 1987.)

Schopenhauer, Arthur: *Sämtliche Werke*, Bd. 2, Wiesbaden (Brockhaus) 1949.

Schullian, Dorothy M. und Max Schoen (Hrsg.): *Music and Medicine*, New York (Henry Schuman) 1948.

Scott, Cyril: *Music: its Secret Influence Throughout the Ages*, New York (Weiser) 1969 (Nachdruck der durchges. Ausgabe 1959). (*Musik: ihr geheimer Einfluß durch die Jahrhunderte*, München [Hirthammer] 1985.)

Sendrey, Alfred: *Music in the Social and Religious Life of Antiquity*, Rutherford (Fairleigh Dickinson U.P.) 1974.

Seuse, Heinrich: *Deutsche mystische Schriften*, Düsseldorf (Patmos) 1986.

Shiloah, Amnon: «Un ancien traité sur le 'ūd d' Abū Yūsuf al Kindī; traduction et commentaire» in *Israel Oriental Studies*, Bd. 4 (1974), S. 179–205.

–: «The Symbolism of Music in the Kabbalistic Tradition» in *World of Music* (Mainz), Bd. 22 (1978), S. 56–69.

Siegel, Linda: *Music in German Romantic Literature: a Collection of Essays, Reviews and Stories*, Novato/Calif. (Elra Press) 1983.

Sigerist, Henry E.: «The Story of Tarantism» in Schullian and Schoen, S. 96–116.

Sinnett, A. P.: *The Pyramids and Stonehenge* [Vorträge 1892 f.], London (Theosophical Publishing House) 1958.

Spence, Lewis: *The Magic Arts in Celtic Britain*, London (Rider) o. J.

Stebbing, Lionel (Hrsg.): *Music Therapy: a New Anthology*, Horsham/Sussex (New Knowledge Books) 1975.

Steffani, Agostino: *Quanta certezza habbia da suoi principii la musica*, Amsterdam 1695.

Steffen, Albert: *Krisis, Katharsis, Therapie im Geistesleben der Gegenwart*, Dornach (Verlag für schöne Wissenschaft) 1944.

Steiner, Rudolf: *Eurythmie als sichtbarer Gesang*, Dornach 1927.

–: *Vom Wesen des Musikalischen*, hrsg. von Ernst Hagemann, Freiburg (Die Kommenden) 1974.

–: *Das Wesen des Musikalischen und das Tonerlebnis im Menschen*, Dornach (Rudolf Steiner Verlag) 1981.

Stockhausen, Karlheinz: *Texte zur Musik*, 4 Bde., Köln (DuMont Schauberg) 1963–76.

Strawinsky, Igor und Robert Craft: *Expositions and Developments*, New York (Doubleday) 1962.

Streich, Hildemarie: «Musik im Traum» in *Musiktherapeutische Umschau*, Bd. 1 (1980), S. 9–19.

Strunk, Oliver: *Source Readings in Music History*, New York (Norton) 1950.

Suhrawardī: «Epistle on the State of Childhood», übers. von S. H. Nasr, in *Temenos*, Bd. 4 (1984), S. 53–76.

Taylor, Thomas: *The Mystical Hymns of Orpheus*, 2. Auflage, London 1824.

Teilhard de Chardin, Pierre: *Lobgesang des Alls*, Olten, Freiburg i. Br. (Walter) 1964.

Theon von Smyrna: *Mathematics Useful for Understanding Plato*, übers. von J. Dupuis, R. und D. Lawlor, San Diego (Wizard's Bookshelf) 1979.

Thimus, Albert von: *Die harmonikale Symbolik des Alterthums*, 2 Bde., Köln 1868, 1876, Nachdruck Hildesheim (Olms) 1972.

Thorndike, Lynn: *A History of Magic and Experimental Science*, 8 Bde., New York (Columbia Univ. Press) 1923–58.

Tolkien, J. R. R.: *Das Silmarillion*, übers. von Wolfgang Krege, Stuttgart (Klett) 1988.

Tompkins, Peter und Christopher Bird: *Das geheime Leben der Pflanzen*, Bern, München (Scherz) 1973.

Tyard, Pontus de: «Solitaire Seconde» (1555) in *Discours Philosophiques*, Paris 1587.

Vaughan: *The Magical Writings of Thomas Vaughan (Eugenius Philalethes)*, hrsg. von A. E. Waite, London 1888, Nachdruck Mokelumne Hill/Calif. (Health Research) 1974.

Vogel, Martin: *Die Zukunft der Musik*, Düsseldorf (Ges. zur Förderung der systematischen Musikwissenschaft) 1968.

Vyse, Howard: *Operations Carried On at the Pyramid of Gizeh in 1837...*, 2 Bde., London 1840.

Walker, D. P.: *Spiritual and Demonic Magic from Ficino to Campanella*, Notre Dame und London (Univ. of Notre Dame Press) 1975.

Warrain, Francis: *Essai sur l'Harmonices Mundi ou Musique du Monde de Johann Kepler*, 2 Bde., Paris 1942.

Webb, James: *The Harmonious Circle*, London (Thames and Hudson) 1980.

Wellesz, Egon: «Music in the Treatises of Greek Gnostics and Alchemists» in *Ambix*, Bd. 4 (1951), S. 145–158.

Werckmeister, Andreas: *Musicae mathematicae hodegus curiosus oder Richtiger Musicalischer Weg-Weiser*, Hildesheim, New York (Olms) 1972.

Werner, Eric: *The Sacred Bridge*, New York (Columbia Univ. Press) 1959.

–: «The Last Pythagorean Musician: Johannes Kepler» in *Aspects of Medieval and Renaissance Music: Essays presented to Gustave Reese*, New York (Norton) 1973.

Whone, Herbert: *The Hidden Face of Music*, London (Gollancz) 1974.

Zohar, The, übers. von Harry Sperling und Maurice Simon, 5 Bde., London, Bournemouth (Soncino Press) 1949.

REGISTER